ZUFÄLLIG GLÜCKLICH

ISBN-10: 1500463274
ISBN-13: 978-1500463274

zufällig glücklich

Liebesroman

Nicole S. Valentin

Umschlaggestaltung: Casandra Krammer
Umschlagmotiv: © Shutterstock/ sivilla - 192364898
Korrektorat: Claudia Heinen – http://sks-heinen.de
1.Auflage, Juli 2014

Der Autor ist unter der folgenden Adresse zu erreichen. Es handelt sich bei der Adresse um einen postalischen Weiterleitungsservice, da der Autor seine private Adresse nicht bekannt geben möchte.

V.i.S.d.P.
Autorencentrum.de
Ein Projekt der BlueCat Publishing GbR
Gneisenaustraße 64
10961 Berlin
E-Mail: bluecatmedia@web.de
Tel.: 030/61671496

Nicoles.valentin@aol.de

Kapitel 1

Es regnet in Strömen und ich verspüre nicht die geringste Lust, auch nur einen Fuß vor die Türe zu setzen. Aber ein Blick auf meine Uhr genügt, um mir zu verraten, dass ich tatsächlich schon immens spät dran bin. Also atme ich einmal tief durch, als ich den Computer herunterfahren lasse.

Meine Tochter wird bereits an der Türe der Kita stehen. Ihre Fäuste in die Hüften gestemmt, wird sie ungeduldig mit ihren Zehen wippen und ihrem Unmut freien Lauf lassen.

Ich muss lächeln bei dem Gedanken an meinen sechsjährigen Trotzkopf. Elena kann es einfach nicht erwarten, dass im Sommer endlich die Schule losgeht. Sie ist eigentlich schon zu groß für den Kindergarten. Zumindest behauptet sie das steif und fest. Und jede dort verbrachte Minute ist die reinste Zeitverschwendung in ihren Augen.

Nein, Geduld gehört wirklich nicht unbedingt zu Elenas Stärken.

Schnell krame ich mein Zeug vom Schreibtisch, knipse mein Licht aus und schnappe mir den Wollmantel vom Garderobenhaken hinter meiner Bürotür. Der Job in der Personalabteilung der Bank ist bestimmt nicht aufregend, aber zumindest sicher und die einzige Geldquelle, um für Elena und mich eine Basis zu schaffen, die auch mal Platz für die Erfüllung kleinerer Wünsche gibt, wie zum Beispiel das neue Fahrrad für meine Tochter im letzten Monat.

Gerade will ich mich ins Wochenende verabschieden, als das hübsche Gesicht meines Abteilungsleiters in der Tür erscheint.

„Frau Lorenz, haben Sie noch eine Minute für mich?“

Natürlich, für SIE doch immer …

Ich schlüpfe durch seine Tür, nicht ohne mich einmal zu vergewissern, dass niemand im Flur steht, der meinen Abstecher bemerken könnte. Thomas Hagedorn schließt die Türe hinter mir und zieht mich an sich.

„Sehen wir uns heute Abend?“ Er haucht einen Kuss auf mein Ohrläppchen und ein Schauer läuft über meinen Nacken. Ich lege meine Hände um seine Mitte und sehe zu ihm auf.

„Ich fürchte, daraus wird heute nichts. Ich habe Elena versprochen, dass wir zusammen ins Kino gehen.“ Seine braunen Augen sehen enttäuscht auf mich herab.

Entschuldigend füge ich hinzu: „Wir sehen uns doch morgen. Ich könnte Chris fragen, ob er bei uns übernachtet, dann haben wir etwas mehr Zeit.“

Thomas presst die Lippen zusammen und atmet tief durch die Nase ein. „Gut, dann eben nur morgen. Ich hole dich um 18 Uhr ab.“

„Um 19 Uhr. Dann kann ich noch mit Elena und Chris zu Abend essen.“ Flüchtig küsse ich seinen Mundwinkel und schiebe ihn von mir. „Ich muss los. Elena steht bestimmt schon in den Startlöchern.“ Widerwillig lässt Thomas von mir ab und ich lege meine Hand auf seine glatt rasierte Wange. „Sei nicht sauer, mich gibt es eben nur mit Kompromiss.“ Er schmiegt seine Wange in meine Hand. „Es ist schon in Ordnung. Wir sehen uns morgen.“

Ich verlasse das Büro mit einem flauen Gefühl in der

Magengegend. Meine Lippen kräuseln sich. Diese Heimlichtuerei zerrt mittlerweile ordentlich an meinen Nerven. Ich wüsste zu gern, wann er endlich Nägel mit Köpfen macht und mich offiziell in die Gesellschaft einführt. Immerhin treffen wir uns bereits seit einigen Wochen auch privat und doch heimlich.

Und ob er sich jemals zu mir bekennen wird, steht auf einem ganz anderen Blatt Papier. Hin und wieder erwische ich mich bei der Frage an mich selbst, ob ich eine solche Beziehung überhaupt bereit bin zu führen. Immerhin ist Thomas Hagedorn der erste Mann seit Jahren, auf den ich mich überhaupt einlasse, und so verständlich mir sein Zögern zu Beginn erschien, umso fraglicher wird es für mich, ob aus unserem Tête-à-Tête jemals etwas wird, was man ruhigen Gewissens auch Beziehung nennen kann.

Wie gerne würde ich ihn mit Elena bekannt machen, aber solange unsere, gut nennen wir es mal Beziehung, noch so in der Schwebe steht, bringe ich es einfach nicht übers Herz. Elena musste mich bislang noch nie mit einer dritten Person teilen. Wie wird sie darauf reagieren, dass es plötzlich einen Mann in meinem Leben gibt? Und was soll erst mal werden, wenn es dann doch nicht funktioniert?

Nein, solange Thomas nicht den nächsten Schritt macht, bleibt alles so wie bisher. Ich werde mich weiterhin um einen Babysitter kümmern müssen und nachts im eigenen Bett übernachten.

Mit einem Seufzen steige ich in meinen kleinen roten Möchtegernflitzer und mache mich auf den Weg zu meiner Tochter.

Wie vermutet, werde ich bereits sehnsüchtig erwartet. „Mensch, Mama, dass du immer auf den letzten Drücker kommen musst. Sogar Lea ist schon von ihrem Papa abgeholt worden." Äußerst missmutig stapft Elena zu ihrem Jackenhaken. Ich verdrehe grinsend die Augen. Selbstverständlich hinter ihrem Rücken. Aber sie ist noch lange nicht fertig mit mir. „Ehrlich, Mama, heute ist doch Freitag. Du hast mir versprochen, dass du dich beeilst. Wir wollen doch ins Kino gehen."

Mit angezogenen Schultern hält sie ihre Arme meckernd vom Körper gestreckt. Ich beuge mich zu ihr herunter, um ihr einen Kuss in die Haare zu drücken. „Ja, du hast recht und es tut mir leid. Ich habe es leider nicht schneller geschafft. Aber dafür haben wir ja jetzt den ganzen Abend für uns. Wir gehen jetzt Pommes essen und danach überlegen wir uns, welchen Film wir uns heute ansehen." Ich helfe ihr in die Jacke und Elena wirkt bereits ein wenig versöhnt, als ich ihre Kindergartentasche ebenfalls vom Haken nehme und mir selbst um den Hals hänge, bevor wir uns endlich auf den Weg machen.

Unser entspannter Mutter-Tochter-Nachmittag mit Fritten und Cola inklusive Kino und Popcorn lässt sie meine Verspätung gänzlich vergessen und ich genieße diesen exklusiven Nachmittag mit meinem Töchterlein. Wer weiß schon, wie lange Elena mich noch so intensiv an ihrem Leben teilhaben lässt. Bald beginnt auch für sie die Schulzeit und im Nullkommanichts steckt sie mitten in der Pubertät. Schmerzlich wird mir bewusst, wie schnell die Zeit vergangen ist. Von dem Moment an, als ich erfahren habe, dass ich schwanger bin.

Noch heute kann ich den Schrecken nicht vergessen, der damals in mich gefahren ist. Keine Frage, Elena ist wahrscheinlich das Beste, das mir bisher passiert ist.

Dennoch hatte ich mit 25 Jahren eigentlich andere Pläne als die, ein Kind zu bekommen und es alleine aufzuziehen. Nach meiner abgeschlossenen Ausbildung zur Bankkauffrau wollte ich gerne studieren, ich wollte reisen, das Leben in vollen Zügen genießen.

Diese Träume habe ich eingetauscht. Gegen volle Windeln, lange Nächte und hysterisches Babygeschrei.

Von meiner Mutter hatte ich hierbei keine Hilfe zu erwarten. Nach der Scheidung meiner Eltern befand sie sich zum Zeitpunkt meiner Schwangerschaft auf einem Selbstfindungstrip. Leider war dieser Trip auch äußerst selbstsüchtig. In so vielerlei Hinsicht. Ihre Worte würde ich niemals vergessen. *„Du hast dir ein Kind machen lassen, dann kümmere dich auch darum. Wie auch immer du das anstellen willst.*" Heute liebt sie Elena abgöttisch, aber jetzt sind seit damals auch sieben Jahre vergangen. Und bis hierher habe ich es auch alleine geschafft.

Gut, nicht ganz alleine. Ohne Christian hätte mich sicherlich oft der Mut verlassen.

Christian ist meine bessere Hälfte, mein Mojo, der Ruhepol, der mich auch wieder erdet, sollte es nötig sein.

Andere Frauen haben eine Busenfreundin, ich habe Christian. Und irgendwie ist er mir ja auch eine Freundin. Stockschwul und hin und wieder leider schrecklich zickig. Aber er steht dazu, und ich könnte mir ein Leben ohne ihn nicht mehr vorstellen.

Er übernimmt sehr gerne den männlichen Part in Elenas Erziehung, auch wenn hier die Männlichkeit manchmal fraglich ist. Denn einen Vater im klassischen Sinne gibt es für Elena nicht. Hat es nie gegeben. Sie ist das Ergebnis einer heißen Sommerurlaubsaffäre.

Groß, gut aussehend, dunkelhaarig mit glitzernden

Augen, mehr hat er nicht benötigt, um mich von sich zu überzeugen. Die Sonne und das Meer machten das Sommerliebesgeflüster perfekt und ich habe mich, ohne über die Konsequenzen nachzudenken, auf dieses Abenteuer eingelassen.

Noch heute schüttele ich den Kopf über meine eigene Naivität. Doch wenn ich in das Gesicht meiner Tochter sehe, dann danke ich David insgeheim für dieses Geschenk, welches er mir unwissentlich gemacht hat. Denn ich habe es ihm nie gesagt, dass er eine Tochter hat. Seine Telefonnummer habe ich nicht. Nicht mehr. Selbst wenn ich ihn angerufen hätte - ich meine, bevor ich seine Telefonnummer in einer feierlichen Zeremonie in einem Aschenbecher verbrannt habe - was hätte ich ihm sagen sollen?

Hallo David, hier ist Anna. Die, die du in Griechenland flachgelegt hast - ohne anständig zu verhüten – und stell dir vor, du wirst Vater. Sag schon, freust du dich? Ich hoffe doch, das ist kein Problem für dich!

Es wäre undenkbar gewesen, dass er sich über eine solche Nachricht gefreut hätte. Also habe ich mich alleine für das Kind entschieden und es nie bereut. Auch wenn dieser Weg manchmal alles andere als bequem war. Die Auseinandersetzung mit dem Standesamt, weil ich den Vater des Kindes nicht benennen wollte. Den damit vertanen Anspruch auf Unterhaltszahlungen durch das Jugendamt. Der Kampf um eine Anstellung in der Bank und nicht zuletzt das nicht angetretene Studium.

Aber mittlerweile bin so fest verankert in meiner Mutterrolle, dass es gar keinen Zweifel an der Richtigkeit meiner Entscheidungen gibt.

Zu Hause angekommen schlüpft Elena in ihren Schlafanzug und kuschelt sich auf das Sofa.

„Mama, sollen wir noch etwas im Fernsehen angucken?"

Verneinend schüttele ich den Kopf: „Nein, mein Schatz. Für dich wird es Zeit fürs Bett. Und außerdem hast du ja wohl genug ferngesehen heute."

Doch Elena möchte das natürlich so nicht gelten lassen und zieht einen Flunsch. „Ich habe überhaupt noch kein ferngesehen. Wir waren doch im Kino." Ich hebe hierauf jedoch nur eine Augenbraue und sehe meine Tochter auffordernd an.

Mit einer störrischen Miene schält sie sich tatsächlich wieder vom Sofa und verschwindet im Bad, um sich die Zähne zu putzen. Genau diese Zeit nutze ich, um Chris telefonisch von seinem ausgedehnten Babysitterjob am nächsten Abend zu unterrichten.

„Natürlich bleibe ich über Nacht. Aber bist du sicher, dass du dich schon wieder mit diesem Bankschnösel treffen willst? Gottchen, mein Herz, geh aus und suche dir einen richtigen Mann."

Ich verdrehe die Augen. „Du sollst nicht so über Thomas reden. Er ist nett und tut mir gut."

Chris prustet in den Hörer. „Na klar, dann kaufe dir einen Hund. Hunde sind auch nett und Spaziergänge tun dir auch gut. Meinetwegen kannst du den Hund ja auch Thomas nennen." Gegen meinen Willen breche ich in Lachen aus.

„Du gehst zu weit, Christine. Wir sehen uns morgen. Und danke fürs Sitten."

„Ich bin um 15 Uhr bei dir. Sag Elena, wir fahren ein

paar Runden mit ihrem Fahrrad."

„Mach ich, bis morgen."

Chris ist eine Seele von Mensch, aber mit Thomas wird er einfach nicht warm. Aber ich befürchte, dass kein Mann ihn wirklich überzeugen könnte, der Richtige für seine Mädchen zu sein .

Kapitel 2

Wie verabredet, stehe ich am Samstagabend Punkt 19 Uhr vor meiner Haustüre und warte auf Thomas, als ich seinen Wagen auch schon um die Ecke fahren sehe. *Pünktlich, wie erwartet.*

Da er sich nicht mehr darüber geäußert hat, was wir heute unternehmen werden, habe ich mich einfach für eine Jeans und eine langärmelige Bluse entschieden. Der April ist doch noch recht kühl, auch wenn die Tage bereits freundlicher werden.

Mit einem Summen öffnet sich das Fenster der Beifahrertür, als der Wagen direkt vor mir zum Stehen kommt. Thomas lächelt mir entgegen. „Hey, steig ein, dann können wir sofort los."

Also klettere ich in den BMW meines Abteilungsleiters, nur um sofort seinem abschätzenden Blick zu begegnen. „Jeans, Anna? Ich wollte dich schick ausführen."

Mir gefriert mein Gesichtsausdruck. Seine zurechtweisende Art trifft mich mal wieder unvermittelt. Die Ungeduld in seiner Stimme gefällt mir nicht.

„Dann hättest du mir vielleicht ein Wort gönnen können, sicherlich hätte ich mich zu diesem Zweck in das kleine Schwarze gepresst."

Er zieht die Stirn kraus. „Ich dachte nicht, dass ich dich noch mal daran erinnern muss. Ich habe einen Tisch für uns bestellt, das kannst du doch nicht vergessen haben."

Zerknirscht muss ich mir jedoch eingestehen, dass ich eben genau das getan habe. „Entschuldige, ich habe tatsächlich nicht mehr daran gedacht. Aber wenn du kurz wartest, dann ziehe ich mir schnell etwas anderes an."

Aber Thomas legt den Gang ein und fährt los. „Nein, wir sind sowieso schon spät dran. Ich wollte dich bereits um 18 Uhr abholen."

Ich lege meine Hand vermittelnd auf seinen Oberschenkel. „Thomas, es tut mir leid. Diese eine Minute hätten wir jetzt sicher noch gehabt." Eigentlich habe ich mich auf den Abend mit ihm gefreut. Und jetzt ziehe ich mir seinen Unwillen zu. Er sieht mich kurz an, bevor er sich mit zusammengezogenen Augenbrauen wieder dem Verkehr vor ihm widmet.

„Tu mir bitte nur den Gefallen und denke an die Hochzeit am nächsten Wochenende."

Wie könnte ich die vergessen?

„Nein, die vergesse ich schon nicht. Elena verbringt das Wochenende mit meiner Mutter und ich habe sogar noch einen Termin beim Friseur, ehe wir losfahren." Selbst überrascht von der Frustration in meiner eigenen Stimme ziehe ich meine Hand wieder zurück zu mir.

Thomas nickt wortlos in den Verkehr vor sich und hüllt sich ansonsten in Schweigen.

Und ich ärgere mich über mich selbst. Es sind genau diese Augenblicke, in denen ich Christian zustimmen muss. Dass er recht hat mit seinem Hinweis, dass ich mich besser von dem Gedanken an eine Beziehung mit Thomas lösen soll.

Diese unwirsche Art ist mir tatsächlich manchmal zu viel. Auch die Tatsache, dass er mich oft behandelt, als wäre ich ein kleines Kind.

Hätte er mich gestern noch mal daran erinnert, dass er heute vorhat, mit mir essen zu gehen, dann hätte ich mich doch dafür herausgeputzt. Vor allen Dingen hätte ich nicht bereits mit Elena und Chris gegessen.

Um den Abend jedoch nicht endgültig in den Sand zu setzen, behalte ich diesen kleinen Hinweis lieber für mich. Ich merke, wie sich meine Fingernägel in meine Handinnenflächen bohren. Die aufkeimende Wut unterdrücke ich, indem ich lieber noch mal tief durchatme.

Als er mich im letzten Monat gebeten hat, ihn auf die Hochzeit eines alten Freundes zu begleiten, dachte ich schon, dass er sich endlich ganz zu mir bekennen wird. Voll überschwänglicher Freude habe ich also zugesagt. Nur um einen Satz später zu erfahren, dass die Hochzeit in Hamburg stattfindet - also weit genug entfernt, um überhaupt Gefahr zu laufen, einem Kunden der Bank oder noch schlimmer, einem Kollegen zu begegnen.

Nein, so habe ich mir das alles tatsächlich nicht vorgestellt.

Nun werde ich also mit zu dieser Hochzeit fahren und wir werden eine gemeinsame Nacht in einem Hamburger Hotel verbringen. Und von diesem Ausflug werde ich meine Zukunft abhängig machen. Entweder mit oder ohne Thomas.

Entgegen meiner ersten Befürchtung wird unser Abend doch noch nett. Er entscheidet sich einfach für ein anderes Restaurant. Selbstverständlich ein ungefährliches. Möglichst keine Kunden, keine Kollegen. Eines, in dem ich auch in Jeans eine gute Figur mache und er in seiner Stoffhose und dem Hemd nicht zu verkleidet wirkt. Nach der Vorspeise findet er sogar seinen Humor wieder und ich beginne, die Zeit mit ihm doch noch zu genießen. Meine vorherigen Bedenken schüttele ich mal wieder ab, so wie ich es oft zu tun pflege.

Vielleicht reagiere ich ja auch einfach nur

überempfindlich auf viele Dinge.

Immerhin ist Thomas der erste Mann seit Elenas Geburt, der es überhaupt über einen Restaurantbesuch hinaus geschafft hat, mich für sich einzunehmen. Und der Sex mit ihm ist auch in Ordnung. Er ist zärtlich, zuvorkommend und kümmert sich auch um meine Belange.

Das ist wahrscheinlich schon wesentlich mehr, als manch andere von ihrem Sexleben behaupten kann.

Wen kümmert es dann schon, dass er danach sofort einschläft und meistens schon gar nicht mehr mitbekommt, wenn ich mich aus seiner Wohnung schleiche, nur um vor Sonnenaufgang wieder zu Hause bei Elena zu sein. Damit diese erst gar nicht merkt, dass ihre Mutter fast die komplette Nacht nicht zu Hause war.

Und wer glaubt schon an die Leidenschaft, wie sie in Büchern beschrieben steht? An den alles um sich herum vergessend machenden Sex zwischen zwei Menschen, die sofort wissen, dass sie füreinander geschaffen sind.

Oh, natürlich möchte ich auch daran glauben, aber wenn ich ehrlich zu mir selbst bin, dann wäre ich eine Idiotin, nach solchen Gefühlen zu suchen.

Nein, da bietet mir Thomas eine gewisse Sicherheit. Eben diese Art der Sicherheit, die Frau benötigt, um sich ein Nest zu bauen.

Er hat einen sicheren Job, die Vernunft eines erwachsenen Mannes, und wenn er sich im Umgang mit Elena bewährt, wäre mein Glück einfach perfekt. Oder etwa nicht?

Von Chris ernte ich hierfür lediglich ein Schmunzeln. Seiner Meinung nach ist Thomas zu spießig. Außerdem kränkt es ihn bald mehr als mich selbst, dass er mich vor allen verheimlicht. Er ist der Meinung, dass sein Mädchen etwas Besseres verdient, als vor aller Welt versteckt zu werden.

Aber darüber kann ich hinwegsehen. Noch.

Als ich mich in dieser Nacht nach Hause stehle und feststelle, dass mein eigenes Kopfkissen mit den wirren braunen Locken meiner Tochter belegt ist und ein schnarchender Christian den Rest des Bettes vorzüglich ausfüllt, schalte ich grinsend den laufenden Schlafzimmerfernseher aus und rette die Chipsschüssel aus dem Bett. Die Party hier ist wohl gelungen. Ich decke Elena zu und hauche ihr einen Kuss auf ihre Wange, bevor ich mich kurzerhand in Elenas Bett verkrieche.

Doch die so dringend benötigte Bettschwere lässt auf sich warten. Meine Gedanken schweifen immer wieder ab.

Nach Griechenland vor sieben Jahren.

Da hatte ich diese Leidenschaft. Wundervolle zwei Wochen lang. Mit David. Aber das wäre doch niemals alltagstauglich gewesen. Mit einem fast schwermütigen Aufseufzen ziehe ich mir die Bettdecke mit Prinzessin Lilifees Antlitz bis unters Kinn.

Nein, das wäre sie niemals. So etwas überlebt den Alltag nicht.

Mit der Erinnerung an Davids funkelnde tiefblaue Augen, die Elenas so verflucht ähnlich sind, falle ich in einen unruhigen Schlaf.

Die nächste Woche vergeht wie im Flug und ehe ich mich versehe, sitze ich auch schon im Friseursalon und lasse mir die Haare aufdrehen und feststecken. Elena habe ich bereits bei meiner Mutter abgesetzt, natürlich mit dem

Versprechen, mich unverzüglich zu melden, sobald ich in Hamburg angekommen bin. Meine Tochter weiß von der Hochzeit, aber natürlich nicht, mit wem ich dorthin fahre. Ihre kindliche Neugier ist mit der Erklärung befriedigt, dass es sich um eine frühere Freundin handelt, die ich aufgrund der Entfernung nicht mehr so oft sehen kann.

Die kirchliche Trauung wird um 16 Uhr beginnen. Wir haben demnach noch genügend Zeit, um nach Hamburg zu fahren, im Hotel einzuchecken, um uns umzuziehen und zur Kirche zu kommen. Auch wenn ich niemanden auf dem Fest kenne, freue ich mich auf diesen Tag und Abend mit Thomas. Endlich werde ich ihn in einer privaten Umgebung erleben.

Natürlich weit genug entfernt von zu Hause und dennoch handelt es sich bei dem Bräutigam immerhin um einen alten Freund von ihm. Das lässt zumindest darauf schließen, dass er sich sicher genug fühlt, mich als seine Begleitung mitnehmen zu wollen. Aus diesem Grund werde ich mir auch heute mit allem besonders viel Mühe geben. Mein Kleid ist eine Sünde aus hellgrauer Seide, das meinen braunen Haaren und Augen schmeichelt, die Unterwäsche, die ich mir extra für diesen Anlass zugelegt habe, ist ein Traum aus weißer Spitze ebenso wie die halterlosen Strümpfe. Eigentlich hasse ich das Gefühl von Nylon- oder in diesem Fall Seiden-Bestrumpfung jeglicher Art, aber für meinen Abteilungsleiter will ich es heute mal krachen lassen. Um das Make-up kümmere ich mich später im Hotel. Jetzt bleibt nur noch zu hoffen, dass sich mein Galant auch als der Traumprinz herausstellt, den ich gerne hätte.

Mein eigener Anblick im Spiegel bringt mich dann doch ins Staunen.

„Meine Güte, bin das tatsächlich ich?“ Überwältigt beuge ich mich in meinem Stuhl vor und drehe den Kopf andächtig von links nach rechts, um mich von allen Seiten betrachten zu können.

„Susi, du hast dich selbst übertroffen.“

Unbeeindruckt lässt Susanne eine Kaugummiblase zerplatzen. „Quatsch nicht, Süße. Ich habe deine Haare nur mal anständig zur Geltung gebracht. Das hübsche Gesicht hattest du vorher schon.“ Mit einem frechen Grinsen hält sie mir den Handspiegel hinter die Frisur, damit ich tatsächlich das ganze Ausmaß ihres Könnens begutachten kann.

Kunstvoll hochgesteckt glänzen meine Haare wundervoll. An den Seiten sind üppig aufgedrehte Korkenzieherlöckchen drapiert, die mir weich wippend auf die Schultern fallen.

„Na, hoffentlich passt dein Typ auch gut auf dich auf heute Abend, nicht dass es sich der Bräutigam bei deinem Anblick sonst noch anders überlegt.“

Skeptisch wandert meine Augenbraue in die Höhe. Durch den Spiegel blicke ich in ihr Gesicht.

„Na klar, dazu genügt eine Frisur.“

„Das ist meine Frisur, Süße! Es wurden schon Ehen aus anderen Gründen geschlossen.“

Ich lache laut auf, während ich aufstehe und meine Haarstylistin umarme. „Ich danke dir, dass du den Laden extra so früh aufgeschlossen hast, um mir noch die Haare zu wickeln.“

Pikiert schiebt Susanne mich ein wenig von sich. „WICKELN? Das ist Kunst auf deinem Kopf, Herzchen.“ Ich drücke ihr ein Küsschen auf die Wange. „Das weiß ich doch, und es ist wundervoll.“

Das Klingeln meines Handys unterbricht unser freundschaftliches Geplänkel.

„Wie sieht es aus bei dir? Ich wäre so weit und könnte jetzt losfahren."

Bei dem Gedanken an Thomas' Blick, wenn er mich mit meiner Frisur erblickt, beschleicht mich eine aufregende Vorfreude. Während ich mit ihm telefoniere, studiere ich meinen Anblick in den ausladenden Spiegeln des Salons.

„Ich bin fertig. Wenn du magst, kannst du mich gleich abholen kommen."

„Gut, dann bin ich in 20 Minuten bei dir."

Schnell krame ich mein Portemonnaie aus der riesigen Handtasche, überreiche feierlich ein großzügiges Trinkgeld und mache mich auf dem schnellsten Weg nach Hause. Meine Tasche ist bereits gepackt, mein Kleid ordentlich in seiner Schutzhülle verborgen und alles andere wird sich innerhalb der nächsten 24 Stunden fügen. Aber ich bin zuversichtlich. Nach diesem Wochenende bin ich offiziell in einer festen Beziehung.

Ja, genau das wird passieren.

Pünktlich 20 Minuten später steht Thomas Hagedorn vor meiner Tür, um mich einzusammeln. Er hilft mir, die Reisetasche in den Kofferraum zu wuchten und mein Kleid knitterlos zu verfrachten, ehe er endlich meine Haare würdigt.

Langsam dreht er eine der kunstvoll gedrehten Löckchen um seinen Finger und lächelt zärtlich zu mir hinab. „Die Frisur sieht schon mal vielversprechend aus."

„Warte ab, bis du den Rest siehst." Anzüglich lasse ich meine Augenbrauen auf und ab tanzen, bevor ich ins Auto steige.

Aber natürlich ist er zu beherrscht, um auf meine Anspielung einzugehen, und eigentlich habe ich das auch nicht erwartet.

Kapitel 3

Die Fahrt nach Hamburg verläuft ohne Zwischenfälle und Staus und nach gut vier Stunden Fahrt bin ich doch erleichtert, endlich im Hotel angekommen zu sein. Ein Blick auf die Uhr verrät mir, dass wir noch gut zwei Stunden Zeit haben, um uns für die Hochzeit frisch zu machen. Langsam überkommt mich auch eine gewisse Nervosität.

Wie seine Freunde wohl sind?

Aber vor allen Dingen interessiert es mich doch brennend, wie er mich vorstellen wird. Als seine Freundin? Das wäre natürlich ein riesiger Schritt nach vorne. Ein unruhiges Flattern macht sich in meinem Unterleib breit.

Während mein Begleiter für diesen Abend bereits in der Dusche verschwindet, versuche ich noch mal schnell, Chris zu erreichen. Ich benötige dringend jemanden, der mich beruhigt.

„Hey, mein Herz, das wird schon schiefgehen. Und wenn du es gar nicht mehr aushalten kannst oder er sich danebenbenimmt, dann rufst du mich an und ich hole dich noch heute Nacht ab."

„Na, ich will hoffen, dass es nicht so weit kommt. Ich wollte nur noch mal deine Stimme hören, und dass du mir sagst, dass ich das Richtige tue."

„Herzchen, alles ist gut, solange du meinst, dass der Kerl der Richtige für dich ist. Sollte er sich jedoch danebenbenehmen, dann kann er etwas erleben. Und jetzt mach dich hübsch und genieße diesen Abend in vollen Zügen."

Ein wenig leichter ums Herz, packe ich meine Tasche

aus und verstaue alles Notwendige in die vorhandenen Schränke. Natürlich viel zu viel Zeug für eine einzige Nacht in diesem Hotel. Aber was wäre ich für eine Frau, hätte ich lediglich Unterwäsche zum Wechseln eingesteckt.

Nachdem ich auch mit Elena kurz gesprochen habe, verschwinde ich ebenfalls ins Bad. Thomas steht bereits mit einem Handtuch um die Hüften vor dem Waschbecken und putzt sich die Zähne.

Ich küsse ihn zwischen seine Schulterblätter. „Wie schade, dass wir gleich noch etwas vorhaben. Ich wüsste da einen netten Zeitvertreib." Mit dem Finger fahre ich seine Wirbelsäule entlang.

Er spült sich den Mund aus und dreht sich zu mir, um mich ein wenig von sich zu schieben. Er küsst meine Nasenspitze. „Liebend gern, aber ich fürchte, das muss warten, bis wir heute Abend wieder hier sind." Mit diesen Worten verlässt er das Bad. Und ich klettere unter die Dusche, eine Plastiktüte über der Frisur.

Leidenschaft gibt es nur in Filmen oder Büchern. Alle anderen Möglichkeiten sind einfach nicht alltagstauglich.

Als ich eine Stunde später fix und fertig aus dem kleinen Raum trete, hat sich Thomas schon in seinen Anzug geworfen und fummelt seine Manschettenknöpfe in die Hemdsärmel.

Als er mich erblickt, hält er den Atem an und ich genieße die Bewunderung in seinem Blick. Genauso habe ich mir das vorgestellt. Triumph breitet sich in mir aus.

Ja, sieh nur her. Das kann alles dir gehören, wenn du dich endlich zu mir bekennst.

Das Cocktailkleid umschmeichelt meine frauliche Figur, in meiner Unterwäsche fühle ich mich begehrenswert und sexy und sogar die Strümpfe lassen sich ertragen. Mein Make-up ist gewählt dezent, meine Augen betont, die Lippen glänzen vom Lipgloss, das ich jetzt in meinem kleinen Täschchen verschwinden lasse. Vielleicht brauche ich es ja später noch mal.

„Deinem Blick nach zu urteilen, gebe ich dir heute keinen Anlass, über mein Outfit zu meckern." Ein schelmisches Lächeln umspielt meinen Mund, als Thomas sich ertappt räuspert.

„Anna, du siehst umwerfend aus." Seine Stimme ist leise. Er macht einen Schritt auf mich zu und küsst mich. Ich lasse mich in seine Arme fallen und atme tief den Duft seines Aftershaves ein. Ja, so mag ich es. Warum kann es nur nicht immer so zwischen uns sein, denke ich ein wenig wehmütig, während ich meine Hände in seinen blonden Haaren vergrabe.

Die Kirche ist wunderschön geschmückt. Kleine Blumenbuketts von gelben und cremefarbenen Rosen beherrschen den Mittelgang. Die Gäste haben sich bereits auf die Sitzbänke verteilt. Hübsch gestylte Mädchen in weit schwingenden Röcken halten ihre Blumenkörbe fest in den Händen. Alles ist voll gespannter Erwartung, dass die Braut endlich eintrifft.

Wir setzen uns mittig in das Kirchenschiff und lauschen den andächtigen Klängen der Orgel.

Ich kann nichts gegen die Gänsehaut tun, die sich zwangsläufig auf meiner Haut bildet. Das alles hier ist traumhaft in Szene gesetzt. Auch wenn ich für mich selbst eine solche Hochzeit nie vorgesehen habe, begreife ich doch die Aufregung der Bräute, die sich auf eben diesen Tag vorbereiten. Alles soll perfekt sein, vom eigenen

Aussehen, über den Sektempfang bis hin zum Menü. Und wie perfekt ist ein solcher Tag, wenn sich jeder Gast gut unterhalten fühlt. Das beginnt bei der Musikauswahl und endet in diesen langweiligen Gesellschaftsspielchen, die sich die Gäste meistens für das Paar des Abends ausdenken.

Nein, ich halte mich nicht dafür geschaffen, ein solches Fest für jemanden auszurichten, geschweige denn für mich selbst. Aber dennoch bestaune ich das Geschick der Frauen, denen es dann letztendlich gelingt, sich DEN großen Tag als das Besondere zu gestalten, das dieser Tag eben sein soll.

Der Bräutigam steht bereits wartend vor dem Altar und zupft sich sichtlich nervös am Jackett, bis sein Trauzeuge ihm beruhigend die Hand auf die Schulter legt. Die Luft vibriert förmlich, als der Hochzeitsmarsch von Felix Mendelssohn erklingt und sich alle Gäste erheben und ihre Köpfe drehen, um einen Blick auf die einziehende Braut zu erhaschen.

Aus Thomas' Erzählungen weiß ich, dass Pia erst vor zwei Jahren nach Hamburg gezogen ist, um in der Werbeagentur seines Freundes zu arbeiten.

Ihr Kleid ist ein cremefarbener, raschelnder Traum im Empirestil mit einer langen Schleppe. Kein Schleier verdeckt ihre vor Glück strahlenden Augen und ihre Haare sind kunstvoll hochgesteckt. Unzählige kleine Perlen funkeln in den braunen Haaren. An der Hand ihres Vaters, zumindest gehe ich davon aus, dass es ihr Vater ist, schreitet sie den Gang entlang in Richtung ihres Bräutigams.

Die Rührung steht Alexander Hofer ins Gesicht geschrieben, als er die Frau erblickt, die in andächtigen, langsamen Schritten dem Altar näher und näher kommt. Ich meine sogar sehen zu können, dass er sich eine Träne aus den Augenwinkeln wischen muss.

Auch Thomas scheint der Anblick zu rühren. Er verschlingt seine Finger in meinen und küsst zart meine Fingerknöchel.

Ich drücke seine Hand und lächele ihn an. Mein Herz wird leicht und die Erfüllung meines Wunsches, dass es endlich ernst werde zwischen uns beiden, scheint immer näher zu rücken.

Die Zeremonie ist kurzweilig und unter lautem Getöse verlässt das frisch getraute Paar anschließend die Kirche, nur um von reiswerfenden Gratulanten empfangen zu werden.

Wie es sich gehört, wird das Paar vor dem Gotteshaus geherzt, beglückwünscht, umarmt. Als Thomas an der Reihe ist, haucht er der Braut links und rechts einen Kuss auf die Wange und nimmt seinen Freund in die Arme. „Mensch, dass du dich noch mal traust, mein Freund."

Alexander lacht ein tiefes, sympathisches Lachen und sieht verliebt zu seiner Frau, die bereits dem nächsten Gast die Hände schüttelt.

Ich stehe ein wenig abseits der Szene, was Alexander bemerkt und mir seine Hand hinhält. „Hallo, ich bin Alexander und Sie sind sicherlich Thomas' Begleitung heute."

„Ja, das stimmt. Anna. Das war ein schöner Gottesdienst. Vielen Dank für die Einladung." Ich lächele ihm entgegen. Ich kann gar nicht anders. Er wirkt so gelöst und glücklich und ich schließe diesen attraktiven Mann direkt ins Herz.

„Verdrehst du schon wieder fremden Frauen den

Kopf, Chef?“, ich bemerke den neckenden Unterton in Pias Stimme und muss laut lachen, als er lediglich kleinlaut antwortet: „Das muss ich, meine Liebe, damit du niemals vergisst, was du an mir hast.“

Pia schnaubt abwertend, hält mir nun auch zwinkernd ihre Hand entgegen und reißt mich unvermittelt in ihre Arme, als ich sie ergreife.

Ein wenig erstaunt erwidere ich die Umarmung, bevor ich mich bei Thomas unterhake, der mich aus der Menge der Gratulanten schiebt.

„Was für ein schönes Paar die beiden.“ Verträumt lehne ich mich gegen seine Schulter.

„Ja, das sind sie wohl.“ Schulterzuckend führt er mich zu seinem Auto. „Komm, wir fahren schon mal zum Restaurant, das dauert hier bestimmt noch eine Weile.“ Schweigend steige ich ein und schnalle mich an. Der Zauber, der noch in der Kirche zwischen uns geherrscht hat, hat sich anscheinend verflüchtigt.

Nach dem Champagner-Empfang im Restaurant eines wunderschönen Gutes etwas außerhalb von Hamburg verschwindet das Paar für die Hochzeitsfotos und die Gäste bleiben für einige Zeit sich selbst überlassen. Wie ich feststellen muss, hat man außer am Brauttisch selbst auf eine feste Sitzordnung verzichtet, sodass wir uns einfach an einem der unzähligen Tische niederlassen. „Möchtest du noch etwas trinken?“ Thomas erhebt sich und sieht mich fragend an.

„Ja, danke. Ich glaube, ich hätte gern noch ein Gläschen Champagner.“ Er entschwindet in Richtung Bar und ich nutze seine Abwesenheit dazu, mich unter den Gästen umzusehen. Es ist eine illustre Gesellschaft. Die

Frauen tragen Kleider in allen Größen, Längen und Farben und die Herren tragen ihre schicksten Anzüge.

Etwas gedankenverloren zwirbele ich einer meiner Locken um den Finger, als mir plötzlich unangemessen heiß wird. Mein Blick bleibt an der Bar haften. Ein großer dunkelhaariger Mann in einem hellen, gut sitzenden Anzug spielt mit einem Bierdeckel in seinen Händen und wartet ganz offensichtlich auf sein bestelltes Getränk. Ich erkenne ihn nur im Profil, dennoch ist mein Mund auf einmal staubtrocken und das Atmen will mir nicht so recht gelingen.

Jegliche Farbe muss aus meinem Gesicht gewichen sein, denn als Thomas das georderte Glas Champagner vor mir abstellt, bemerke ich den besorgten Ausdruck in seinen Augen.

„Geht es dir gut, Anna?“

Erschrocken blinzele ich mit den Augen. „Ja, sicher, es ist alles in Ordnung.“ Meine Stimme klingt sogar in meinen Ohren hohl. Ich hüstele einmal kurz, um genügend Zeit zu gewinnen, mich wieder zu sortieren. „Ich bekomme nur langsam Hunger, befürchte ich.“ Ich schenke ihm ein Lächeln und merke, wie mein Blick erneut zur Bar abschweift, aber der Mann ist verschwunden. Mein Herz klopft mir bis zum Hals.

„Pia und Alexander sind soeben wieder eingetroffen, das Büfett wird bestimmt gleich eröffnet.“

„Das ist gut“, nicke ich und lasse meinen Blick erneut durch die Menge schweifen. Aber der graue Anzug bleibt für meine Augen unsichtbar.

Vielleicht habe ich es mir auch nur eingebildet. Wahrscheinlich einfach ein Gast, der eine Menge Ähnlichkeit mit ihm hat. Immerhin ist das letzte und einzige Zusammentreffen bereits sieben Jahre her. Ich schüttele über mich selbst den Kopf und starre auf mein Getränk.

Nach einem großzügigen Schluck Champagner bemerke ich, wie sich meine Nerven langsam wieder beruhigen.

Als das Essen beginnt, ist die Stimmung gelöst. Thomas sucht meine Nähe am Tisch und ich fühle mich wieder entspannt und zufrieden. Während des vorzüglichen Essens werden Reden geschwungen und es wird viel gelacht. Alles scheint so perfekt, dass ich, sollte ich jemals in diesem großen Stil heiraten, eben doch genauso feiern möchte.

Das Paar ist glücklich und nichts an ihnen wirkt ansatzweise aufgesetzt oder gestelzt.

Nachdem auch der letzte Teller von den Tischen verschwunden ist, eröffnen Pia und Alexander den Tanz und wieder bin ich hin und weg von der Innigkeit, die zwischen den Eheleuten zu herrschen scheint. Alexander führt seine Frau so geschmeidig über die Tanzfläche, als würden sie seit Jahren nichts anderes tun, als sich zu Walzerklängen zu bewegen. Sie scheinen alles um sich herum vergessen zu haben, während sie sich tanzend tief in die Augen sehen.

Ich beobachte meinen Begleiter aus den Augenwinkeln und habe sofort das Bild eines Walzer tanzenden Thomas vor Augen.

Ob er mich auch so ansehen würde wie Alexander seine Pia?

Aber welcher Bräutigam würde das nicht?

Das Paar wechselt unter Beifall der Zuschauer die Tanzpartner und somit ist die Fläche für alle Gäste freigegeben.

Meine Begleitung hält sich im Hintergrund, was ich mehr als schade finde. Wahrscheinlich bin ich selbst ein wenig eingerostet. Die Tanzschule ist doch schon einige Zeit her und mit Elenas Geburt habe ich einfach weder die Zeit noch eine Gelegenheit gefunden, dennoch wage ich einen Versuch. „Sollen wir auch?“, ich stelle mich direkt vor ihn. Er sieht zweifelnd auf mich herab.

„Nein, lieber nicht. Das würden mir deine Füße niemals verzeihen.“ Er zieht seine Stirn kraus und nippt noch mal an seinem Drink. Etwas enttäuscht drehe ich mich wieder der Tanzfläche zu, als ein älterer Herr vor mir stehen bleibt.

„Sie möchten tanzen? Es wäre mir eine Ehre ...“ Er hält mir den Arm hin und ohne großartig darüber nachzudenken, hake ich mich unter und folge ihm zwischen die tanzenden Paare.

Er stellt sich mir als Georg vor, ein Onkel des Bräutigams.

Nach den ersten Schritten ist es mir, als hätte ich niemals mit dem Tanzen aufgehört. Aber was will man an einem Walzer schon falsch machen? Ich wirbele über die Tanzfläche und lasse mich von der Musik und von Georg führen.

Es ist herrlich. Aus den Augenwinkeln beobachte ich das offenbar überraschte Gesicht von meinem Tanzmuffel. Er hebt anerkennend sein Glas in meine Richtung, als er meinem Blick begegnet.

Dann verstummt der Walzer und die Paare beklatschen sich gegenseitig.

„Ich danke Ihnen, es war mir ein Vergnügen, Anna.“

Georg verbeugt sich höflich, was ich mit einem Kopfnicken meinerseits anerkenne „Dieses Vergnügen war ganz auf meiner Seite, Georg. Vielen Dank." Ich lächele ihm zu und wende mich von der Tanzfläche, als das nächste Stück angespielt wird.

Plötzlich spüre ich die Hände an meinen Hüften. „Darf ich um den Tanz bitten, Anna?" Ich brauche mich gar nicht erst umzudrehen, um zu wissen, wer mich aufgefordert hat. Diese Stimme könnte ich niemals vergessen. Ich schließe die Augen, ganz so, als würde er verschwinden, wenn ich ihn nicht sehe, nicht sehen will.

So viel zum Thema alles pure Einbildung.

Mein Herz klopft heftig gegen meine Rippen und meine Kehle ist wie zugeschnürt.

Er dreht mich in seine Arme, passend im Takt der Musik. Unvermittelt atme ich tief ein und sein Duft umfängt mich sofort. Mir wird schwindelig. Mein Herz setzt einige Schläge aus, als ich den Blick hebe, nur um dem seinen zu begegnen.

Elenas Augen.

„David!", flüstere ich heiser seinen Namen. Er grinst mich schief an, während er mich regelrecht über die Tanzfläche schweben lässt.

„Anna. Wer hätte gedacht, dass wir uns wiedersehen werden. Noch dazu in diesem Ambiente." Er hebt kurz den Kopf und lässt seine Augen flüchtig über die Menge gleiten, bevor er mich erneut fixiert. Ich spüre seine Hand auf meinem Rücken. Seinen Daumen, der sich durch den Stoff meines Kleides zu brennen droht. Meine Hand in seiner, eine vertraute Geste und doch so schrecklich fremd.

„Du siehst verdammt gut aus in diesem Kleid." Er

raunt mir diese Worte mit seiner Samtstimme gegen mein Ohrläppchen und ich kann mich nicht gegen den wohligen Schauer wehren, der mich durchfährt. Das Flattern in der Magengegend, das es mir unmöglich macht, auch nur ein einziges Wort zu ihm zu sagen, vor Angst ins Stottern zu geraten. Als hätte sich mein Gehirn für einen Augenblick eine Auszeit genommen.

„Es hat dir doch wohl nicht die Sprache verschlagen, oder?“ Sein Lächeln bringt mich zum Schmelzen. Noch immer.

„Ich würde lügen, wenn ich behaupte, dass ich nicht überrascht sei.“ Unsicher lächele auch ich ihn an und bemühe mich darum, die Fassung zu bewahren.

Nur gut, dass er mich fest führt. Ansonsten würde ich hier mitten auf der Tanzfläche in mir zusammensacken.

Obwohl es sicher ein lohnenswertes Unterfangen wäre, würde er mich dann von der Tanzfläche tragen müssen.

Sofort spüre ich die Röte, die mir bei meinem Gedankengang in die Wangen steigt. Schnell wende den Blick ab, bevor er bemerkt, was es mit mir anstellt, hier mit ihm zu tanzen. Ich versuche mich lieber, auf die Schrittfolge zu konzentrieren. Wie peinlich wäre es, wenn ich ihm ausgerechnet jetzt wie ein Kamel auf seine Füße stapfe.

Er macht eine verdammt gute Figur in diesem grauen Anzug, der so herrlich zu meinem eigenen Kleid passt. Die dunkelbraunen Haare trägt er etwas kürzer als damals. Seine tiefblauen Augen, die mich zwischen diesen irrwitzig langen Wimpern anfunkeln. Seine Grübchen, wenn er lächelt, so wie jetzt gerade eben. Der Geruch, der ihn umgibt.

Was bitte wird das hier?

Ich habe das Gefühl, irgendetwas sagen zu müssen. „Bist du mit dem Brautpaar verwandt oder verschwägert, oder wie komme ich zu der Ehre, mit dir zu tanzen?“ Dieses verräterische Kribbeln in meinem Körper versuche ich geflissentlich zu ignorieren.

Sein Blick wandert unablässig über mein Gesicht. „Ich bin ein Cousin der Braut. Und wie erklärst du dein Hiersein?“

„Ich bin mit einem Freund des Bräutigams gekommen.“ Für den Bruchteil einer Sekunde verdunkeln sich seine Augen.

„Bist du verheiratet?“ Diese Frage trifft mich unvermittelt. Ich sehe ihn direkt an, während ich den Kopf schüttele.

„Nein, warum?“

„Reines Interesse.“ Er lässt mich nicht aus den Augen, was mich zunehmend nervöser werden lässt. Mit Erschrecken muss ich feststellen, dass er noch die gleiche Faszination auf mich ausübt wie schon damals in Griechenland. Und wohin das geführt hat, das weiß ich nur zu gut. Vielleicht wird es Zeit für mich, das Weite zu suchen. Na ja, gleich, sobald die Musik aufhört zu spielen.

Ich fasse mir ein Herz und gebe die Frage an ihn zurück. „Und du? Bist du verheiratet?“ Ich beiße mir auf die Unterlippe und wieder kommt Bewegung in seinen Blick.

„Nein, und du solltest lieber aufhören, dir auf der Lippe herumzubeißen. Sonst kann ich für nichts garantieren.“ Diese subtil gehauchte Drohung genügt, um mich völlig aus dem Konzept zu bringen.

Die Spannung in meinem Unterleib nimmt plötzlich unangebrachte Ausmaße an. Wenn ich eines nicht möchte, dann ist es der Gedanke an Davids Hände, Lippen oder sonstige Körperteile, wenn ich später mit Thomas ins Hotel zurückfahre.

Thomas! Den hätte ich vor lauter David fast vergessen.

Mein schlechtes Gewissen regt sich, also zische ich ihn lediglich an: „David, lass das sein. Ich bin nicht alleine hier.“

Er grinst spitzbübisch. „Ich auch nicht, das macht die Sache doch spannender.“

Und wieder merke ich die Hitze auf meinem Gesicht und das ewige Streicheln seines Daumens in meinem Rücken. Ich brauche unbedingt etwas zu trinken. Und davon eine Menge.

„Und wie kommst du darauf, dass ich mich darauf einlassen würde?“

Er legt nur verheißungsvoll den Kopf schief, ohne auf meine Frage zu antworten.

Sobald das Lied verklungen ist, winde ich mich aus seiner Umarmung, und ohne ihn noch eines Blickes zu würdigen, mache ich mich auf die Suche nach meiner eigentlichen Begleitung für den heutigen Abend. Ich brauche ein liebes Wort aus seinem Mund, um wieder den Boden unter den Füßen zu spüren. Was immer da gerade in mich gefahren ist, es steht überhaupt nicht zur Debatte, dass ich unseren Sommerurlaubsflirt hier weiterführe. Ich bin wohl von allen guten Geistern verlassen, dass ich so auf ihn reagiere.

Thomas steht bereits an der Bar, ein gefülltes Glas in der Hand und unterhält sich angeregt mit einem weiblichen Gast.

„Hey, ich hätte auch gerne etwas zu trinken“, ich lege einen Arm um seine Hüfte und genieße sein Lächeln, als er mich bemerkt.

„Ich habe dir schon etwas bestellt. Anna, das ist Johanna Hofer, die Mutter von Alexander.“ Freundlich nickt mir Frau Hofer entgegen.

„Frau Hofer, das ist Anna Lorenz, eine Arbeitskollegin. Sie war so nett, mich heute zu begleiten.“ Noch bevor ich auf den netten Gruß der Bräutigamsmutter reagieren kann, gefriert mir das Blut in den Adern.

Kapitel 4

Eine Arbeitskollegin.

Wow, das muss ich erst mal sacken lassen. Ich bemerke die Tränen, die mir in die Augen schießen, und versuche sie unauffällig wegzublinzeln.

Was immer ich mir von Thomas Hagedorn erhofft habe, es wird nicht passieren. Nicht heute und wahrscheinlich auch nicht später. Die Enttäuschung, die mich durchflutet, ist unbeschreiblich, schnürt mir den Hals zu.

Und Davids Anwesenheit tut ihr Übriges, so viel steht wohl fest.

Der Kellner stellt das Glas Champagner vor mir ab und ich kippe es in einem Zug hinunter. Mir ist durchaus nach etwas Stärkerem. Irgendwas, das meine angespannten Nerven beruhigt und die Benommenheit in meinem Inneren betäubt, aber hier und jetzt muss der Schampus eben reichen. Mit einer ungeduldigen Geste ordere ich direkt ein Weiteres von dem überraschten jungen Mann auf der anderen Seite der Bar. Thomas ist so vertieft in das Gespräch mit Alexanders Mutter, dass er es gar nicht bemerkt, wie ich mit einem gut gefüllten Glas den Saal verlasse.

Unentschlossen stehe ich draußen vor der Tür und starre in den Abendhimmel.

Was soll ich jetzt tun? Und was hat mich nur geritten, mit ihm hierherzufahren? Eigentlich hätte mir klar sein müssen, dass er wieder einen Rückzieher macht. Ich könnte losheulen.

Aufgebracht schiebe ich mir eine verirrte Locke hinters

Ohr.

Dabei habe ich es mir so schön ausgemalt. Das wäre unsere erste gemeinsame Nacht. Zumindest das erste gemeinsame Frühstück, da ich nicht mitten in der Nacht wieder nach Hause verschwinden würde.

Am liebsten würde ich mir meine verdammte Unterwäsche ausziehen und sie ihm um die Ohren hauen. Dann hätte er sie wenigstens einmal gesehen.

Denn eines ist ja wohl sonnenklar - für Thomas werde ich sie heute Nacht nicht ausziehen. Es ist zum Verrücktwerden.

Und dann läuft mir auch noch ausgerechnet David über den Weg.

Der besitzt tatsächlich die Frechheit, mir unmoralische Andeutungen ins Ohr zu flüstern. Hier und heute. Das muss sich mal einer vorstellen?!

Einfach so, nach all der Zeit. Obwohl ich ihm gesagt habe, dass ich nicht alleine hier sei.

Er auch nicht, wie er selbst zugegeben hat. Ein eifersüchtiger Stich durchfährt mich.

Wie albern.

Ich sollte meine Aufmerksamkeit lieber auf Thomas Hagedorn richten und auf die Tatsache, dass er ein dämlicher Vollidiot ist.

Enttäuscht tippe ich Chris' Nummer in mein Handy. Nach dem zweiten Klingeln nimmt er endlich ab.

„Er wird es einfach nicht tun, Christine. Er hat mich als eine Arbeitskollegin vorgestellt." Um einen aufkommenden Schluchzer zu unterdrücken, nehme ich noch einen Schluck aus meiner immer leerer werdenden Schampusflöte.

„Mensch, Schätzchen, das tut mir so leid! Soll ich dich

von dieser schrecklichen Hochzeit abholen? Ich könnte in vier Stunden da sein, wenn ich aufs Gas drücke!"

Dafür liebe ich Chris. Dafür, dass er immer an meiner Seite steht. Er würde sogar die Strapazen dieser langen Fahrt auf sich nehmen, nur um mich zu retten.

„Nein, ich ertränke meinen Kummer in dem mir dargebotenen Schampus und versuche zu begreifen, dass David ebenfalls anwesend ist."

Die Stille am anderen Ende der Leitung lässt mich vermuten, dass die Verbindung abgebrochen ist. Bis Chris sich leise erkundigt, ob er die letzten Worte richtig verstanden habe.

„Ja, hast du und stell dir vor, ich habe bereits mit ihm getanzt. Ist das nicht irre? Man könnte ja wohl meinen, ich hätte mehr als einen Grund mich zu betrinken … stilvoll mit Champagner, versteht sich."

„Du hast mit ihm GETANZT? Hast du ihm auf diesem Wege direkt von seiner Tochter berichtet? Von diesem engelsgleichen Geschöpf, das in diesem Jahr endlich zur Schule gehen darf?"

Die Schuhspitze meines sündhaft teuren Pumps malt ein Muster in den Kiesweg. „Natürlich nicht, du Armleuchter. Wann und vor allen Dingen wie hätte ich das denn machen sollen? Wir haben uns nur einen Tanz lang unterhalten, bevor ich das Weite gesucht habe. Ich bin immerhin mit Thomas hier."

„Ach, du meinst den Kollegen aus der Bank?" Der zynische Unterton entgeht mir nicht.

„Damit hat sich Thomas erst nach meiner Begegnung mit David ins AUS katapultiert. Trotzdem, dass David ebenfalls hier ist, macht mich nicht nur ein bisschen nervös, das kannst du mir glauben." Prompt erscheint sein

Gesicht erneut vor meinem geistigen Auge, dieses Grübchen, das Glitzern in seinem Blick. Ich kneife meine Augenlider fest zusammen, nehme mein Handy grimmig in die andere Hand und lasse Chris' Schimpftirade über mir ergehen.

„Du musst wissen, was du tust. Ich weiß nur eines. Sollte er nach heute jemals von Elena erfahren, hat er alles Recht der Welt, wirklich richtig wütend auf dich zu sein, Herzchen. Denke an meine Worte. Sie ist auch sein Kind. Auch wenn du es bisher so wundervoll verdrängt hast."

Ich verdrehe genervt die Augen. „Ich werde es ihm sagen, aber nicht heute. Gute Nacht, wir sehen uns morgen."

„Was wirst du wem heute nicht sagen?"

Ich habe ihn nicht kommen hören und fast fällt mir vor Schreck mein Handy aus der Hand, als er so plötzlich hinter mir erscheint.

„Das geht dich nichts an, David. Was machst du hier draußen?" Seine plötzliche Nähe ist mehr, als ich gerade vertragen kann. Hinzu kommt das Gefühl, von ihm bei etwas Verbotenem ertappt worden zu sein. Immerhin habe ich gerade über seine Tochter gesprochen und zum wiederholten Mal entschieden, dass er nichts von ihr wissen darf.

Aufgewühlt schiebe mir erneut diese bescheuerte Locke aus dem Gesicht. David antwortet nicht auf meine Frage, was er hier draußen zu suchen hat. Stattdessen kommt er einen Schritt auf mich zu. Ich hebe abwehrend die Hand. „Bitte, David, lass mich alleine. Ich kann dich gerade nicht in meinem Leben gebrauchen."

Die Heftigkeit meines Ausbruchs lässt ihn stutzen. Für ihn ist es lediglich ein zufälliges Wiedersehen nach sieben

Jahren, während es für mich so viel mehr ist als eben nur das. Er ist der Vater meiner Tochter und zudem bringt er mich gehörig aus dem Gleichgewicht mit seiner Präsenz, seiner unglaublich selbstgefälligen Art mit mir umzugehen.

Als sei er die Erfüllung all meiner Träume.

Er schiebt die Hände in seine Hosentaschen und sieht mich unter hochgezogenen Augenbrauen einfach nur an.

„David, bitte“, es fällt mir zunehmend schwerer, mich gegen seine Anziehungskraft zur Wehr zu setzen.

„Du hast mich einfach stehen lassen und da wollte ich nur sehen, ob alles in Ordnung mit dir ist. Aber ich kann auch wieder reingehen.“ Er dreht sich wieder in Richtung Tür, langsam, so als wüsste er ganz genau, dass ich ihn zurückhalte, nur eben nicht, wann ich das tue.

Ich hadere mit mir und leere erst mal mein Glas, um Zeit zu gewinnen und um mir vielleicht auch ein wenig Mut zu machen. Langsam gehe ich hinter ihm her. „Warte. Es war nicht so gemeint. Entschuldige.“ Sein siegreiches Grinsen entgeht mir nicht, lasse es aber unkommentiert, als er sich mir wieder zuwendet.

Warum nur habe ich ihn zurückgehalten? Manchmal bin ich mir selbst ein Rätsel. Und dennoch verlassen die nachfolgenden Worte meinen Mund, ohne dass ich etwas dagegen machen könnte.

„Es tut mir leid, David. Ich wollte dich tatsächlich nicht so anfahren.“

„Schon in Ordnung, wirklich.“ Sein durchdringender Blick haftet auf mir und ich presse die Lippen fest aufeinander. Wieso nur bringt er mich noch immer so durcheinander?

Er nimmt seine Hände wieder aus den Taschen und in einer fragenden Geste zieht er seine Schultern hoch. „Aber was in Gottes Namen treibst du hier draußen ganz alleine?"

Ja, das wüsste sie tatsächlich auch gern. Wie es aussieht, hat Thomas mein Fehlen noch nicht mal bemerkt. Eine weitere Enttäuschung.

„Ich brauchte frische Luft." Mit geschlossenen Augen hebe ich mein Gesicht in den Wind.

Als ich sie wieder öffne, steht David nur einen Finger breit von mir entfernt. Erschrocken schnappe ich nach Luft, während er mich noch immer nicht aus den Augen lässt. „Meine Güte, Anna. Du kannst dir nicht vorstellen, was es für ein Gefühl ist, dich wiederzusehen." Seine Stimme ist ein Flüstern, mehr nicht. Und doch gelangt jedes Wort genau dorthin, wo es mir gerade überhaupt nicht willkommen ist oder besser nicht willkommen sein sollte. In so vielerlei Hinsicht.

Das ist ja mal wieder typisch für mich. Anstatt mich mit Thomas auseinanderzusetzen, stehe ich hier mit David, der nichts Besseres zu tun hat, als vor sich hinzusäuseln. Ich sollte dem Einhalt gebieten. Aber ich bin eben auch nur eine Frau – mit einem leichten Schwips und einer Begleitung, die mich heute offensichtlich abserviert hat. Also klimpere ich einfach nur mit meinen Wimpern und versuche, mich zu beruhigen.

„Ich glaube, ich brauche noch etwas zu trinken." Die Bar ist um so vieles ungefährlicher als dieser diffus beleuchtete Hof.

David sieht kurz an mir vorbei und lacht auf. „Klar. Komm, wir gehen an die Bar." Er greift nach meiner Hand und führt mich zurück in den Saal, während ich lediglich auf unsere ineinanderverschlungenen Hände starren kann.

Tief in meinem Inneren höre ich die Stimme, die mir

unablässig zuruft, dass dieser Weg der definitiv falsche Weg ist. Aber dieses Stimmchen erreicht mein Hirn einfach nicht. Und der Schampus erledigt den Rest. Davids Berührung verwandelt mich in ein unkontrollierbares Häufchen weiblicher Idiotie und kombiniert mit einem sehnsüchtigen Ziehen in meinem Unterleib folge ich ihm wie hypnotisiert einfach an die Bar.

Kapitel 5

Thomas ist nirgendwo auszumachen, als David für mich noch ein Getränk ordert.

„Erzähl, wie ist es dir ergangen in den letzten Jahren?", meinen Kopf wiege ich auf meiner Faust, während ich ihn erwartungsvoll ansehe.

Die Frage soll nebensächlich klingen. Small Talk zwischen zwei Menschen, die sich einfach lange nicht gesehen haben. Wie bei einem Klassentreffen beispielsweise.

„Gut." Er legt seinen Kopf ebenfalls auf seine Faust und begegnet meinem Blick. Ich kann seinen Atem auf meiner Haut spüren, so nah ist er mir. Seine blauen Augen nehmen mich gefangen. Sein Grinsen wird breiter und ich merke die Wärme auf meinen Wangen, als ich mich beschämt wieder gerade hinstelle.

So wird das nichts mit dem Small Talk.

„Du bist noch genauso bezaubernd wie in Griechenland, weißt du das?" Seine Samtstimme bringt mein Herz zum Stolpern.

„Quatsch nicht, David, ich bin sieben Jahre älter und mindestens sieben Pfund schwerer." Angriff ist die beste Verteidigung.

Wann kommt nur endlich mein Getränk?

David lässt seinen Blick abschätzend an meinem Körper entlangwandern. Mein Nacken prickelt. *Und nicht nur der.*

„Du vergisst anscheinend, dass auch ich sieben Jahre älter bin. Und diese *mindestens sieben Pfund* haben sich äußerst schmeichelhaft verteilt, Anna."

Ungläubig mustere ich seine Miene. „Hör auf damit, mir Honig um den Mund zu schmieren.“ So weit kommt es jetzt noch. Dass ich auf dieses Süßholzgeraspel hereinfalle. Es ist weder Sommer noch sind wir im Urlaub.

„Wieso bist du so misstrauisch?“, David zieht eine Augenbraue in die Höhe. Endlich erscheint der Barkeeper mit einem gut gefüllten Schampusglas und dieses Mal bin ich es, die seinem Gesicht nahe kommt. Zu nahe. „Weil du vor sieben Jahren schon so dahergeschwafelt hast.“

„Wer sagt, dass ich damals geschwafelt habe, Anna?“ Seine Worte und sein plötzlich ernster Gesichtsausdruck lassen mich völlig verblüfft einen Schritt zurücktreten. „Na klar, David. Ich bin die Frau deiner Träume und du konntest mich nicht vergessen.“ Ich schnaube verächtlich.

„Wäre das so schwer zu glauben?“ Seine Augen funkeln mir entgegen und ich bin sprachlos.

Wie kann er es wagen, nach all der Zeit vor mir zu stehen und anzudeuten, dass mehr dahintergesteckt haben könnte als eine Urlaubsliebelei? Und warum hat er sich dann nicht bei mir gemeldet? Wie es seine gottverdammte Scheißpflicht gewesen wäre.

Er hätte den ersten Schritt machen müssen.

Gerade als ich etwas Bissiges erwidern will, stellt sich eine junge Frau direkt hinter David und legt ihm vertraulich eine Hand auf die Schulter. Unmerklich zucke ich zusammen und weiche noch ein Stückchen zurück. Ich versuche, nicht allzu auffällig auf die junge Frau zu starren, der plötzlich Davids Aufmerksamkeit gehört. Er flüstert ihr etwas ins Ohr, was diese zum Lachen bringt. Ein glockenhelles Lachen. Ich spüre, wie sich meine Kehle zuschnürt, und wende mich ab.

Die Eifersucht trifft mich wie ein Faustschlag in die

Magengegend. Wie kann er einer anderen ins Ohr flüstern? Immerhin hat er ein Kind mit mir - Anna.

Entsetzt über die Unsinnigkeit meiner Gedanken hebe ich also erneut mein Glas an den Mund und verschlucke mich fast, als ich bemerke, dass die hübsche dunkelhaarige Frau mich neugierig beäugt und anlächelt.

Plötzlich streckt sie mir die Hand entgegen, „Hi, ich bin Luisa. Davids Schwester." Wie benommen greife ich nach der mir dargebotenen Hand. *Seine Schwester.*

Die Erleichterung, die ich empfinde, lässt mich zu laut ausatmen. „Ich bin Anna, hallo."

Davids Mundwinkel kräuseln sich. Er hat mich durchschaut, da bin ich mir ganz sicher.

„*Anna* Anna?" Sie sieht mit hochgezogener Augenbraue auf ihren Bruder. „Endlich habe ich ein Gesicht zu den Geschichten von Anna und David." Sie blickt zwischen ihrem Bruder und mir hin und her und David beginnt zu lachen. „Lass es gut sein, Luisa. Anna hat schon genug von meinem Geschwafel." Ich werfe ihm einen pikierten Blick zu, doch bevor ich etwas erwidern kann, tippt Luisa ihrem Bruder gegen die Brust und weist ihn in seine Schranken. „Oh, da ist sie nicht die Einzige, mein lieber David." Nun ist es an mir, laut zu lachen.

So, er hat mich also tatsächlich nicht sofort vergessen, als er nach seinem Griechenlandurlaub wieder nach Hause geflogen ist. Noch bin ich mir nicht sicher, was ich mit dieser Information anfangen soll. Aber eine Wärme breitet sich in mir aus, die mich nicht nur verlegen werden lässt.

All das hier erscheint mir so unwirklich und doch bleibt mir keine Zeit, die Geschehnisse der letzten Stunden zu verarbeiten.

Thomas erscheint hinter mir. Mit einem abschätzenden

Blick auf David legt er eine Hand um meine Mitte und haucht mir einen Kuss in den Nacken.

„Wo warst du die ganze Zeit? Ich habe dich überall gesucht." Er spricht leise und als ich mich zu ihm drehe, spüre ich Davids Blick im Rücken.

„Ist es angemessen, der *Arbeitskollegin* so nahe zu kommen, Herr Hagedorn?" Meine Stimme ist schärfer als beabsichtigt. Nichts liegt mir ferner, als hier eine Szene vom Zaun zu brechen. Doch er hat mich tief verletzt.

Seine Schultern versteifen sich und seine Kiefermuskeln zucken. „Hier ist nicht der richtige Ort, Anna."

„Ich weiß, Thomas. Der Ort ist nirgends richtig, scheint mir." Ich fahre mit dem Finger seinen Schlips entlang. „So ist das eben und ich finde mich langsam damit ab." Meine Stimme klingt resigniert.

Friedvoll greift er nach meiner Hand und küsst die Knöchel. „Ach komm schon, Anna. Du bist doch nicht böse deswegen, oder? Wie hätte ich dich denn sonst vorstellen sollen?" Er sieht mich fragend an.

„Wenn du das noch immer nicht weißt, dann sollte ich mich vielleicht anfangen zu fragen, was ich hier überhaupt mache." Ich wende mich schulterzuckend von ihm ab.

„Du bist doch auch ohne mich in bester Gesellschaft, wie mir scheint." Mit einem Seitenhieb auf David funkelt er mich an, als ich mich wieder zu ihm drehe.

„Das ist doch jetzt nicht dein Ernst, oder?", zische ich ihn an, hilflos, weil mir die Situation immer unangenehmer wird. „Du hast ja noch nicht mal bemerkt, dass ich den Saal verlassen habe." Meine Fingernägel bohren sich in meine Handballen und am liebsten würde ich ihn anschreien. Das ist hier natürlich unmöglich.

„Ich sollte schon mal ins Hotel vorfahren." Die Wut kocht in mir hoch und ich bin mir der Blicke von David und Luisa bewusst. Ich drehe mich kurz zu den beiden, murmele einen Abschied und rausche an Thomas vorbei.

Und er lässt mich tatsächlich gehen. Weder ruft er mich zurück, noch läuft er hinter mir her. Und damit hat er alles gesagt, was nötig ist, um mich darüber in Kenntnis zu setzen, was er für mich empfindet.

An der Garderobe löse ich meinen Trenchcoat wieder ein, doch bevor ich den Saal verlasse, verstellt mir David den Weg.

„Lässt dieser Vogel dich jetzt tatsächlich alleine fahren?"

Ich sehe an ihm vorbei und ringe mit meiner Fassung. „Scheint fast so. Und nenne ihn nicht Vogel, es ist kompliziert, David." Mit einem Seufzen schlüpfe ich in meinen Mantel. „Es war schön, dich wiederzusehen." Er hält mich am Arm fest, als ich Anstalten mache, an ihm vorbei in die Dunkelheit zu entschwinden.

„Anna, jetzt warte doch mal …, bitte."

Ich blicke auf. „Nein, ich möchte wirklich fahren. Das war alles ein bisschen viel für mich."

Er lässt meinen Arm los. „Darf ich dich anrufen?" Die Unsicherheit in seiner Stimme lässt mein geschundenes Herz kurz aufhüpfen.

„Ich bin mir nicht sicher, ob das so eine gute Idee wäre, David."

„Anna …", er kommt einen Schritt auf mich zu, aber ich bin nicht bereit dafür. Mit einem traurigen Lächeln lege ich eine Hand auf seinen Unterarm. „Nicht, David. Das ist der falsche Zeitpunkt."

Er senkt den Kopf und küsst hauchzart meinen

Mundwinkel. „Ich kann warten.“ Einen klitzekleinen Augenblick verharrt er in dieser Position. Meinem Gesicht so nah, dass ich die Wärme seiner Lippen spüren kann. Ich schließe die Augen, genieße die Empfindungen, die mich durchströmen. Dieses Verlangen, meine Hand in seinen Nacken zu legen, um ihn wieder näher an mich zu ziehen. Ihn zu küssen. Ein Schauder durchfährt mich. Als ich meine Augen wieder öffne, liegt etwas in seinem Blick, das ich nicht deuten kann. Er drückt mir einen Zettel in die Hand, dann dreht er sich um und lässt mich stehen.

Meine Finger berühren die Stelle, die er soeben geküsst hat, und meine Nase beginnt, verräterisch zu kribbeln.

Auf dem Zettel stehen die 11 Ziffern zu meinem ganz persönlichen Höllenfeuer. *Ruf mich an! David*

Ich schiebe ihn in meine Manteltasche. Wie kann ein einziger Abend meine Gefühlswelt derart durcheinanderbringen?

~o0o~

David ballt die Hände zu Fäusten. Die Szene, die er gerade beobachten musste, bringt sein Blut in Wallung.

Anna, seine Anna, ist hier und das mit einem Kerl, den er am liebsten windelweich prügeln würde.

Er hat befürchtet, ihn treffe der Schlag, als er sie hat tanzen sehen. Er musste sogar der Versuchung widerstehen, sich über die Augen zu wischen.

Die Erleichterung, dass sie nicht verheiratet ist, hat ihn übermächtig getroffen. Wohl aber liiert.

Er stellt sich zurück an die Bar und bestellt sich einen Drink. Wütend klopfen seine Finger auf die Theke, während sein Blick suchend durch die Menge gleitet. Aber der Kerl ist verschwunden. Das ist auch sein Glück.

Fuck. Sie hat ihm ihre Telefonnummer nicht verraten, durchfährt es ihn und er schlägt seine Faust auf das Holz der Bar.

„Was ist denn mit dir passiert, mein Lieber?“ Pia erscheint neben ihm und legt ihm beruhigend die Hand auf die Schulter. Er lächelt seiner Cousine entschuldigend entgegen und nimmt ihre Hand in seine.

„Nichts, es ist schon in Ordnung. Ich hatte nur gerade eine Begegnung der dritten Art, fürchte ich.“

Er kann genau beobachten, wie es in Pias hübschem Köpfchen beginnt zu arbeiten. Und während sie ihr eigenes Glas an den Mund hebt, sieht sie ihn wissend an. „Klar, besagte dritte Art habe ich auch gesehen. Dunkelhaarig, sehr hübsch, tolle Frisur und leider nicht alleine hier?“

Er lacht leise in sich hinein. „PiaPiaPia, du hast mich durchschaut.“

„Oh, das war gar nicht so schwer. Ihr wart auf der Tanzfläche nicht zu übersehen.“ Sie hebt eine Augenbraue.

„Wie dem auch sei, Anna ist gefahren.“ Unter zusammengebissenen Zähnen fährt er sich durch die Haare.

Pia reißt die Augen auf.

„Nein! Sag nicht, das war DIE Anna? Ich werde verrückt.“ Ungläubig schüttelt sie den Kopf. „Das gibt's doch gar nicht.“ Dann beginnt sie laut zu lachen. „Da muss ich erst heiraten, dass du deine große Liebe wiederfindest. So was aber auch.“

Den finsteren Blick Davids ignorierend, wischt sich Pia die Lachtränen aus den Augenwinkeln.

„Ja, du hast gut lachen. Ich habe sie schon wieder

gehen lassen. Ohne ihre Telefonnummer in meiner Tasche."

„Na, die habe ich auch nicht. Aber ihre Adresse."

Er hält inne und starrt die Braut sprachlos an. Pia hebt eine Hand und legt sie unter sein Kinn. „Mach den Mund zu, das sieht dämlich aus."

„Was meinst du damit, wenn du sagst, du hast ihre Adresse?" Hoffnung durchfährt ihn wie ein Blitz und er würde Pia auf der Stelle heiraten. Wäre sie nicht seine Cousine und bereits verheiratet, versteht sich.

„David, auch Anna hat sich in unser Hochzeitsbuch eingetragen – und auch ihre Adresse - für die spätere Danksagung des glücklichen Paares." Mit einem Augenzwinkern leert sie ihr Glas und küsst einem mehr als irritierten David auf die Wange. „Und jetzt entspann dich wieder. Ich habe heute meinen großen Tag."

„Ja, den hast du und mich hast du soeben erpressbar gemacht." Pia lacht und nimmt seine Hand. „Fantastisch, dann komm und tanze mit mir. Du bist neben meinem Mann der beste Tänzer heute Abend. Also mach mich glücklich, sonst überlege ich es mir noch mal mit der Adresse."

„Wie könnte ich da Nein sagen", er nimmt ihre Hand und führt sie zur Tanzfläche.

~o0o~

Kapitel 6

Im Hotel angekommen, packe ich mein ganzes Zeug wieder in die Reisetasche. An Schlaf ist natürlich nicht zu denken und die Ruhe, um mir irgendeinen Mist im Fernsehen anzusehen, habe ich selbstverständlich auch nicht.

Wütend und enttäuscht, wie ich bin, möchte ich am liebsten die Einrichtung demolieren oder noch besser, irgendetwas, was Thomas gehört. Aber hier gibt es nichts, was auch nur annähernd dazu beitragen könnte, mich zu beruhigen. Ich pfeffere meine Schuhe in die eine Ecke und mein Kleid schmeiße ich gleichgültig auf den Boden.

Der Drecksack hat mich tatsächlich alleine ins Hotel fahren lassen. Er hat mich noch nicht mal angerufen. Und das weiß ich deshalb so genau, weil ich alle 10 Sekunden einen Blick auf das Display geworfen habe, aus Angst, ich würde vielleicht meinen Einsatz verpassen.

Ich fummele meine Haarnadeln aus der kunstvollen Frisur und kämme mir die Haare, bis meine Kopfhaut kribbelt. Alles umsonst. Der ganze Aufwand für die Katz. Jawohl, ich schwelge in Selbstmitleid. Und das steht mir auch zu.

Meine Unterwäsche tausche ich in einen handelsüblichen Baumwollslip, bevor ich in meinen Pyjama schlüpfe. Das restliche Make-up, das noch nicht durch mein Geheule verschmiert ist, schrubbe ich mir vom Gesicht und gönne mir abschließend noch einen Piccolo aus der Minibar. Auf Thomas' Kosten.

Vielleicht sollte ich kurz Chris über den Ausgang des Abends unterrichten, aber der würde sofort losbrettern, um die Jungfrau vor dem Drachen zu retten.

Nein, dieser Frust gehört ganz allein mir. Der Frust und die Minibar.

Und die Erinnerung an David. Ich mache mir nicht die Mühe, den Inhalt in ein Glas umzufüllen, sondern trete direkt mit der kleinen Flasche ans Hotelfenster. Ich hoffe nur, dass der trockene Sekt mir nicht wieder aus der Nase läuft, wie es das Prickelwasser ja gerne tut, wenn man es nicht mit der Würde behandelt, die ihm zusteht.

Während ich einfach auf das Lichtermeer unter mir starre, wird mir immer klarer, dass die Grenzen ein wenig verschwimmen. Meine Wut auf Thomas und diese Hoffnungslosigkeit, mit der mich David zurückgelassen hat.

Wäre ich doch einfach zu Hause geblieben.

Verdammtverdammtverdammt.

Ich presse meine Stirn gegen das kühle Fensterglas und schließe meine Augen.

Heute Morgen war ich so zuversichtlich und jetzt ist alles schwammiger als jemals zuvor. Wieder berührt meine Hand die Stelle, die David vorhin geküsst hat. Ich kann seinen Atem noch spüren. Seine weichen Lippen.

Ich verlasse meinen Fensterplatz und krieche unter die Laken dieses wundervollen Hotelbettes. Wer hätte gedacht, dass ich heute Nacht alleine schlafen muss. Und wer hätte gedacht, dass es meinen Begleiter völlig kalt lässt, dass ich vor ihm die Party verlassen habe. Dieser Ausflug war eine Enttäuschung auf der ganzen Linie.

Natürlich gelingt es mir nicht, einzuschlafen. Jedes noch so kleine Geräusch lässt mich hochfahren. Als ich das letzte Mal auf die Uhr sehe, ist es bereits nach drei Uhr in der Früh. Langsam werde ich unruhig. Immerhin wollen wir eigentlich direkt nach dem Frühstück wieder aufbrechen. Und so wie es aussieht, wird Thomas zum Frühstück erst ins Bett fallen. Ich wälze mich zum wiederholten Mal in Richtung Fenster, als die Tür aufgerissen wird und mit einem lauten Gepolter vor die Wand unseres Zimmers schlägt.

„Aaanna, ich pin wieda daaaa … Aanaa, schläfstu schon?"

Ich halte die Luft an und kneife meine Augen zu, nicht ganz sicher, ob ich mich bemerkbar machen soll oder ihn einfach seinem Säuferschicksal überlasse. Es wundert mich, dass er in diesem Zustand überhaupt hierhergefunden hat und dem Taxifahrer nicht die Adresse seiner Wohnung genannt hat.

Ich lausche in die Dunkelheit des Zimmers, nur um stirnrunzelnd festzustellen, dass eindeutig zu viele Schuhe im Zimmer hin und her laufen. Die Neugier siegt und ich drehe mich leise in Richtung Tür. Das Stimmengemurmel aus dem kleinen Bad verrät mir, dass Thomas nicht alleine ist. Also schlüpfe ich aus meinem warmen Bett, schleiche in den Hotelpantoffeln zum Bad und konzentriere mich auf die Stimmen.

„Ehllich Mann, Aanna verlangt ssso viel von mir." Im Schatten sehe ich Thomas gestikulieren. Ich lehne mich mit dem Rücken zur Wand. Es ist das erste Mal, dass er Bedenken äußert, und es schmerzt umso mehr, dass er sie mir gegenüber noch nie erwähnt hat.

„Hey Kumpel, es ist alles in Ordnung. Du solltest vielleicht kalt duschen, bevor du dich hinlegst."

Oh.Mein.Gott.

Da hat sich dieser Knallkopf doch tatsächlich von David ins Hotel bringen lassen. Ich presse meine Faust gegen meinen Mund, um nicht laut nach Luft zu schnappen. Wie viel muss ich eigentlich heute noch ertragen?

„Untann dasss Kint, ständig dasss Kint. Ich pin noch nich ssso weit, mein Freunt. Aba sie will dasss einfach nich verstehn.“ Elena.

Er erwähnt Elena in Davids Anwesenheit? Das Blut weicht mir aus dem Gesicht, als ich David nachhorchen höre: „Welches Kind? Ich denke, Anna ist nicht verheiratet?“ Thomas schnaubt und ich kann schemenhaft beobachten, dass er fast vom Klodeckel rutscht, auf den David ihn gesetzt hat.

„Verheiratet? Neee, sssie war nie verheiratet. Aber Kinda bekommt man auch so. Wasbistn für einer?“ Thomas tippt sich fahrig mit dem Zeigefinger gegen die Stirn und ich löse mich von der Wand, bevor dieser betrunkene Mistkerl noch mehr aus dem Nähkästchen plaudert.

David hält in der Bewegung inne, als er mich erblickt. Ohne zu zögern, richtet er das Wort an mich: „Was für ein Kind, Anna?“

„Mein Kind, David.“ *Und deins.* Ich atme tief ein, bevor ich ihn an die Seite dränge. „Danke für deine Hilfe. Ab hier schaffe ich das schon alleine.“

„Annaaa, Schatzzz, sag, bistu noch böse?“ Wie ein kleiner Junge sitzt Thomas vor mir und bettelt um meine Zuneigung. Diese Szene ist dermaßen grotesk, dass sie eigentlich nur in einem Buch passieren kann. „Du gehst jetzt erst mal schlafen und morgen sehen wir weiter.“ Schließlich verfrachten David und ich den betrunkenen Thomas ins Bett, wo er auch sofort beginnt zu schnarchen. Geistig mache ich mich schon bereit, morgen mit seinem

Auto nach Hause zu fahren. Wenn er zu etwas sicherlich nicht in der Lage sein wird, dann zum Autofahren, so viel steht mal fest.

Mit gerunzelter Stirn beobachtet mich David. „Ein Kind, Anna?"

Jetzt bloß nicht den Kopf verlieren, Anna Lorenz.

„Ja, ganz recht. Ein Kind. Nochmals danke und pass auf, wenn du jetzt zurück zum Fest fährst." Ich schiebe mir meine Haare hinter die Ohren und vermeide es, ihn direkt anzusehen. Er bemerkt mein Ausweichmanöver und hebt mit seinem Zeigefinger mein Kinn in seine Richtung. „Weich mir nicht aus, Anna."

„Das tue ich doch gar nicht. Wie kommt es überhaupt, dass ausgerechnet du ihn hierhergebracht hast?" Ich drehe mein Gesicht von seinem Finger.

„Er hat zu viel getrunken und Pia hat mich gebeten, mich seiner anzunehmen, nachdem die Feier langsam dem Ende zugeht." Sein Lächeln zaubert das Grübchen auf seine Wange. „Außerdem hatte ich die Hoffnung, dich so noch einmal sehen zu können." Sein Blick wandert von mir zu Thomas und wieder zurück zum Bett. „Wo schläfst du?"

„Wahrscheinlich jetzt gar nicht mehr", bemerke ich mit einem Schulterzucken. Nichts liegt mir ferner, als neben einer Schnapsleiche zu liegen und darauf zu hoffen, dass sie mich nicht zu direkt anatmet. „Ich werde mich in den Sessel setzen. Aber nichtsdestotrotz, ich glaube es wäre besser, wenn du jetzt verschwindest."

Die Hände tief in seinen Hosentaschen vergraben, beobachtet er mich aufmerksam. Mit diesen blauen Augen, in denen ich mich verliere, wenn ich nicht auf mich aufpasse. *Das darf auf keinen Fall passieren.*

Also schiebe ich ihn in Richtung Türe, um mich endlich aus der Gefahrenzone zu bringen. Er dreht sich noch einmal zu mir, nimmt mich in seine Arme und haucht mir einen Kuss auf den Scheitel.

Wenn er nur nicht so gut riechen würde …

Ich kann gar nicht anders, als meine Hände um seine Mitte zu legen und meine Stirn an seine Brust zu pressen. „Anna, was machst du nur mit mir?“

„Ich schicke dich jetzt nach Hause, David.“

Sonst komme ich noch auf dumme Gedanken und die kann ich zurzeit einfach nicht gebrauchen.

Seine Hand fährt über meinen Rücken und bleibt in meinem Nacken liegen. Mir wird heiß und mein Herz klopft zu schnell, als er mich dort mit seinem Daumen zart streichelt. Ich beiße mir auf meine Unterlippe, um ein Stöhnen zu unterdrücken. „David, bitte … du musst gehen.“ Meine Stimme ist nur ein zitterndes Flüstern.

„Ich weiß, Anna.“ Und mit diesen Worten verschwindet er aus dem Hotelzimmer. Und ich setze mich in den Sessel und warte auf den Morgen.

Ich muss doch irgendwann eingeschlafen sein. Als ich die Augen aufschlage, ist mein Körper steif und mein Rücken schmerzt von der ungünstigen, halb liegenden Haltung in diesem eigentlich viel zu ungemütlichen Sessel.

Ein Blick auf das Bett verrät mir, dass Thomas sich nicht einen Zentimeter bewegt hat, seitdem David und ich ihn dort hineinverfrachtet haben.

David.

Mein Herz wird schwer bei der Erinnerung an seine Umarmung. Und wieder ist er nach einem flüchtigen Moment aus meinem Leben verschwunden.

Ich versuche mich aus dem Sessel zu falten, ohne mir unnötig Schmerzen zu bereiten. Dann greife ich nach meinem Handy und verschwinde ins Bad, um Thomas nicht zu wecken.

„Schätzchen, ist alles in Ordnung bei dir?" Christian ist atemlos, als er sich meldet.

„Wieso bist du morgens um halb sieben so aus der Puste?" Verwundert ziehe ich meine Stirn kraus.

„Ich jogge."

„DU JOGGST?" Das haut mich um. Christian verabscheut Sport jeglicher Art.

„Ja, Schätzchen. Ich jogge. Nachdem du mir gestern vermittelt hast, dass eine Rettung nicht vonnöten ist, bin ich noch ausgegangen. Und stell dir vor, ich habe DEN Typen kennengelernt." Seine Stimme bekommt diesen schwärmerischen nasalen Unterton, den ich nur zu gut kenne und der sämtliche Alarmglocken in meinem Kopf zum Läuten bringt.

„Das wäre dann der Wievielte in diesem Jahr, Christine?" *Und das Jahr ist noch gar nicht so alt …*

Er schnaubt verächtlich in den Hörer. „Er ist Personaltrainer und hat mir eine kostenlose Probestunde angeboten, also bringe ich mich in Form, um nicht nach 5 Minuten unter seiner Fittiche schon nach Luft hecheln zu müssen."

„Und wie viele Kilometer bist du schon gelaufen?" Jetzt kann ich mir ein Grinsen doch nicht verkneifen.

„Immerhin bin ich schon um den Block gekommen. Hättest du mich nicht angerufen, würde ich auch den Park noch schaffen." Er klingt ein wenig eingeschnappt, was mich dann doch laut auflachen lässt.

„Dann möchte ich mich für die Störung vielmals

entschuldigen. Ich will auf keinen Fall daran schuld sein, wenn du in deiner Probestunde nicht mindestens topfit rüberkommst."

„Ja, lach nur, Mädchen. Aber du wirst mich verstehen, wenn du ihn zu sehen bekommst. Ein Adonis. Von dem Sixpack muss ich nicht sprechen. Und dieser durchtrainierte Hintern. Gottchen."

Ich kann ihn genau vor mir sehen. Wie er im Schritttempo und mit wiegenden Hüften durch den Park läuft und wild gestikulierend mit mir telefoniert. Wahrscheinlich trägt er sogar seine neonpinken Nikes.

„Ich freue mich, dass wenigstens dein Abend ein voller Erfolg war. Eigentlich wollte ich dich nur fragen, ob du heute Abend Proseccodurst verspürst? Ich habe auch noch eine Flasche Campari, die schreit nach Aufmerksamkeit."

„So schlimm?"

„Schlimmer."

„Dann bin ich um 20:00 Uhr bei dir und bringe was vom Italiener mit."

„Ja, aber bitte mit ordentlich Sahne in der Soße. Du bist der Beste, Christine, das hört sich fantastisch an!"

„Was wäre ich für eine Freundin, wenn ich dein Bedürfnis nach Sahne ignorieren würde."

„Ich liebe dich." Mein Herz quillt über und ich wünschte, ich könnte ihn jetzt in die Arme nehmen.

„Ich weiß, Schätzchen. Und jetzt lass mich noch fünf Pfund wegtrainieren, damit ich den Italiener heute Abend auch genießen kann." Er legt einfach auf und ich grinse mein Handy an. Jetzt geht es mir besser und ich weiß, dass ich diesen Tag irgendwie überstehen werde. Auch wenn ich die stundenlange Rückfahrt noch vor mir habe.

Also steige ich unter die Dusche und lasse das warme

Wasser einfach unablässig über mich laufen, während ich den gestrigen Abend zum ungefähr tausendsten Mal Revue passieren lasse.

Unsicher, wie ich mich Thomas gegenüber verhalten soll, bringt mich auch die Tatsache aus dem Takt, dass David es binnen Minuten geschafft hat, in mir den Wunsch zu wecken, dass wir einfach dort weitermachen, wo wir vor sieben Jahren unterbrochen wurden. Und auch werde ich das Gefühl nicht los, dass das sogar auf Gegenseitigkeit beruht. Zumal die Telefonnummer in meiner Manteltasche Löcher in den Stoff brennt. Was die Sache wahrlich nicht einfacher macht. Im Gegenteil.

Immerhin war ich nicht in der Lage, David von Elena zu erzählen. Ihm zu sagen, dass er eine Tochter hat - mit mir.

Chris hat völlig recht. Sollte er nun jemals dahinterkommen, dass wir ein gemeinsames Kind haben, wird er wahrscheinlich niemals wieder ein Wort mit mir wechseln. Dabei ist es doch auch mein größter Wunsch, meiner Tochter endlich eine richtige Familie bieten zu können. Wäre es nicht ein Leichtes gewesen, ihm gegenüber endlich zuzugeben, dass Elena auch sein Kind ist? Spätestens gestern Nacht, als Thomas ihn auf dieses Thema gebracht hat? Aber ich hatte einfach nicht den Mut. Oder einfach nur einen letzten Zweifel, ob diese Entscheidung die Richtige wäre. Wer weiß schon, wie das Elenas und mein Leben durcheinanderbringen würde.

Ein Wochenende bei mir, das andere bei ihrem Vater. Sie hätte plötzlich noch ein paar Großeltern, eine Tante Luisa und wer weiß, wer mich noch zu Weihnachten anrufen würde, um sich nach einem passenden Geschenk für sie zu erkundigen.

Und was, wenn David eine Freundin hat? Kann ich damit umgehen, dass meine Tochter mit einer anderen Frau Mamazeit verbringt? Und kann ich damit umgehen, dass nicht ich die Frau an Davids Seite bin?

Denn eines ist doch so sicher wie das Amen in der Kirche. Nach diesem Vertrauensbruch, den ich nun mal seit Jahren an ihm begehe, wird er an mir keinerlei Interesse mehr haben.

Und Thomas? An Thomas dürfte ich eigentlich nicht mehr einen Gedanken verschwenden. Nachdem er mich gestern erneut unterschlagen hat und ich dann auch noch seine Bedenken bezüglich Elena mit anhören musste.

Ich muss mit ihm ein klärendes Gespräch führen. Heute wohl eher nicht, wenn ich seinen Zustand bedenke.

Himmel, dabei sollte es ein schönes Wochenende werden. Jetzt ist mein ganzes Leben ein riesiges Chaos. Das einzig Gute daran ist, dass David meine Telefonnummer nicht hat und somit gar nicht in Versuchung geraten kann, mich zu erreichen. Und ich werde es einfach so machen, wie auch schon in den Jahren davor. Ich werde es einfach ignorieren. Ich werde die Bedürfnisse ignorieren, die er in mir weckt, und die Tatsache, dass er eine Rolle in Elenas Leben spielen sollte. Ja, ich kann die gottgegebene Ignoranz sein, wenn es darauf ankommt.

Etwas zuversichtlicher schlüpfe ich in den weißen Frotteebademantel und föhne meine Haare. Da ich mir ziemlich sicher bin, dass ich die Schnapsleiche nicht so schnell aus dem Bett bekomme, schlüpfe ich in meine Jeans und einen leichten Pullover und entscheide mich für das Frühstücksbüfett in Begleitung der gestrigen Tageszeitung. Nicht ganz so, wie ich es mir erhofft habe, dennoch werde ich so die Zeit schon totschlagen.

Zumindest in der nächsten Stunde. Dann werde ich ihm wohl einen Eimer Wasser über den Kopf kippen müssen, wenn es sein muss.

Kapitel 7

Wie bereits befürchtet, ist Thomas auch nach meiner Frühstücksabwesenheit nicht ansprechbar. Der Kaffee, den ich als Muntermacher mit aufs Zimmer geschmuggelt habe, ist bereits lauwarm, als er einigermaßen zu sich gekommen ist. Fast bekomme ich Mitleid mit ihm. Aber eben nur fast. Immerhin bin ich diejenige, die sich hätte betrinken sollen, nicht er. Und während er versucht, sich im Hier und Jetzt zurechtzufinden, analysiere ich erneut meine Gefühle für Thomas. Seine Worte wollen einfach nicht aus meinem Kopf. Seine Bedenken in Bezug auf Elena. Auch wenn diese Worte nicht für meine Ohren bestimmt waren und ich mir sicher bin, dass er sich nicht mehr daran erinnert, so stehen sie dennoch zwischen uns. Werden sie immer stehen.

Thomas und meine Liebesgeschichte, wenn sie denn jemals eine war, endet hier in Hamburg. Obwohl sie hier eigentlich beginnen sollte, empfinde ich doch keine Trauer. Irgendetwas ist seit gestern mit mir passiert.

Oder irgendwer.

Aber die Erinnerung an David erlaube ich mir nicht. Auch David und meine Liebesgeschichte ist längst vorbei. Seit sieben langen Jahren. Und daran gibt es nichts zu rütteln.

Auch nicht nach unserem unverhofften Wiedersehen gestern Abend.

Hätte es für uns eine Zukunft gegeben, dann hätte diese sicherlich bereits nach unserem Urlaub begonnen.

„Anna, mein Gott, wie mir das leidtut“, mit dünner Stimme sitzt Thomas aufrecht im Bett und nach einer kurzen Orientierungsphase schlägt er die Hände vor seine Augen. Das Geschehene ist ihm sichtlich unangenehm. Immerhin ist er sonst der Beherrschte von uns beiden. Derjenige, der jeden Schritt, jede Verabredung bis ins kleinste Detail plant, der niemals unpünktlich ist oder etwas vergisst.

Und gestern hat er sich selbst vergessen.

Ich reiche ihm den Kaffeebecher, den er mit einem gequälten Gesichtsausdruck entgegennimmt.

„Nicht weiter schlimm“, tue ich seinen Fehltritt als nichtig ab. „Ich wäre nur dafür, dass ich die Strecke nach Hause fahre. Du siehst nicht so aus, als könntest du schon hinters Steuer.“

Er presst seine Kiefer fest aufeinander und sieht sich hilflos im Zimmer um. „Das wird wohl das Beste sein.“ Dann schlürft er seinen Kaffee und stiert völlig selbstvergessen einige Minuten vor sich hin.

„Vielleicht solltest du duschen gehen. Danach geht es dir bestimmt besser.“ Ich runzle meine Stirn und stelle mit Entsetzen fest, dass ich innerlich ungeduldig werde. Es ärgert mich, dass ich hier festsitze und darauf warten muss, dass er in die Puschen kommt.

Sein Blick trifft den meinen. Langsam erhebt er sich aus dem Bett und verschwindet mit gesenktem Kopf im Bad. Ich krame eine Ibuprofen aus meiner Tasche. Ich fürchte, die hat Thomas heute bitter nötig, und mir hilft es über mein schlechtes Gewissen hinweg, etwas für ihn tun zu können. Darüber, dass ich nach diesem ewigen Hin und Her der letzten Monate die Entscheidung über unsere Zukunft jetzt so schnell getroffen habe, dass mir selbst schwindelig wird.

Ohne Trauer, ohne Wut.

Ich empfinde lediglich eine tiefe Enttäuschung darüber, dass er nicht ehrlich zu mir war. Mich so lange in der Hoffnung gelassen hat, dass wir eine Chance haben. Aber seit letzter Nacht sehe ich endlich klarer.

Christian wird vor Freude in die Hände klatschen und den aktuellen Coolibri nach allen Singlepartys durchforsten, den der monatliche Eventteil zu bieten hat, ohne dass wir auch nur eine einzige davon besuchen werden.

Ich schalte einen Musiksender im Fernsehen ein und packe schnell den Rest meiner Sachen wieder in die Reisetasche.

Die Tür zum Bad öffnet sich und Thomas schlurft ins Zimmer. Seine Haare sind noch nass und das Handtuch hat er sich locker um die Hüften geschlungen. Die Dusche scheint ihn ein wenig belebt zu haben, zumindest hat sein Gesicht wieder eine halbwegs normale Färbung.

Wortlos halte ich ihm die Kopfschmerztablette vor die Nase. Er greift danach, umfasst jedoch meine Hand und zieht mich in seine Arme.

Ich schnappe überrascht nach Luft und presse meine Hände gegen seine Brust. Als er seinen Kopf senkt, um mich zu küssen, drehe ich mein Gesicht entschieden zur Seite.

Überrascht hält er inne und sucht meinen Blick. „Es tut mir leid, Anna. Der Abend sollte nicht so enden." Seine Stimme ist rau. Er umfasst mein Kinn, zwingt mich, ihn anzusehen. Der Geruch nach Seife und dem Pfefferminz der Zahnpasta steigt mir in die Nase. Seine braunen Augen sehen mich erwartungsvoll an. Ich schlucke hart und nehme seine Hand aus meinem Gesicht. „Das weiß ich. Und dennoch ist es so gekommen." Schuldbewusst sieht er auf meine Finger, die seine noch immer festhalten, und streichelt mit dem Daumen meinen Handrücken.

„Anna. Ich weiß nicht, was ich sagen soll." Ich entziehe ihm meine Hand und sehe ihn schmallippig an. Dann hole ich tief Luft. „Du hast gestern bereits alles Wichtige gesagt, Thomas."

Der Ausdruck in seinem Blick verändert sich. „Du bist wütend über das, was ich im betrunkenen Zustand von mir gegeben habe?"

Ich schüttele langsam den Kopf. „Nein, nicht wütend. Aber enttäuscht genug, um hier einen Schlussstrich zu ziehen." Er öffnet den Mund, um etwas zu entgegnen. Ich lege den Zeigefinger auf seine Lippen und spreche in einer ruhigen Tonlage weiter. „Du hast mir gegenüber nie erwähnt, dass mein Kind ein Problem für dich darstellt." Ich lasse meine Worte zwischen uns schweben, ehe ich weiterspreche: „Es ist unfair von dir, mir vorzugaukeln, dass mehr zwischen uns beiden sein könne als eine Bettgeschichte. Denn wenn du ehrlich zu dir selbst bist, wird niemals mehr passieren als genau das hier." Ich zeige in Richtung Bett und er folgt meiner Geste mit seinen Augen. „Nämlich, dass du mit einer *Arbeitskollegin* ein paar schöne Stunden verbringst."

Ich drehe mich weg, um nach meinen Schuhen zu suchen. „Aber ich erwarte mehr, Thomas. Ich möchte einen Mann, der zu mir steht. Immer."

Er fährt sich durch die Haare, sein Mund ist nicht mehr als ein Strich, als er sich auf das Bett fallen lässt und das Gesicht mit seinen Händen bedeckt.

Ich bin nicht in der Lage, ihn zu trösten. Er trägt einen zu großen Teil der Schuld daran.

„Ich habe es vergeigt, oder?"

Ich nicke zustimmend. Doch da er sich noch immer hinter seinen Händen vergraben hat, flüstere ich: „Ja! Ja, das hast du in der Tat."

„Und was kann ich tun, dass du deine Meinung noch einmal überdenkst?" Er sieht mich fast flehend an und ich gerate ins Straucheln. Wie ein Häufchen Elend hockt er auf dem Bett. Der hoffnungslose Ausdruck seiner braunen Augen berührt mein Herz. Aber das ist nur eine Momentaufnahme.

„Nichts mehr, Thomas. Du kannst nichts mehr tun." Jetzt ist es also raus. Und ich spüre, wie Erleichterung von mir Besitz ergreift.

Thomas Hagedorn hatte bereits genügend Möglichkeiten, mich davon zu überzeugen, dass ich ihm wichtig bin. Dass er mehr von mir möchte als nur ein paar nette Stunden zu zweit.

Er senkt den Blick, erhebt sich, geht zurück ins Bad. „Ich ziehe mir nur schnell etwas an, dann können wir los."

Und mich erfasst eine innere Ruhe, die ich schon lange nicht mehr verspürt habe. Mir war bis gerade eben überhaupt nicht klar, wie sehr das an meinen Kräften gezehrt hat.

Auf der Fahrt nach Hause herrscht eine bedrückende Stille im Auto. Thomas starrt aus dem Fenster und ich konzentriere mich auf das Auto und den Verkehr vor mir. Dieses Schlachtschiff von BMW zu fahren, nötigt mir einiges an Konzentration ab, wie ich gestehen muss. Aber dass Thomas sich hinter das Steuer setzt, ist keine Option.

Ich drehe das Radio an und hoffe, dass wir in keinen Stau geraten, damit diese Fahrt so schnell wie möglich zu Ende geht.

Da Thomas und ich kein Wort mehr als nötig miteinander wechseln, schweifen meine Gedanken ständig ab zu David.

Ich hoffe, dass er nicht allzu sehr über die Tatsache nachdenkt, dass ich ein Kind habe. Aber aus welchem Grund sollte er das tun? Elenas Alter ist nicht zur Sprache gekommen und ich könnte ja auch mit jedem x-beliebigen Kerl ein Kind bekommen haben.

Mit einem Seufzen registriere ich, dass wir nur noch ca. 90 km vor uns haben. Dann bin ich endlich wieder zu Hause. Dann habe ich endlich die Möglichkeit, über all das nachzudenken. All das sacken zu lassen, was sich seit gestern ereignet hat. Und ich bin mir ziemlich sicher, dass mich Christian dabei wortreich unterstützen wird.

„Anna, ich möchte nicht, dass alles zwischen uns vorbei ist." Thomas legt seine Hand auf meinen Oberschenkel. Ich spüre seinen Blick auf mir, während ich einfach weiter auf den Verkehr vor mir achte. Dieses Gespräch möchte ich nicht im Auto führen. Und schon gar nicht, während ich dieses Auto fahre.

„Thomas …"

Er atmet hörbar ein. „Bitte, Anna, du musst mir doch die Möglichkeit geben, etwas zu ändern. Mich zu ändern." Er zieht seine Hand zurück und schaut auf die vorbeiziehende Landschaft. Kurz nehme ich den Blick von der Fahrspur. „Thomas, wie lange geht das schon mit uns beiden?" Mein Blick hängt wieder auf dem Nummernschild vor mir. Er antwortet mir nicht sofort. Gerade als ich denke, dass er das Thema wieder fallen lässt, beginnt er wieder zu sprechen. „Vier Monate."

Ich bin überrascht, dass er sich daran erinnert. „Vier Monate, Anna. Die kannst du doch nicht einfach wegwerfen." Zerknirscht fährt er sich durch die Haare. Ich verliere langsam die Geduld.

Es schmeckt mir nicht, jetzt als der Buhmann dazustehen. Dementsprechend fällt meine Reaktion aus.

„Hast du mich in diesen vier Monaten irgendjemandem vorgestellt? Nein. Du hast sogar unsere Restaurants danach ausgesucht, dass uns niemand zufällig begegnen kann." Ich sehe ihn kurz von der Seite an. „Sogar gestern hast du es nicht übers Herz gebracht, mich als deine Freundin bekannt zu machen."

Mit einem Schulterzucken konzentriere ich mich wieder auf den Verkehr. „Es war eine schöne Zeit, aber du stehst nicht zu mir. Und ich kann das nicht auf Dauer." Gegen meinen Willen bekomme ich doch feuchte Augen. „Thomas, ich habe eine Tochter. Eine wundervolle Tochter." Ich blinzle, damit ich nicht doch noch anfange zu heulen. „Sie gehört zu mir … zu meinem Leben." Mit einem Kopfschütteln fahre ich von der Autobahn ab. „Und du scheinst nicht gewillt zu sein, sie kennenzulernen, an unserem Leben teilzuhaben." Ich reihe mich in den fließenden Verkehr vor mir ein. „Ich schulde ihr eine Familie, Thomas. Und du bist nicht bereit dazu. Weder in den letzten vier Monaten, noch wirst du das in den folgenden sein."

Er sieht mich einfach nur an. Ich kann es aus dem Augenwinkel beobachten, gehe aber nicht näher darauf ein. Zu groß ist meine Angst einzuknicken. Sollte er die richtigen Worte finden, werde ich nachgeben. Nicht so sehr um der großen Liebe willen, die er in mir weckt, sondern eher um der guten alten Zeiten und des Friedens willen.

Und eben weil ich mich so gut kenne, sehe ich ihn

nicht an, spreche einfach weiter. „Genau das waren deine Worte. Gestern Nacht, als David dich ins Hotel gebracht hat. Du hast ihm gegenüber zugegeben, dass das Kind dir zu viel sei.“ Die Ampel vor mir schlägt auf Rot und ich schalte in den Leerlauf. Jetzt fixiere ich ihn doch, um meinen Worten Nachdruck zu verleihen. „Aber ich verlange nur das, was Elena und mir zusteht.“ Und heule doch tatsächlich los.

Und dieser Idiot starrt mich einfach nur an, sagt keinen verdammten Ton.

Ich ziehe meine Nase hoch und wische mir die Tränen aus den Augenwinkeln.

„Weißt du, was das Schlimmste daran ist? Ich habe niemals etwas von dir erwartet. Außer, dass du ehrlich zu mir bist.“ Die Ampel schlägt auf Grün, und weil ich zu aufgewühlt bin, finde ich den verflixten ersten Gang nicht sofort, was mich noch wütender macht und Thomas anscheinend aus seiner Trance reißt.

Er legt seine Hand über meine und unterstützt mich beim Schalten. Dann beginnt er, mir seine Sicht der Dinge zu erläutern. „Ich war immer ehrlich zu dir, Anna. Aber ich gestehe, dass ich eine höllische Angst davor habe, deine Tochter kennenzulernen.“

Meine Gesichtszüge drohen mir zu entgleiten. „Angst? Wie kann man vor einem sechsjährigen Mädchen Angst haben?“

Dieses Mal ist er es, der mir mit einer Geste zu verstehen gibt, dass ich zu schweigen habe.

„Was, wenn sie mich nicht leiden kann, Anna? Oder noch schlimmer, wenn ich mich nicht mit ihr arrangieren kann? Ich habe keinerlei Erfahrungen mit Kindern. Was passiert, wenn ich die falschen Dinge sage oder tue, wenn ich Zeit mit ihr verbringe?“

Und plötzlich wird mir klar, dass die Medaille immer zwei Seiten hat. Auch wenn ich seinen Weg mit der Angst umzugehen nicht gutheiße, so kann ich ihn doch nachvollziehen.

Fast flüsternd fährt er fort: „Und vielleicht hätte ich gerne irgendwann eigene Kinder. Ich habe mich einfach nie getraut zu fragen, ob du dir nach Elena noch vorstellen kannst, weitere Kinder zu haben“, er zuckt mit seinen Schultern und kräuselt seine Lippen, „ich fand die Frage immer unpassend.“

Mein Herz klopft mir bis zum Hals. Mit allem habe ich gerechnet, aber nicht mit diesen Geständnissen. Meine Hände beginnen zu schwitzen und in meinem Kopf schwirrt es. Ich öffne meinen Mund, um etwas zu sagen, als er mich unterbricht. „Nein, du brauchst nicht darauf zu antworten. Nicht sofort.“ Ich klappe meinen Mund wieder zu.

„Ich möchte, dass du noch mal darüber nachdenkst, Anna. Über uns.“ Sein Finger zeigt zwischen ihm und mir hin und her und die Resignation in seiner Stimme macht mir das Herz schwer. Warum nur hat er niemals mit mir darüber gesprochen? Ich brauche wirklich dringend Zeit zum Nachdenken.

„Ich wünschte nur, du hättest mich das alles schon vorher mal wissen lassen. Du machst dir keine Vorstellung davon, wie sehr mich dein Verhalten verletzt. Dass du nicht zu mir zu stehen scheinst, welche Zweifel du damit in mir schürst.“ Meine Hände schlagen einmal auf das Lenkrad und mein Puls ist zu schnell, meine Stimme zu laut. Am liebsten würde ich rechts ran fahren und ihn mit seiner Karre hier einfach stehen lassen.

Der Ärger darüber, dass er mich die ganze Zeit hat im Dunkeln tappen lassen, was seine Ängste und Bedenken angeht. Diese unerfüllte Hoffnung, dass er an unserer Beziehung etwas ändert, lassen mir einfach keinen Raum für Objektivität. Ich atme einmal tief durch und wünsche mir zum zigsten Mal, dass ich nicht dafür verantwortlich wäre, ihn nach Hause zu bringen.

„Anna, ich weiß, ich habe Mist gebaut. Ich möchte doch nur, dass du noch mal über alles nachdenkst … Bitte." Der flehende Unterton in seiner Stimme vermittelt mir, dass sein Glück nur von meiner Entscheidung abhängt. Und das kann ich gerade überhaupt nicht gebrauchen.

„Ich habe nächste Woche ein paar Tage frei, Thomas. Ich bringe dich jetzt nach Hause und lasse mich von Chris abholen." Ein Seitenblick auf ihn verrät mir seine Anspannung. „Und dann sehen wir weiter."

Er nickt und starrt aus dem Fenster. „Mehr wollte ich gar nicht."

An der nächsten roten Ampel sende ich eine SMS an Christian, die er sofort beantwortet, und mir zusichert, mich vor Thomas' Haustür in Empfang zu nehmen.

Eine viertel Stunde später ist unsere Fahrt beendet, ohne dass wir noch ein Wort miteinander gewechselt hätten.

Thomas hilft mir, meine Tasche in Christians Auto umzupacken, dann zieht mich noch einmal in seine Arme. „Es tut mir wirklich leid, Anna. Wenn ich könnte, würde ich die Zeit zurückdrehen und alles anders machen." Flüchtig küsst er meinen Mundwinkel, bevor er ins Haus verschwindet.

Ich umschlinge mich selbst mit meinen Armen und

blicke ihm hinterher, versuche meine eigenen Gefühle für ihn zu definieren, aber es will mir nicht so recht gelingen. Wahrscheinlich brauche ich erst mal Zeit

„Du siehst aus, als könntest du eine Menge Sahne vertragen." Christian legt einen Arm über meine Schulter und ich sehe zu ihm auf. Fast hätte ich ihn völlig vergessen. „Und Campari", pflichte ich ihm bei. Er küsst meine Nasenspitze. „Dann lass uns Elena aus den Klauen deiner Mutter befreien, etwas zu essen besorgen und eine Fressorgie starten, die in einem sinnvollen Besäufnis endet."

Ich schließe meine Augen und lege meinen Kopf gegen seine Schulter. „Das klingt einfach himmlisch."

Kapitel 8

Elena plappert den ganzen Weg von meiner Mutter bis nach Hause in einer Tour und ich bin dankbar für die Ablenkung, die sie mir bietet. Auf ihrem Schoß balanciert sie einen Eierkarton mit 10 bunt gefärbten Eiern frei laufender glücklicher Hühner, die sie in mühevoller Kleinstarbeit mit Filz- und Wasserfarben bemalt hat.

„Mama, stell dir vor, Oma meint, dass der Osterhase auch bei ihr vorbeikommt." Sie blickt nachdenklich aus dem Fenster und ich muss bereits jetzt schmunzeln, denn ich weiß schon, was gleich kommt. Und tatsächlich lässt es nicht lange auf sich warten.

„Mama, dann müssen wir es unbedingt schaffen, auch bei Oma vorbeizufahren. Sonst ist der Osterhase hinterher beleidigt, dass ich sein Geschenk nicht abhole."

Oh, meine Mutter kann Menschen wundervoll manipulieren. Dabei hätte sie mich einfach fragen können, ob ich am Ostermontag mit Elena mal vorbeischaue.

Und sie nutzt sogar die Gutgläubigkeit ihrer Enkelin für ihre Zwecke aus, ohne auch nur einmal mit der Wimper zu zucken.

„Klar, das machen wir. Ich rufe Oma direkt morgen an und sage ihr Bescheid."

Christian lacht laut auf und ich klapse ihn auf den Oberarm. „Und Christian möchte bestimmt auch gerne mit uns kommen." Elena nickt zustimmend und Christian vergeht sein Lachen, während ich lospruste.

Das wird ein Spaß. Der bissige Humor meiner Mutter und mein zickiger Christian, das ist genau der verbale Aufstand, der zu einem gelungenen Osterfest gehört.

Natürlich neben dem viel zu fetten Essen und der Torte. Unser Nachmittag verläuft entspannt und ich komme langsam wieder zu Atem. Auch wenn ich noch immer nicht weiß, wie ich mit Thomas und seinen Geständnissen umgehen soll.

Nachdem ich Elena ins Bett verfrachtet habe, empfängt mich Chris bereits mit einem anständigen Cocktail und klopft mit seiner Hand auf den Platz direkt neben sich.

„Dann komm jetzt mal hierhin. Ich glaube, du hast mir eine Menge zu berichten."

Ich lasse mich auf das Sofa plumpsen und nehme ihm das Glas aus der Hand, welches für mich bestimmt ist.

„Ich weiß gar nicht, wo ich beginnen soll."

Er setzt sich seitlich auf das Sofa, legt seinen Arm auf die Sofalehne und sieht mich mit hochgezogenen Augenbrauen an. „Am besten fängst du ganz am Anfang an, damit ich auch alles mitbekomme, Herzchen." Ich nehme einen ordentlichen Schluck von meinem Campari. Anerkennend reiße ich meine Augen auf. „Wow, der ist gut gemixt, Christine."

„Ja, der knallt dich weg, und jetzt lenke nicht ab", unwirsch winkt er mein Kompliment ab und ich beginne zu erzählen. Etwa vier Campari später schwirrt mein Kopf und meine Zunge ist schwer, aber mein Herz erscheint mir leichter. Dabei kann ich nicht genau sagen, ob das am Alkohol liegt oder aber an der Tatsache, dass ich mir den Frust von der Seele reden konnte.

„Ich habe meinen Standpunkt von gestern nicht geändert, Anna. Sollte David dahinterkommen, dass Elena seine Tochter ist, dann wäre es mehr als verständlich, wenn er niemals wieder ein freundschaftliches Wort mit dir wechselt. Du hast ihn hintergangen und jetzt bereits zum wiederholten Mal." Auch er ist bei seinem vierten Campari und wirkt dennoch souverän. Ich frage mich, ob er vielleicht heimlich trinkt, da er den Alkohol so gut verträgt. „Und was deinen Bankschnösel betrifft … Da kann ich dir leider auch nicht helfen. Ich bin nach wie vor der Ansicht, dass er nicht der richtige Mann für dich ist."

„Pff, was bist du nur für eine beste Freundin, wenn du keinen besseren Rat für mich hast. Meinst du, ich wüsste nicht selbst, dass ich David die Wahrheit hätte sagen müssen? Aber wie in Gottes Namen hätte ich das machen sollen? Und vor allen Dingen wann? Beim Tanzen? Hey David, schön dich zu sehen und da wir gerade dabei sind, du hast mir da ein nettes Andenken an dich hinterlassen. Nee, du musst doch einsehen, dass das genauso bescheuert gewesen wäre, als ihm einfach gar nichts zu sagen." Ich stelle mein Glas auf den Wohnzimmertisch und bemerke den Schwindel, der mich bei dieser Bewegung erfasst. „Und was Thomas angeht, bin ich noch nicht so weit, mir eine abschließende Meinung zu bilden." Bedächtig nimmt Christian noch einen Schluck aus seinem Glas, bevor er es neben meines auf den Tisch stellt.

„Ich denke, wir werden heute keine Lösung mehr finden. Du gehörst ins Bett und ich bleibe heute Nacht lieber hier. Für den Fall, dass du jemanden brauchst, der dir beim Kotzen die Haare halten muss."

Ich zeige ihm ein Vögelchen, muss aber zugeben, dass es mir wirklich nicht so besonders geht. Der Stress, die Autofahrt, all das war wohl doch ein wenig zu viel des Guten. Also lasse ich mich von Christian ins Bett bringen und mit einem wohligen Seufzen kuschle ich mich an ihn, als er sich neben mich legt.

~o0o~

David steht vor ihrer Türe und hat plötzlich Angst vor der eigenen Courage. Direkt nachdem Pia ihm ihre Adresse genannt hat, ist er mit seinem Motorrad die Strecke einmal hin und wieder zurückgefahren, nur um jetzt erneut hier zu stehen.

Wie bestellt und nicht abgeholt.

Dabei hat sie ihn gar nicht bestellt. Ein Blick auf seine Uhr verrät ihm, dass es eigentlich noch viel zu früh ist, um irgendwo unangemeldet aufzutauchen. Andersherum, es ist Montag. Sicherlich muss sie gleich zur Arbeit. Oder das Kind hält sie bereits auf Trab.

Das Kind.

Der Gedanke geht ihm einfach nicht mehr aus dem Kopf.

Anna, seine Anna, hat ein Kind.

Dass der Typ von der Hochzeit nicht der Vater ist, war mehr als offensichtlich. Aber wer ist es dann?

Er nimmt sich den Helm vom Kopf und fährt sich durch seine Haare. Hier auf der Straße wird er keine Antworten finden, so viel steht fest.

Er sichert sein Motorrad und macht sich auf den Weg. Hoffentlich ist sie überhaupt zu Hause. Und alleine.

Sein Puls geht schneller. Daran hat er natürlich noch gar nicht gedacht. Dass sie vielleicht gar nicht alleine ist. Immerhin war sie auch nicht alleine auf der Hochzeit.

Der Name auf der Türklingel sticht ihm regelrecht ins Auge Lorenz.

Er atmet einmal tief durch, bevor er anklingelt.

„Hallo? Wer ist da?"

Die Stimme aus der Gegensprechanlage gehört

eindeutig einem Kind. Aber keinem so kleinen Kind mehr.

David stutzt, als er antwortet: „Hi, hier ist David. Ist deine Mama vielleicht da?“

„Ja, aber sie schläft. Ich kenne keinen David. Tschüss.“

Und damit ist er abgefertigt. Irritiert sieht er die Straße entlang, unschlüssig, wie er darauf reagieren soll. Er beginnt zu grinsen. Sie hat tatsächlich nicht die Türe geöffnet. Wie es sich gehört.

Gerade als er überlegt, nochmals zu schellen, erklingt eine andere Stimme aus der Gegensprechanlage. Eine männliche Stimme.

„Hallo? David?“

„Ja?“

Jetzt wird die Sache erst richtig merkwürdig. Annas Freund würde ihn sicherlich nicht zurückrufen, oder? Höchstens um ihm die Fresse zu polieren, weil er so unverfroren hinter seiner Freundin her ist. Ihm wird ein wenig mulmig, aber er bleibt stehen.

„Entschuldigung“, wieder die Stimme aus der Gegensprechanlage, „Elena darf niemandem die Türe öffnen, den sie nicht kennt.“

Und schon summt der Türöffner und er ist eingelassen.

Langsam steigt er die Treppen hoch in den zweiten Stock. Ein kräftiger Mann mit Nickelbrille und wild vom Kopf abstehenden schwarzen Haaren empfängt ihn lächelnd.

„Hallo, ich bin Christian und wie gesagt, Elena darf die Türe nicht öffnen, wenn jemand Fremdes klingelt.“

David ergreift die ihm dargebotene Hand. Diese Geschichte wird immer kurioser.

„Das ist doch nur verständlich.“ Ein wenig unschlüssig bleibt er vor der Wohnungstüre stehen und spielt mit dem

Motorradhelm in seiner Hand. „Ich wollte eigentlich zu Anna. Aber wenn es gerade nicht passt, dann komme ich einfach später noch mal wieder." Sein Gegenüber schüttelt diesen Einwand jedoch ab und bittet ihn in die Wohnung. „Nein, nein. Das trifft sich gut. Ich muss nämlich eigentlich los, und wenn du hierbleibst, dann muss ich Anna nicht wecken. Elena hat bereits gefrühstückt, also brauchst du sie nur zu bespaßen, bis Anna aufsteht." Gerade als David etwas darauf erwidern möchte, erscheint ein etwa 6-jähriges Mädchen im Flur und sieht ihn mit riesigen blauen Augen an. *Seinen Augen.*

Ihm bleibt die Luft weg. Das ist doch … einfach unmöglich, oder?

Der Anblick zieht ihm fast den Boden unter den Füßen weg. Einen klitzekleinen Moment zweifelt er an seinem Verstand. Wie kann das sein? Sein Herz klopft gegen seine Rippen und ein Schweißfilm bildet sich in seinem Nacken.

„Das ist Elena?" Seine Stimme klingt ein wenig schärfer als beabsichtigt. Er blickt in Christians Gesicht, bevor er wieder in Elenas sieht. „Und sie ist Annas Tochter?" Er schluckt hart und fährt sich grantig durch die Haare.

„Mhmh, meine Mama heißt Anna. Warum willst du das wissen?" Elena stemmt ihre Hände in die Hüften und funkelt David herausfordernd an.

„Och, nur so." David legt den Helm auf die Garderobe und hält Elena versöhnlich die Hand entgegen. *Jetzt bloß nicht den Kopf verlieren.* „Ich bin David und nur ein wenig überrascht darüber, wie blau deine Augen sind. Deine Mama hat mir gar nicht gesagt, wie hübsch du bist." Er zwinkert Elena zu und hat genau in diesem Augenblick ihr Herz erobert. Sie lässt die Arme sinken und gibt ihm lächelnd die Hand. Ein Grübchen erscheint auf ihrer Wange, das er selbst nur zu gut kennt. Er atmet tief ein, lächelt das Mädchen an, das ihn nach seiner Äußerung mehr neugierig als skeptisch zu mustern scheint.

Dann sieht er wieder auf. Christian hat sich bereits seine Jacke übergeworfen. „Das mit der Augenfarbe klärst du besser mit Anna selbst. Und danke, dass du ab hier übernimmst.“ Dann beugt er sich herab und drückt Elena einen Kuss auf die Wange. „Elena, sagst du Mama, dass ich mich später bei ihr melde. David ist so lieb und bleibt bei dir.“

Sie nickt und schlingt zum Abschied ihre Ärmchen um seinen Hals. David beobachtet diese Szene kommentarlos. Eines ist ja mal völlig klar. Irgendwas läuft hier mächtig an ihm vorbei. Und er wird nicht eher verschwinden, bis Anna ihm einiges erklärt hat.

~o0o~

Mein Kopf brummt höllisch, als ich die Augen aufschlage. Ein Blick auf den Wecker genügt, um zu wissen, dass ich fast den kompletten Vormittag verschlafen habe.

Herrschaftszeiten, warum hat Christian mich nicht geweckt?

Aber es ist so herrlich still in der Wohnung, dass ich fast versucht bin zu glauben, dass Christian und Elena gar nicht hier sind. Dann fällt mir ein, dass ja Montag ist und Christian im Gegensatz zu mir keinen Urlaub hat.

Ich greife nach meinem Handy, welches neben mir auf dem Nachttisch liegt. Mit einem Stirnrunzeln nehme ich die Kurznachricht zur Kenntnis, die ich von Christian heute Morgen erhalten habe.

Egal, was auch passiert, flippe bloß nicht aus. Das nennt man wohl höhere Gewalt, Schätzchen. Denke immer daran, dass ich dich liebe.
Warum hast du mir verschwiegen, dass David so ein Schnittchen ist?

Ich runzle meine Stirn. Was meint er nur? Ich schwinge meine Beine aus dem Bett, nur um sofort von einem fürchterlichen Schwindel erfasst zu werden.

Ich hätte vielleicht den letzten Campari gestern nicht trinken sollen. Ich durchkämme meine Haare mit den Fingern und schlurfe in meinen Hausschuhen aus dem Schlafzimmer.

Es ist wirklich verdammt ruhig hier.

Dann höre ich das herzhafte Lachen meiner Tochter und schleiche zu ihrem Zimmer.

„Guten Morgen, ihr zwei. Ihr seid ja so leise …“ Und dann wird mir übel. Himmel, wird mir schlecht.

Kapitel 9

Ich kralle mich am Türgriff fest, als könnte das verhindern, dass ich umfalle. Einfach so ohnmächtig werde. Hinter meinen Ohren höre ich das Blut bereits rauschen.

„Hallo Anna.“ David sitzt in Motorradkluft auf dem Teppich in Elenas Zimmer, vor sich ausgebreitet eine riesige Puzzlematte und Elena sortiert fleißig die Randstücke des Cinderella-Puzzles auseinander.

„Mama, gut, dass du endlich wach bist.“ Und schon habe ich zwei blaue Augenpaare auf mich gerichtet. Das ist mir eindeutig zu viel Blau für meinen Geschmack. Die Worte bleiben mir im Hals stecken, also drehe ich mich einfach weg und verschwinde erst mal im Bad, mein Handy noch immer fest umklammert.

Ich starre mir im Spiegel selbst entgegen.

Wieso sitzt David in Elenas Zimmer? Ob ich ihn hierher projiziert habe mit meinen Gedanken?

Na klar, am besten schütte ich noch mal vier bis acht Campari in mich hinein.

Auf einmal bekommt Christians SMS einen Sinn für mich.

„Ohhh, warte Freundchen“, vor mich hinmurmelnd tippe ich seine Nummer in das Display. Sofort beginnt er sich zu erklären: „Schätzchen, er stand einfach vor deiner Türe heute Morgen.“

„Du brauchst dich gar nicht zu winden wie ein elender Aal. Du hast ihn reingelassen, du Judas.“

„Nicht doch, Herzchen. Sei ehrlich zu dir, es ist besser, wenn er endlich von seinem Kind erfährt. Und so wie er Elena angesehen hat, wusste er es sofort.“

Ich raufe mir die Haare. „Wie kann er es nicht wissen? Hast du sie dir einmal angesehen? Und jetzt sitzen sie sich gegenüber und puzzeln. *Sie puzzeln*, Christine. Einfach so!" In meiner Verzweiflung beginne ich auch noch zu heulen. „Mein Gott, was mache ich jetzt nur? Er wird mich hassen. Und Elena? Was soll ich ihr sagen?" Ich ziehe meine Nase hoch und wische mir mit dem Handrücken das verräterische Nass von den Wangen, während ich in meinem kleinen Bad auf und ab laufe, was sich auf jeweils zwei Schritte vor und zwei Schritte zurück beschränkt.

„Beruhige dich und warte doch erst mal ab. Er macht doch einen ganz patenten Eindruck. Und wenn alle Stricke reißen, dann komm ich gleich noch mal vorbei."

„Wie soll ich mich beruhigen? Das wird noch ein Nachspiel haben, das schwöre ich dir."

„Ja, das glaube ich gern. Ich liebe dich."

„Oh, ich dich auch, aber das wird dich nicht vor deiner Strafe retten. Glaube mir, wenn ich dir sage, das wird scheußlich für dich." Damit lege ich auf und ertappe mich bei dem Wunsch, mein Handy einfach vor die Wand zu werfen. Das wird meine Probleme in keinster Weise lösen, aber mir Erleichterung verschaffen. Wieder blicke ich in den Spiegel. Ich bin ebenso blass wie die weiß gestrichene Wand im Bad. Aber wen wundert es?

Ein verhaltenes Klopfen an der Tür lässt mich tief durchatmen.

„Mama? Kommst du gleich?"

Ich schließe die Lider und kralle meine Hände in das Porzellan des Waschbeckens. „Ja, Schatz. Ich putze mir eben die Zähne und gehe schnell duschen. Dann bin ich sofort da."

„Gut. Dann bleibe ich solange bei David, damit er sich

nicht langweilt. Ist das in Ordnung?"

„Das ist eine super Idee, Elena. Bleib du nur bei David und ich komme in zehn Minuten nach."

Ich komme nach.

Ratlos entledige ich mich meines Pyjamas und steige in meine Dusche, schließe die Duschwand. Das heiße Wasser läuft mir über den Kopf und der kleine Zeitaufschub, den mir der Ausflug in mein Bad verschafft, macht mich nur nervöser. Ich habe nicht den Hauch einer Ahnung, wie ich David gegenübertreten soll.

Mannomann, wer konnte denn damit rechnen? Und wie ist er, verdammt noch mal, an meine Adresse gekommen?

Ich kann mich nicht erinnern, sie ihm gegeben zu haben.

Und vor allen Dingen habe ich doch gerade erst beschlossen, ihn weiterhin aus meinem Leben zu streichen. Irgendwas läuft hier vertlixt schief und mir absolut gegen den Strich.

Aber ich muss der Wahrheit ins Auge blicken. Wahrscheinlich kann ich dem Jugendamt bald einen einzutragenden Vater für die Geburtsurkunde meiner Tochter präsentieren. Ich kneife meine Augen zusammen. Wäre ich doch nur zu Hause geblieben und nicht auf diese dämliche Hochzeit gefahren.

Dann wäre ich noch mit Thomas zusammen - zumindest irgendwie. Und Elena wäre immer noch nur meine Tochter. Und vor allen Dingen müsste ich mich jetzt nicht erklären.

Nur mit einem Handtuch umwickelt husche ich in mein Schlafzimmer, um mich schnell anzuziehen, ehe ich mich Davids Fragen stellen muss.

Kaffee. Ich brauche Kaffee.

Eines ist nämlich völlig klar, ohne Koffein stehe ich das hier nicht durch. Hier geht es um Elena. Und darum, nicht mein Gesicht zu verlieren.

Mit dem dampfenden Kaffeebecher in der Hand starre ich aus dem Küchenfenster. Noch nicht bereit für die Inquisition.

„Ich glaube, wir müssen reden."

Seine Stimme erwischt mich eiskalt, da ich mit dem Rücken zur Tür stehe. Ich habe ihn weder kommen sehen, noch habe ich seine Schritte gehört.

„Ich wüsste nicht, worüber." *Oh Anna, das war mehr als dämlich.*

„Nein? Mir fallen da auf Anhieb eine Menge Dinge ein, über die ich mit dir sprechen möchte." Er wirkt beherrscht, aber ich spüre die unterschwellige Gereiztheit, die in jedem seiner Worte mitschwingt.

Ich versuche mich zu sammeln, atme einmal tief durch und drehe mich in seine Richtung. Sein Anblick lässt mich kurzzeitig den Atem anhalten. Er steht angelehnt im Türrahmen, seinen sündigen Körper hat er in Leder gehüllt, seine Arme vor der Brust verschränkt.

Seine Haare wirken durcheinandergeraten und seine Augen funkeln mich unter schön geschwungenen Augenbrauen an. Sein sonst so sinnlicher Mund zu einem Strich zusammengepresst, wartet er anscheinend auf eine Erklärung.

Aus dem Kinderzimmer erklingt ein Hörspiel. Er bemerkt, dass ich auf die Geräusche aus Elenas Zimmer achte.

„Sie hört eine CD und malt mir ein Bild, also haben wir ein wenig Zeit für uns."

Wie schön.

„Möchtest du auch einen Kaffee?“ Vielleicht gewinne ich so noch ein wenig Zeit. Aber er schüttelt den Kopf. „Ein Schnaps wäre passender, fürchte ich.“

Ich schließe kurz die Augen. „Was möchtest du von mir hören, David?“

„Wie wäre es mit der Wahrheit, Anna?“

Er kommt einen Schritt auf mich zu. „Eine Erklärung wäre immerhin schon mal ein Anfang. Wie kannst du ein Kind von mir bekommen und mir nicht ein Sterbenswörtchen davon sagen?“ Unwillig kratzt er sich am Hinterkopf. „Kannst du dir vorstellen, was mir vorhin durch den Kopf gegangen ist, als ich sie angesehen habe? Das sind meine Augen, die mir entgegengeblickt haben.“ Er zeigt in Richtung Elenas Zimmer. „Und sie hat keine Ahnung, wer ich bin.“

Seine Stimme wird lauter, seine Hände ballt er zu Fäusten. „Anna, du hast sie mir verschwiegen, verdammt!“

Ich drehe mich weg. „Wage es ja nicht, mich anzuschreien.“

Er atmet laut aus. „Entschuldige, aber damit habe ich nicht gerechnet. Nicht in meinen kühnsten Träumen.“

„Du brauchst keine Rolle in ihrem Leben zu spielen, David. Bis hierhin habe ich es auch ohne dich geschafft.“ Ich fixiere ihn mit meinem Blick.

„Spinnst du, Anna? Wie kannst du auch nur glauben, dass ich durch diese Türe gehe und einfach verschwinde? In dem Wissen, dass sie auch meine Tochter ist?“ Aus jedem seiner Worte ist herauszuhören, wie sehr ich ihn mit dem zuvor Gesagten verletzt habe. „Du hast mich um sechs Jahre mit meiner Tochter beschissen. Und jetzt bin ich *David*.“ Seine Worte triefen vor Verachtung. „Sie wollte mir noch nicht mal die Türe öffnen, als ich vorhin geschellt habe.“ Er wendet sich ab und ich spüre die Luft vibrieren. Wie er um seine Fassung ringt.

„Was hast du erwartet, David? Dass ich dich anrufe und dir gestehe, dass du mich geschwängert hast, nur weil ich zu dämlich bin, meine Pille pünktlich und regelmäßig einzunehmen?“ Jetzt führe ich also das Gespräch, das ich schon längst hätte führen sollen. „Um mir dann von dir anzuhören, dass dir das gerade nicht so gut in den Kram passt? Dass du das Kind nicht willst?“ Ich stelle meine Kaffeetasse zu laut auf die Arbeitsplatte meiner Küche. Plötzlich habe ich wieder seine Aufmerksamkeit. „Nein, mein Lieber. So einfach ist das nicht. Ich habe um dieses Kind gekämpft. Mit jeder Faser habe ich mich für sie entschieden.“ Ich bemerke meinen schrillen Ton und mäßige die Stimme. „Und deine gottverdammte Pflicht wäre es gewesen, dich überhaupt mal bei mir zu melden. Mir zu sagen, dass du mich nicht vergessen kannst, weil dir unsere Zeit in Griechenland etwas bedeutet hat.“ Ich schlage die Hände vors Gesicht. Meine Nase beginnt verräterisch zu kribbeln. *Was mache ich jetzt nur?*

„Nein, Anna, du hast völlig recht. So einfach ist es tatsächlich nicht.“ Kurze Stille. „Wie soll es jetzt weitergehen?“

Ich beobachte durch meine gespreizten Finger vor meinen Augen, dass er einen leeren Punkt an meiner Küchendecke anstarrt.

Als er fortfährt, sieht er mich an. „Denn eines ist sicher. Ich bin ihr Vater und werde ihr ab jetzt auch einer sein. Also denke gut über deine Antwort nach.“ Damit verschwindet er wieder in Elenas Zimmer. Und lässt mich mit all meinem Frust in der Küche versauern.

So ein Riesenidiot.

Ich greife nach dem Süßstoffspender auf meiner Arbeitsplatte und werfe ihn gegen die Wand mir gegenüber. Und eine Kaskade kleiner weißer Tabletten verteilt sich in meiner kompletten Küche.

Heißa, das wird ein Spaß beim Suchen.

Und ich habe trotzdem keinerlei Antworten. Wie erstarrt beobachte ich die vorbeifahrenden Autos aus meinem Küchenfenster. Meine Nachbarin, die ihren Müll entsorgt, und den Hund, der sich auf der kleinen Wiese vor dem Haus erleichtert. Ohne jedoch irgendetwas davon wirklich wahrzunehmen.

„Mama, kann David noch bleiben? Wir können doch vielleicht ein Eis essen gehen oder zum Tierpark fahren. Kann er, Mama?“ Ich sehe auf meine Tochter herab, als wäre sie von einem anderen Stern.

„Mama?“ Sie klopft mir auf den Bauch und reißt mich damit aus meinem Dämmerzustand.

„Natürlich kann er bleiben, wenn du das gerne möchtest.“ *Was soll ich jetzt noch dagegen sagen können?*

„Aber ich wäre dafür, dass wir erst mal zu Hause bleiben. Ich mache uns gleich etwas zu essen und dann sehen wir weiter. Ist das in Ordnung für dich?“

Elena strahlt mich an und ihre Locken wippen aufgeregt auf und ab, als sie zustimmend nickt. Dann bemerkt sie den Süßstoff auf dem Küchenboden und runzelt die Stirn. „Mama, das sieht aber unordentlich aus. Vielleicht sollte man das mal wegsaugen.“

„Ja, Elena, aber vielleicht macht das auch nachher einfach Christian.“ Ich fühle mich plötzlich müde und antriebslos, sodass ich am liebsten wieder in mein Bett kriechen möchte.

Vielleicht finde ich in so etwas Alltäglichem wie Kochen ja Beruhigung für meine angespannten Nerven. Also beginne ich einfach damit, die Töpfe zu sortieren, Nudeln zu kochen, die Bolognese anzusetzen, Parmesan zu reiben und den Tisch zu decken.

Während Vater und Tochter sich nicht mehr bei mir blicken lassen. Ich bin tatsächlich eifersüchtig. Eifersüchtig auf Elenas Begeisterung für David. Eifersüchtig auf Davids Begeisterung für Elena. Ich finde mich äußerst schwer damit ab, nur eine schäbige Nebenrolle in diesem Drama abzubekommen. Immerhin bin ich eine der Hauptpersonen. Und doch stehe ich im Abseits. Und für diese Gedanken kann ich mich selbst nicht leiden. Die beiden haben einiges aufzuholen, auch wenn Elena noch keine Ahnung hat, dass David ihr Vater ist.

Ich weiß, dass ich mir dieses Grab selbst geschaufelt habe. Und ich habe sehr tief geschaufelt, wenn ich ehrlich zu mir selbst sein will. Dennoch. Ich fühle mich verraten - von meiner Tochter und von ihrem Vater. Und von Christian. Immerhin hat er die Türe zu meinem Elend erst geöffnet.

Ich schiebe den Süßstoff mit den Füßen grob zusammen und wische mir die Hände an meiner Schürze ab, bevor ich *meine Familie* zum Essen rufe.

Kapitel 10

Elena ist die Einzige am Tisch, die redet. Sie erzählt David Anekdoten aus dem Kindergarten, von Lea, ihrer Freundin, von ihren Tanzstunden und ihrem heimlichen Wissen, dass Leo aus ihrer Kindergartengruppe in sie verliebt ist. Als David sie fragt, ob sie Leo denn auch mag, schüttelt sich Elena angewidert und begründet ihre Ablehnung damit, dass Leo ja noch viel zu jung für sie sei. Immerhin sei sie schon sechs und Leo erst fünf.

Ich beobachte das Mienenspiel in Davids Gesicht. Er scheint jedes Wort seiner Tochter in sich aufzusaugen wie ein Schwamm. Und mein schlechtes Gewissen regt sich. Darüber, dass ich ihm Elena tatsächlich so lange verschwiegen habe. Und auch noch länger verschwiegen hätte, wäre er nicht heute hier aufgetaucht. Ich nehme einen Schluck aus meinem Wasserglas und wünsche, es wäre Wein oder gerne auch etwas Stärkeres, das mir die Kehle herunterläuft.

Und ich erwische mich immer wieder dabei, dass ich ihn aus dem Augenwinkel beobachte.

Wie er dasitzt, das Küchenpapier zusammengeknüllt in seinen leeren Teller geworfen, hat er seine Finger verschränkt und wiegt seinen Kopf lächelnd auf seinen Händen. Er sieht so zufrieden aus. Und so verdammt sexy. Der schwarze Longsleeve passt sich perfekt seinem wohldefinierten Oberkörper an. Das ist wieder eine neue Seite an David. Nach dem Griechenland-Flip-Flop-David und dem Hochzeits-Anzug-David bekomme ich jetzt also auch den Motorrad-David vor die Nase gesetzt.

Wieder steigt mein Bedürfnis nach einem

bewusstseinsverschleiernden Mittelchen, wie in einem gut gefüllten Campariglas zum Beispiel.

Himmel, ich steh das nicht durch!

„Mama?“ Zum wiederholten Mal habe ich zwei Paar blauer Augen erwartungsvoll auf mich gerichtet.

Ich räuspere mich: „Entschuldige, ich habe nicht zugehört.“

Elena grunzt. „Das habe ich gemerkt. Sehen wir uns einen Film an? Wir könnten doch Popcorn machen und vielleicht darf ich ja auch einen Schluck Cola.“ Sie klimpert mit ihren Wimpern und David lacht auf. Tief und männlich. Meine Nervenenden erzittern. Ein Schauer läuft mir über den Nacken. Ich nicke lediglich, während ich aufstehe und die leeren Teller zusammenstelle, einfach nur, um diese Peinlichkeit zu überspielen. In der Hoffnung, dass niemand - und damit meine ich natürlich David - meine Reaktion bemerkt. Doch sein Blick ruht auf mir. Ruhig und nicht mehr ganz so abweisend wie noch vor dem Essen. Zumindest bilde ich mir das ein und ein erneuter Schauer ergreift mich.

Genau, Anna, das ist es. Verrenne dich in eine Illusion.

Elena hüpft bereits ins Wohnzimmer, um eine DVD auszusuchen.

„Ich helfe dir beim Abwasch.“ David schiebt seinen Stuhl ein wenig zurück und erhebt sich unmittelbar vor meinen Füßen. Der Duft seines Shampoos steigt mir in die Nase und beschleunigt meinen Puls.

„Das brauchst du nicht. Wir haben eine Spülmaschine.“ Ich winde mich an ihm vorbei, doch er nimmt mir die Teller aus der Hand und berührt dabei versehentlich meine Finger. Wir stehen uns einfach gegenüber und sehen uns an. Ich versinke in der Tiefe seiner blauen Augen. Ein kleines Lächeln umspielt seine vollen Lippen, während er mich unverhohlen mustert.

„Sie ist toll, Anna." Seine Samtstimme holt mich zurück in die Gegenwart.

„Ja, das ist sie."

„Kann ich schon Popcorn in die Mikrowelle stellen?" Unsere Tochter huscht an uns vorbei und reißt eine Schranktüre auf, um nach dem Mikrowellenpopcorn zu suchen. Dabei läuft sie durch mein Süßstoffhäufchen und verteilt die kleinen Tabletten erneut auf dem Küchenboden.

David nimmt es stirnrunzelnd zur Kenntnis und sieht mich erneut an. Dann schüttelt er grinsend den Kopf, als er die Röte bemerkt, die mir unmittelbar in den Kopf schießt. Er stellt die Teller auf die Spüle und greift nach Kehrblech und Handfeger, die neben meinem Mülleimer auf ihren Einsatz warten.

Ich möchte ihn daran hindern, dieses Chaos zu beseitigen, gestehe aber, dass das Bild, welches er mir bietet, viel zu schmackhaft ist. Die Lederhose, die sich hauteng um seine Hüften legt und seinen knackigen Hintern umhüllt, als er in die Hocke geht.

Ich beiße auf meine Unterlippe. Elenas Stimme erklingt hinter der Schranktür. „David, lass das. Mama hat gesagt, dass Christian das nachher wegsaugen muss."

Mein Gesicht wird noch röter und Davids Kopf schnellt hoch.

„Christian? Kommt er heute noch mal wieder?" Elena zuckt unwissend ihre Schulter, als sie das Popcorn aus der Schachtel fummelt. Fragend trifft mich sein Blick und ich wende mich ab, um die Teller in die Spülmaschine zu stellen.

„Möglich. Wenn ich ihn darum bitte."

Meine ausweichende Antwort reicht ihm nicht. „Wenn du ihn darum bittest?" Ich bin nicht sicher, ob der argwöhnische Unterton dem Umstand geschuldet ist, dass Christian mit mir oder mit Elena zu viel Zeit verbringen könnte.

„Er ist doch mein Patenonkel", als wäre das die einzig logische Erklärung, zuckt Elena mit den Schultern und klettert auf einen Stuhl, um besser an die Mikrowelle zu gelangen.

„Er ist mein bester Freund und ein wichtiger Teil dieser Familie", füge ich ergänzend hinzu und wische mit einem Tuch über den Esstisch.

Eine herrlich monotone Bewegung. *Hin und her und hin und her.*

„Soso." Ich höre das Aufklappen meines Mülleimers und das rutschende Geräusch der hineinfallenden Süßstofftabletten.

Elena schiebt eine viel zu große Schüssel über die Arbeitsplatte und wartet auf das Pling der Mikrowelle.

Und David steht einfach im Raum und beobachtet schweigend das Geschehen um ihn herum. Eine steile Falte bildet sich zwischen seinen Augenbrauen und mir wird flau in der Magengegend. Also gehe ich an die Mikrowelle und befreie das fertige Popcorn aus seiner Hülle.

„Elenaschatz, lege doch schon mal die DVD ein. Ich bringe gleich die Schüssel und etwas zu trinken mit."

„Ist gut." Und weg ist sie. Ich sehe ihr kurz hinterher, bevor ich das Wort an David richte.

„Ich weiß, ich hätte es dir sagen müssen. Ich habe dich hintergangen und das war falsch. Aber es erschien mir als der einzig richtige Weg. Du hast dich nicht mehr bei mir gemeldet. Und als ich erfahren habe, dass ich schwanger bin, habe ich mich für meine eigene Naivität geschämt.“ Er sieht mich an, sagt aber noch immer nichts. Ich atme laut ein. „Dafür, dass ich zu blöd war, auf einem Kondom zu bestehen. Jeder Teenager weiß bereits, dass es nicht viel braucht, um ein Kind zu zeugen.“ Mein Mund ist staubtrocken. „Dennoch, das Wort Abtreibung aus deinem Mund zu hören, hätte eine Welt in mir zerbrochen. Also habe ich mich alleine für sie entschieden und beschlossen, dass du gar keinen Part in ihrem Leben erhalten wirst. Das war egoistisch … und ich kann mich nur immer wieder dafür entschuldigen.“ Ich sehe aus dem Fenster, stütze meine Hände auf der Arbeitsplatte ab, während ich diesen Text herunterleier, als hätte ich ihn stundenlang einstudiert. „Und hätten wir uns auf der Hochzeit nicht wiedergesehen …“

„Wüsste ich immer noch nichts von ihr“, unterbricht er mich. „Hätte ich nicht Pia um deine Adresse gebeten. Wie ein Idiot stehe ich vor meiner eigenen Tochter, von deren Existenz ich keine Ahnung hatte.“ Resigniert fährt er sich durch die Haare, dann taxiert er mich mit seinem Blick. „Und sie weiß nichts von mir. Rein gar nichts.“ Er schlägt seine Faust auf den Tisch und ich zucke zusammen. Seine Kiefermuskeln mahlen. „Wen hast du als Vater angegeben?“

Ich schließe die Augen. *Das verzeiht er mir niemals.*

„Niemanden.“

Er lässt sich auf einen Stuhl fallen und vergräbt das Gesicht in seine Hände. „Anna, ein Wort. Hättest du doch nur ein einziges verdammtes Wort gesagt.“ Seine Enttäuschung frisst sich in mein Herz.

Ich würde ihn so gerne berühren, ihn in die Arme nehmen. Aber ich darf es nicht. Ich bin der Grund für seine Empfindung.

Jegliche Reue kommt zu spät. Zu spät für ihn und Elena, zu spät für ihn und mich. Er hat recht, ich habe ihm die Jahre mit seiner Tochter gestohlen. Und ihr wohl auch den Vater. Ich habe nie mit ihr über ihn gesprochen. Wie soll man seinem sechsjährigen Kind erklären, dass man seinen Vater selbst nicht kennt.

Zwei gemeinsame Wochen reichen nicht für ein ganzes Leben. Bisher habe ich es immer noch geschafft und bin Elenas Fragen in dieser Richtung ausgewichen.

Es gibt noch nicht mal ein Foto von David, das ich ihr hätte zeigen können. Alle Urlaubsfotos sind meinem Temperament zum Opfer gefallen. Der Wut darüber, dass er mich so schnell vergessen hat und ich ein lebenslanges Andenken an ihn behalten werde.

„Ich habe mich nicht bei dir gemeldet, weil mein Koffer niemals den Weg nach Hause gefunden hat." Er spricht so leise, dass ich nicht sicher bin, ob ich ihn richtig verstanden habe. Aber er fährt bereits fort. „Alles, was ich von dir hatte, war in diesem verfluchten Koffer. Deine Telefonnummer, das T-Shirt mit deinem Parfum, das du mir gegeben hast, damit ich an dich denke, wenn ich nachts alleine in meinem Bett liege. Dieses blöde Porträt, das der Straßenzeichner von uns gemacht hat. Einfach alles war in diesem Koffer."

Seine Hände liegen flach auf dem Tisch und sein Kopf ist gesenkt, während ich ihn unablässig anstarren muss. Der Kloß in meinem Hals erschwert mir das Atmen.

„Ich habe wirklich versucht, dich zu finden. Aber egal in welche Suchmaschine ich deinen Namen eingegeben habe, nie war es der richtige Treffer“, dann sieht er auf und die Verzweiflung in seinem Blick lässt mich hilflos zurück. „Also habe ich darauf gewartet, dass du dich endlich bei mir meldest, damit ich dir das Malheur beichten kann, wir darüber lachen und du mir einfach ein neues T-Shirt gibst.“ Seine Handinnenflächen reiben über meinen Esstisch, bevor seine Hand erneut eine Faust bildet, die er jedoch einfach nur auf meinem Tisch ablegt. „Aber, Anna, du hast dich nicht bei mir gemeldet.“

Er sucht meinen Blick.

„Dann bin ich auf dieser Hochzeit und sehe dich tanzen. Dich. Die ich vor sieben Jahren einfach verloren habe.“ Er schüttelt den Kopf und fährt sich durch die Haare, sieht an mir vorbei aus dem Fenster. „Endlich habe ich eine zweite Chance und Pia diese Adresse, die du ja in das Gästebuch eingetragen hast.“ Er macht eine kurze Pause und mir laufen die Tränen einfach herunter, ohne dass ich sie aufhalten kann. „Nur um festzustellen, dass du gar nicht vorhattest, dich bei mir zu melden“, wieder richtet sich sein Blick auf mich. Er sieht meine verheulten Augen und ich kann nichts dagegen unternehmen. „Weil du ein Kind von mir bekommen hast.“ Sein Mundwinkel zuckt und er lacht bitter auf.

„David ...“

Er hebt abweisend die Hand. „Nein Anna. Egal, was du sagen möchtest, ich will es nicht hören. Jetzt nicht.“

Damit steht er auf und geht zurück zu Elena ins Wohnzimmer. Und ich beginne hemmungslos zu weinen. Ich lasse mich einfach auf den Küchenboden sinken und lege meinen schweren Kopf auf meine angezogenen Knie, während mein Körper erbebt von den nicht enden wollenden Schluchzern, die mich erfassen.

Kapitel 11

Die beiden sehen sich den Film ohne mich an. Immer wieder erklingt das glockenhelle Lachen Elenas oder das verhaltene Auflachen ihres Vaters.

Mir ist nicht zum Lachen zumute. Ich befürchte, dass ich meines verloren habe.

Ich schnappe mir meine Jacke und mein Handy, werfe eine kurze Entschuldigung in mein Wohnzimmer und verlasse die Wohnung in dem Wissen, dass Elena bei David gut aufgehoben ist.

Der Anblick, den ich biete, ist sicherlich alles andere als ausgehtauglich, aber ich brauche frische Luft, um einen klaren Kopf zu bekommen.

Aber zu allererst brauche ich Trost und Zuspruch, also wähle ich Christians Nummer.

„Na, sitzt die Familie glücklich vereint vor dem Kamin?" Er hat ja so was von keine Ahnung, wie sehr sein Witz in die Hose geht.

Noch bevor ich antworten kann, beginne ich erneut zu heulen.

„Mein Gott, Anna. Was ist denn passiert? Und wo bist du überhaupt? Ich höre Autos im Hintergrund."

Ich benötige einige Sekunden, bis ich mich ein wenig beruhigt habe. Dann erzähle ich ihm die ganze Geschichte. Nicht, ohne zwischendurch undamenhaft in ein Taschentuch zu rotzen oder ihn anzuschreien, einfach weil er gerade da ist, um meinen Frust abzufangen.

„Anna, Anna, ich habe dich davor gewarnt, wohin das alles führen wird. Wenn ich an seiner Stelle wäre, hätte ich dir noch ganz andere Sachen an den Kopf geworfen, das kannst du mir glauben."

„Das hilft mir nicht, Chris. Das hilft mir überhaupt nicht." Ich zerfleddere wütend das Taschentuch in meiner Hand und fahre mir mit dem Handrücken über die Nase.

„Ob es dir passt oder nicht, ich kann dir nicht helfen. Ich bin für dich da, aber ich kann dir nicht helfen, Schätzchen." Ich atme laut ein und aus. Ich weiß, dass er den Nagel auf den Kopf getroffen hat. Aber ich will, dass er mir eine Patentlösung präsentiert.

„Geh nach Hause, Mädchen. Geh zu deiner Familie, stehe zu deinen Fehlern und lerne daraus. Krieche vor David, wenn es sein muss. Ich würde es tun, er ist ein Gott."

Jetzt muss ich doch schmunzeln. „Du hast deinen Personaltrainer, also lass gefälligst deine dreckigen Fottfinger vom Vater meiner Tochter."

Er jauchzt auf. „Das ist meine Anna." Sein Lachen befreit auch mich ein wenig. „Ehrlich, Anna, geh und rette, was du retten kannst. Davids Enttäuschung ist durchaus berechtigt. Aber du musst dich mit der Situation arrangieren. Das müsst ihr beide."

„Ja, ich weiß." Mein Seufzen ist markerschütternd. „Du bist mein Held, Christine."

„Schätzchen, wenn nicht ich – wer dann?" Der näselnde Unterton lässt mich verächtlich schnauben und das Gespräch ist beendet.

Ich stehe einfach auf der Straße vor dem Haus und halte mein gerötetes und vom vielen Heulen geschwollenes Gesicht in den Wind. Ich sehe den Schatten an meinem Küchenfenster, der schnell zurückfährt, als ich meinen Blick darauf richte.

Wer weiß, vielleicht ist ja doch nicht alles hoffnungslos.

Der Film ist bereits zu Ende, als ich meine Wohnung leise wieder betrete. Auf dem Flur begegne ich niemandem und auch das Wohnzimmer ist verlassen. Ich entledige mich meiner Jacke und verschwinde erst mal ins Bad.

Dabei meide ich den Spiegel, so gut er sich eben meiden lässt.

Meine Haare sind bestimmt zerzaust, meine Augen verquollen und meine Nase rot. *Wirklich hübsch, ganz bestimmt.* Mit literweise kaltem Wasser versuche ich, mir Abhilfe zu schaffen. Erst dann fühle ich mich halbwegs bereit für die Konfrontation, die mir unweigerlich bevorsteht.

Auf dem Weg in Elenas Zimmer vernehme ich Davids Stimme. Er liest ihr aus *Die unendliche Geschichte* vor. Elenas Lieblingsbuch.

Ein heimlicher Blick zeigt die beiden aneinandergekuschelt auf dem Bett liegend. Elena betrachtet die für sie noch so sinnlosen Buchstaben auf jeder Buchseite, während David eine Hand um ihre Schulter gelegt hat und langsam und deutlich jeden einzelnen Satz zelebriert. Ich lehne mich kurz gegen die Wand und folge der Geschichte. Und seiner Stimme. Und in mir erwacht eine Sehnsucht, die mir Angst macht. Davor, dass sie mich unerfüllt und leer zurücklässt.

Schleichend weiche ich einige Schritte zurück und rufe laut in die Stille der Wohnung.

„Ich bin wieder dahaa.“ Sofort kommt Leben in meine Tochter. Sie springt polternd von ihrem Bett, um zu mir zu laufen, direkt in meine Arme. „Mama, warum bist du weggegangen? Ich dachte, du wolltest dir den Film mit David und mir ansehen.“ Ich drücke sie an mich, viel zu fest, wie mir ihr Aufstöhnen verrät. Mein Kuss auf ihre Haare lässt mich erneut leise aufschluchzen. „Entschuldige bitte, aber ich habe über etwas Wichtiges nachgedacht.“ Ich schiebe sie ein wenig von mir. „Elena, ich muss unbedingt mit dir sprechen. Hast du kurz Zeit für mich?“ Das Zittern in meiner Stimme versuche ich zu unterdrücken. David erscheint im Flur und lehnt sich gegen den Türrahmen.

Ganz so, als wären Türrahmen dazu gemacht, ihm den gebührenden Rahmen zu verpassen.

Elena sieht ein wenig erstaunt zu mir auf, nickt aber, als würde sie den Ernst meiner Frage begreifen. Ich schlucke hart und dirigiere sie ins Wohnzimmer. Davids Blicke brennen sich in meinen Rücken. Aber er folgt uns nicht.

Er weiß, was ich vorhabe.

Ich setze mich auf die Couch und ziehe sie auf meinen Schoß. Sie bemerkt mein Zögern und schlingt ihre Arme um meinen Hals. Ich atme den Duft ihrer Kindheit ein und auch ein wenig den von David, der ihr noch anhaftet.

„Elena, David ist nicht ohne Grund heute hierhergekommen.“ Ich suche in ihrer Miene nach dem Verständnis für meine Worte, das sie nach diesem einen Satz natürlich nicht hat.

Also atme ich einmal tief durch und streiche ihr die wirren Locken aus der Stirn. Ihre wunderschönen großen blauen Augen mustern mich erwartungsvoll.

„David und ich kennen uns schon lange, auch wenn ich dir noch niemals von ihm erzählt habe.“

Oh Gott, wie soll ich es ihr nur sagen?

Ich nehme eine ihrer Hände in meine und spiele mit ihren Fingern. „Er hat uns lange gesucht, da er nicht wusste, wo wir wohnen. Deshalb war er noch nie hier.“

Ihre kleine Hand in meinem Nacken krault mich unablässig, während sie meinen Worten lauscht.

„Und heute hat er uns gefunden." Das war eine Feststellung.

Ich grinse. „Ja, genau. Heute hat er uns gefunden." Ich sehe in ihr Gesichtchen, das Davids so erschreckend ähnlich sieht. Ich sammle all meinen Mut für die nächsten Worte. „Elena, hast du dich nie gefragt, wer dein Papa ist?" Kaum sind die Worte über meine Lippen, halte ich die Luft an.

Sie wickelt eine meiner Haarsträhnen über ihren Finger und ziept mich damit ein wenig. Ich nehme es hin. Dann zuckt sie mit den Achseln. „Mama, warum fragst du mich das? Du musst doch wissen, wer mein Papa ist." *Meine kluge kleine Tochter.*

Ich vergrabe meine Nase in ihren Haaren. „Elena, David ist dein Papa." Ich kneife meine Augen regelrecht zusammen. Eine letzte Träne läuft über meine Wange und ich bemerke, dass sie aufgehört hat, meine Haare um ihren Finger zu zwirbeln.

Ich riskiere einen Blick und begegne den funkelnden blauen Augen meiner Tochter. „Meinst du, er macht das Papa-Kind-Zelten im Kindergarten mit mir, wenn ich ihn frage?"

Erleichtert und völlig aufgelöst wische ich mir die Träne von der Nase. „Das macht er ganz bestimmt, wenn du ihn fragst." Und dann springt sie von meinem Schoß auf der Suche nach ihrem Vater. Und ich habe das Gefühl, zum ersten Mal an diesem Tag tief durchatmen zu können.

~o0o~

David läuft in Elenas Zimmer auf und ab. Er kann sich nicht erinnern, jemals dermaßen nervös gewesen zu sein.

Heute Morgen dachte er noch, das Aufregendste in seinem Leben wäre es, einfach so bei Anna aufzukreuzen.

Aber irgendwie ist es das ja auch.

Diese Anspannung in ihm ist schier nicht auszuhalten. Er weiß genau, dass Anna ihr die Wahrheit sagt. Jetzt gerade eben.

Er fährt sich mit der Hand über den Mund. Was, wenn Elena ihn nicht anerkennt? Wenn sie wütend auf ihn ist, dass er sich erst jetzt meldet?

Ihn erfasst eine Übelkeit nie gekannten Ausmaßes.

Ihm wird bewusst, wie sehr er von Annas Wohlwollen abhängig ist. Wenn sie die falschen Worte wählt oder Elena bemerkt, dass er böse ist auf ihre Mama … ja? Was dann?

Er ballt seine Hände zu Fäusten und wartet ab. Etwas anderes bleibt ihm sowieso nicht übrig.

Diese Untätigkeit macht ihn verrückt.

Anna. Was sie sich nur dabei gedacht hat? Elena einfach ohne ihn aufzuziehen.

Er kann ihre Gründe nachvollziehen. Aber deshalb muss er sie noch lange nicht gutheißen. Sie hat ihn beschissen.

Um die Wahrheit, um seine Tochter und auch um sie, Anna.

Er darf gar nicht darüber nachdenken. Sie könnten bereits so lange Zeit eine richtige Familie sein. Niemals hätte er von ihr verlangt, das Kind abzutreiben.

Wieder ist er am anderen Ende des kleinen Zimmers

angekommen. Die Wände sind gespickt von Pferdepostern oder den Postern von Figuren aus irgendwelchen Kindersendungen, die er natürlich nicht kennt. Noch nicht.

Er atmet tief den Geruch seiner Tochter ein, der überall in diesem Zimmer präsent ist. Unglaublich. Er schüttelt lächelnd den Kopf und setzt sich zurück auf Elenas Bett. Überall stehen und sitzen Stofftiere. Er kann sich nur darüber wundern, dass sie selbst noch genügend Platz darin findet.

Wäre doch nur dieser Scheißkoffer niemals verschwunden. Dann stünde dieses Bett wahrscheinlich in einem größeren Zimmer, in einem anderen Haus. Und Elena hätte sofort gewusst, wer ihr Vater ist. Und Anna hätte niemals an ihm gezweifelt.

Dann hört er die Schritte und sein Herz setzt zwei Schläge aus. Seine Handinnenflächen werden schwitzig und in der Lederhose ist es sowieso viel zu warm. Kurz überlegt er aufzustehen, aber er möchte seiner Tochter lieber in die Augen sehen können, wenn sie über sein weiteres Schicksal entscheidet.

Elena bleibt in der Tür stehen und ihre blauen Augen blitzen ihn förmlich an. „Mama sagt, dass ich dich fragen kann, ob du das Papa-Kind-Zelten mit mir machst."

Mehr sagt sie nicht. Etwas überrascht über diese Frage kratzt er sich über den Kopf. „Na klar, mache ich das. Du musst mir nur sagen, wann und wo das ist."

Das Strahlen, das sie ihm schenkt, füllt sein Herz.

Er ist ein Vater. So fühlt sich das also an.

~o0o~

Kapitel 12

Ich sitze noch immer auf meinem Sofa, als die beiden das Wohnzimmer betreten.

„Er macht es, Mama! David zeltet mit mir.“ Elena ist völlig aus dem Häuschen und zieht ihren Vater hinter sich her. Ich muss lächeln. Auch wenn es in mir selbst düster aussieht.

So sehr ich mich auch für sie freue, all das bedeutet Veränderung. Und ich hatte einfach noch keine Zeit, mich damit auseinanderzusetzen.

„Das habe ich dir doch gesagt, mein Schatz.“ Sie hüpft auf meine Oberschenkel und drückt mich fest an sich. Ich sehe auf und begegne Davids Blick. Danke formen seine Lippen lautlos. Mit geschlossenen Augen vergrabe ich meine Nase kurz in Elenas Haaren, ehe ich sie mit sanftem Druck von meinen Oberschenkeln schiebe und aufstehe.

„Es ist schon ziemlich spät und ich weiß nicht, was dein Vater“, bei diesem Wort sehe ich zu David auf. Es klingt so merkwürdig aus meinem Mund, „heute noch vorhat.“

„Ich habe noch einen längeren Weg vor mir, also werde ich wohl besser gleich aufbrechen.“ Er zuckt die Schultern. Mit einem Blick auf Elena fügt er jedoch hinzu, „ich würde aber gerne wiederkommen, wenn ich darf.“

Elena lässt ihre Locken tanzen. „Du musst mich morgen vom Kindergarten abholen. Ich muss doch jedem zeigen, dass ich doch einen Papa habe.“

Bei dieser Äußerung fühle ich einen Stein in meinem Magen liegen. Mir war nie bewusst, dass meine Tochter einen Vater tatsächlich vermisst.

David hält ihr die Hand hin. „Abgemacht. Ich hole dich morgen ab.“ Elena schlägt ein und grinst wie ein Honigkuchenpferd.

Ich verkneife mir die Bemerkung, dass sie eigentlich mit mir Ferien machen wollte, deshalb für die nächste Woche vom Kindergarten freigestellt ist. „Gut, dann bringe ich dich morgen hin und sage Bescheid, dass David dich abholt.“ Mein Lächeln erreicht meine Augen nicht, aber meine Tochter ist viel zu aufgeregt, um das zu bemerken.

Bei David bin ich mir nicht so sicher, als ich seinen fragenden Blick auf mir spüre.

Elena verschwindet derweil in ihrem Zimmer, um noch das Bild zu holen, das sie David versprochen hat.

„Ich gebe dir noch eben die Adresse“, und mit einer Geste auf Davids Lederhose füge ich hinzu, „ich hoffe, du besitzt auch ein Auto. Ich hätte ein komisches Gefühl, wenn du sie mit dem Motorrad abholen möchtest.“

Er zieht die Augenbrauen in die Höhe, entgegnet aber nichts.

„Ich lasse Elenas Kindersitz morgen dort stehen. Sei bitte um 14 Uhr dort, dann hat sie schon gegessen.“ Ich nicke ihm entgegen und schreibe die Anschrift der Kita auf einen Zettel. Darunter notiere ich meine Handynummer. „Hier für alle Fälle. Wenn dir etwas dazwischenkommt.“

Er nimmt mir die Notiz aus der Hand und studiert sie eingehend. „Heute bekomme ich also deine Nummer? Das war ja einfach.“

Irritiert ziehe ich meine Stirn kraus. „Findest du das lustig?“, fahre ich ihn an, „ich finde daran nämlich überhaupt nichts witzig! Oh, ganz im Gegenteil …, ich habe nämlich eine Scheißangst, dass das hier in die Hose geht." Mein Brustkorb hebt und senkt sich, mein Puls rast wie verrückt.

Er schiebt die Adresse inklusive meiner Handynummer in die Hosentasche und erwidert meinen zornigen Blick. Er kommt meinem Gesicht näher und leise mit zusammengebissenen Zähnen wirft er mir unverblümt seine Sicht der Dinge an den Kopf. „Na, da haben wir ja etwas gemeinsam, Anna. Ich bin seit ungefähr neun Stunden Vater und hatte nicht mal ansatzweise Zeit mich darauf vorzubereiten. Ich weiß nichts über unsere Tochter. Ich kenne weder ihre Lieblingspuppe noch weiß ich, ob sie überhaupt eine hat. Ich weiß nicht, wann sie ihren ersten Zahn bekommen hat, noch war ich dabei, als sie ihre ersten Schritte gelaufen ist."

Ich schlucke hart, während er mir all diese Dinge an den Kopf wirft. Ich weiß, dass er jedes Recht dazu hat. Dennoch verletzen mich seine Worte, sie konfrontieren mich mit meiner eigenen Unzulänglichkeit.

Und er ist noch längst nicht fertig mit mir. „Ich habe ihren ersten Geburtstag verpasst, ihr erstes Weihnachten. Und weißt du, was ich als besonders schlimm empfinde?" Er hält kurz inne, studiert mein Mienenspiel. „Als besonders schlimm empfinde ich die Tatsache, dass sie ihre Liebe einem Mann schenkt, den ich noch nicht mal kenne. Der anscheinend meinen Platz eingenommen hat, ohne dass mich überhaupt jemand gefragt hätte, ob ich diesen Platz selbst einnehmen möchte." Er zeigt mit dem ausgestreckten Finger auf meinen Brustkorb, fährt sich dann aber nur fahrig durch die Haare. „Und jetzt frage mich doch noch einmal, ob ich das lustig finde."

Ich drehe mich weg, kann seinem verächtlichen Blick nicht standhalten.

Seine Stimme wird ein wenig sanfter. „Weißt du, Anna, ich bin heute hierhergekommen, weil ich dich sehen wollte. Ich wollte mit dir reden. Über unsere Zeit in Griechenland und alles, was danach geschehen ist."

Er macht eine kurze Pause, atmet tief ein und ich wende mich ihm wieder zu. „Auf der Hochzeit war ich überrascht zu hören, dass du ein Kind hast …, aber warum nicht? Ich habe auch nicht gelebt wie ein Mönch." Seine Augen werden dunkler, seine Stimme tiefer. „Mir ist es auch durch den Kopf gegangen, dass du vielleicht einen Freund haben könntest", er beginnt selbstgefällig zu grinsen, „etwa den Vogel von Samstag." Ich kaue auf meiner Oberlippe, senke meinen Kopf, peinlich berührt von seiner Anspielung. „Anna, ehrlich, ich habe mit allem gerechnet. Aber Elena übertrifft all meine Erwartungen."

„Ich weiß, David. Und ich kann nur immer wiederholen, wie leid es mir tut." Ich fühle mich ausgelaugt. Ich bin tief getroffen von seinen Vorwürfen, die ja nichts anderes sind als die reine Wahrheit. Er weiß nichts über Elena, durfte bisher nicht teilhaben an ihrem Leben. Dennoch suche ich eine Rechtfertigung für meine Entscheidung. „Aber es schien mir das einzig Richtige zu sein. Wir kannten uns gerade zwei Wochen. Und du hast dich nicht mehr bei mir gemeldet. Hätte ich mich gegen sie entschieden, hättest du es auch nie erfahren." Ich hebe den Kopf, aber er sieht in Richtung Elenas Kinderzimmer. Also drehe ich sein Gesicht zu mir. „David, sieh mich an." Widerwillig trifft er meinen Blick. „Bitte, David. Wir müssen jetzt einen Weg zueinanderfinden. Um ihretwillen." Der Ausdruck in seinen Augen ist unergründlich. „Das werden wir, Anna. Aber nicht heute. Nicht sofort."

Er nimmt seinen Helm von der Garderobe. „Gibst du mir ein Foto von ihr?“

„Oh.“ Überrascht schieben meine nervösen Finger eine verirrte Haarsträhne hinters Ohr. „Natürlich. Warte.“ Ich gehe ins Wohnzimmer und suche eine der letzten Aufnahmen aus dem Kindergarten. Als ich sie ihm übergebe, kann ich Stolz in seinem Blick erkennen, als er es betrachtet. Und das macht wiederum mich stolz. Ich habe immerhin keinen geringen Anteil an diesem Kind. Und plötzlich wird mir klar, dass wir auf immer miteinander verbunden sein werden. Durch unser Kind.

Und das erfüllt mich tatsächlich mit einer furchtbaren Panik. Und mit einer kribbeligen Vorfreude.

~o0o~

Als er am nächsten Tag 20 Minuten zu früh seinen Volvo auf dem Parkplatz vor der Kita abstellt, ist er noch immer überwältigt. Wie ein Verrückter ist er am Vorabend nach Hause gebrettert. Aber das ausgeschüttete Adrenalin hat nicht über seine innere Unruhe geholfen.

Er ist Vater. Verdammte Scheiße.

Immer wieder hat er sich das Foto seiner Tochter angesehen, ohne es überhaupt richtig begreifen zu können.

Anna ist ihr eine gute Mutter, das muss er ihr zugestehen. Auch wenn er ansonsten wirklich wütend auf sie sein sollte, so ganz will ihm das nicht gelingen. Sicher, er ist enttäuscht. Sie hat ihn hintergangen und belogen. Aber sie hat ihm auch dieses Mädchen geschenkt.

Und wie hätte er sich an ihrer Stelle verhalten?

Immerhin ist Elena das Ergebnis einer nur zwei Wochen andauernden Urlaubsaffäre. Nichts, auf das man bauen kann. Noch gibt einem dieses Wissen die nötige Sicherheit, um eine eigene Familie zu gründen. Woher hätte sie also wissen sollen, wie er reagieren würde?

Seine Finger klopfen unablässig auf das Lenkrad. Wie er es dreht und wendet. Er findet keine Antworten.

Ein Blick aus dem Fenster verrät ihm, dass sich bereits eine kleine Elternmenge angesammelt hat, also steigt er aus und gesellt sich dazwischen.

Es entgeht ihm nicht, dass er neugierig beäugt wird. Als wäre er ein seltenes Tier im Zoo.

Na, wenn er das gewusst hätte, hätte er sich richtig in Schale geschmissen für all die Frauen, die hier mit ihm warten. Innerlich muss er über sich selbst lachen. Während ihn die einzelnen Väter eher skeptisch beäugen, ist er sich seiner Wirkung auf die Mütter durchaus bewusst. Als Lehrer einer Horde halbwüchsiger Teenager an einer Gesamtschule sind ihm diese Blicke bereits des Öfteren untergekommen. Nicht dass er es nicht genießen würde. Er ist auch nur ein Mann.

Aber hier findet heute kein Elternsprechtag statt. Im Gegenteil. Hier wird er selbst bewertet und vorgeführt. Er steht hier, um seine eigene Tochter abzuholen. Und das ist etwas verdammt anderes.

Also ergibt er sich seinem Schicksal, wirft ein nettes Lächeln in die Runde, murmelt eine höfliche Begrüßung und wartet darauf, dass sich die Türe vor ihm endlich öffnet.

Im Inneren empfängt ihn die aufgeheizte Luft tobender Kinder vermischt mit den Aromen der Mittagsmahlzeit.

Um die Kindergarderoben bricht ein Tumult los. Jacken werden von den Haken gerissen, Schuhe sortiert und eine Kakofonie von Geräuschen erinnert ihn doch sehr an seinen eigenen Arbeitsplatz.

Zufrieden nimmt er das Stimmengewirr, die Gerüche und Bewegungen um sich herum tief in sich auf. *Er ist hier, um seine Tochter abzuholen.*

„Entschuldigen Sie, kann ich Ihnen vielleicht helfen?" Eine hübsche blonde Frau, vielleicht Ende 20, blickt ihn fragend aus großen grünen Augen an. Ertappt räuspert er sich laut. „Ja, vielleicht können Sie das tatsächlich. Ich suche meine Tochter. Elena Lorenz." Er meint, so etwas wie Überraschung in ihrem Blick zu erkennen, aber sie lässt sich nichts weiter anmerken. Lächelnd nickt sie. „Dann wollen wir sie mal suchen, Ihre Tochter." Er bemerkt ihre Musterung aus dem Augenwinkel, als sie an ihm vorbei in den hinteren Bereich der Kita zu verschwinden droht. Also nimmt David die Verfolgung auf, nur um kurz darauf von einem Gewirr aus braunen Locken förmlich umgerannt zu werden. Lachend fängt er seine Tochter auf und hebt sie auf seinen Arm.

„Da bist du ja endlich! Ich konnte vor Aufregung die ganze Nacht nicht schlafen." Ihre Arme schlingen sich um seinen Nacken und sie vergräbt ihr Gesicht an seinem Hals. Das Glücksgefühl, das ihn erfasst, nimmt ihm schier den Atem. Er schließt die Augen und schwört sich, dass er sich immer an diesen Augenblick erinnern wird.

„Ich habe doch versprochen, dass ich dich abholen werde." Immer noch lächelnd stellt er das Mädchen zurück auf den Boden. „Vielleicht suchst du schon mal deine Sachen zusammen, dann können wir gleich los."

Aber Elena greift nach seiner Hand und zieht ihn hinter sich her. „Noch nicht, warte." Vor einem dunkelhaarigen Mädchen bleibt sie stehen. „Siehst du, Lea, ich hab dir doch gesagt, dass mich heute mein Papa abholen kommt. Du wolltest mir ja nicht glauben.“ Sie streckt ihrer staunenden Freundin die Zunge heraus und dreht sich abrupt wieder um. Ihr Vater ist nicht minder erstaunt über den Ausbruch seiner Tochter.

„Elena, ich denke, das war nicht in Ordnung.“ Trotzig sieht sie zu ihm auf. „Aber sie wollte mir nicht glauben, dass mich heute mein Papa abholt.“

David schüttelt den Kopf. „Trotzdem ist das kein Grund, deiner Freundin die Zunge herauszustrecken.“ Er beugt sich zu Lea hinab und hält ihr die Hand hin. „Dann bist du bestimmt Lea, Elenas Freundin. Ich bin David. Elenas Papa.“ Lea begutachtet seine Hand, dann schüttelt sie sie. „Hallo“, ein schüchternes Grinsen stiehlt sich auf ihr kleines rundes Gesicht, bevor Elena ihre Freundin am Arm zurück in den Gruppenraum zieht.

David erhebt sich aus seiner gebückten Haltung und sieht sich der blonden Frau gegenüber, die die Szene schweigend beobachtet hat. Unsicher, ob er etwas sagen soll, ergreift sie bereits das Wort. „Ihr Auftauchen hat uns hier heute einiges an Unruhe beschert, Herr Lorenz“, erwidert sie sein Lächeln. Ihm entgeht nicht die Betonung, die sie in den Nachnamen Lorenz legt. Auch nicht, dass sie hinter ihm und Elena in den Gruppenraum getreten ist, obwohl er seine Tochter bereits gefunden hat.

„Schwartz. Mein Name ist David Schwartz. Und für die Aufregung möchte ich mich selbstverständlich entschuldigen.“ Bei der Erwähnung seines Namens blitzt es kurz in ihren Augen auf. Also liegt er mit der Vermutung wohl gar nicht so daneben, dass sie Interesse an seiner Person signalisiert.

Sie winkt ab. „Nicht der Rede wert. Mein Name ist Stefanie. Ich bin eine der Erzieherinnen.“ Nach einer kurzen Pause fügt sie hinzu, „wenn sie das nächste Mal kommen, um Elena abzuholen, hat sich die Lage beruhigt. Sie sind heute die Attraktion des Tages.“

David fährt sich durch die Haare. „Ja, das denke ich mir.“ Er wird das Gefühl nicht los, ausgehorcht zu werden. Auf eine nette Art. Dennoch.

„Ich bin fertig, Papa. Wir können fahren.“ Papa. Als wäre es das Normalste der Welt.

Ehrfürchtig schaut er auf seine Tochter hinab und nimmt die ihm dargebotene Kinderhand in seine. Er nickt Stefanie noch einmal zu und lässt sich von Elena zum Ausgang ziehen.

Als sie am Parkplatz ankommen, beginnt Elena zu kichern.

„Wie sie geguckt hat. Wie ein Fisch hat sie geglotzt.“ Sie hält sich die Hand vor den Mund, während David ihren Kindersitz ins Auto verfrachtet.

„Wer genau?“ Hat er sich Stefanie gegenüber offensichtlich merkwürdig verhalten?

„Na, Lea natürlich.“ Überrascht nimmt sie die Hand von ihrem Mund. „Wen soll ich denn sonst meinen?“

Er sieht Gespenster. „Ja, wen solltest du wohl sonst meinen?“ Er grinst Elena an.

Das Mädchen klettert auf den Rücksitz. Als er noch mal einen Blick auf das Gebäude vor sich wirft, sieht er die Erzieherin am Fenster stehen. Fast hätte er ihr zum Abschied zugewinkt.

~o0o~

Kapitel 13

Himmel, ich bin derartig nervös, dass meine Fingernägel glatt bis zum Nagelbett abgekaut wären, würde ich denn Fingernägel kauen.

Ständig starre ich aus meinem Küchenfenster und warte darauf, dass Davids Auto vor der Tür hält. Dabei weiß ich noch nicht mal, nach welchem Auto ich Ausschau halten muss.

Ich habe den, entgegen meiner eigentlichen Erwartung, freien Vormittag dazu genutzt, noch einige Besorgungen zu machen. Auch ist meine Wohnung in der Zwischenzeit in die richtige Stimmung gebracht. Hier steht ein Osterhäschen, dort eine Henne, im Flur ein üppiger Strauß Weidenkätzchen, an dem bunte Ostereier in jeglicher Größe und Farbe baumeln.

Ein beruhigendes Ambiente in Anbetracht der Tatsache, dass mein ganzes Leben zurzeit auf dem Kopf zu stehen scheint.

Immerhin stehen die Osterfeiertage ins Haus und mit ihnen eine Einladung bei meiner Mutter.

Um Gottes willen. Ich darf noch gar nicht an ihre Kommentare denken, wenn sie von den neuesten Ereignissen erfährt.

Endlich sehe ich David vorfahren. *Ein Volvo.* Wer hätte das gedacht? Eine Familienkutsche ohne Familie. Zumindest hat er sich das Auto angeschafft, bevor er wusste, dass die Familienkutsche berechtigt ist. Ich trete weg vom Fenster und laufe stattdessen im Flur auf und ab. Davids Wirkung auf mich hat sich nicht verändert. Noch immer schlägt mein Herz zu laut, die Innenflächen meiner

Hände werden schwitzig und ich muss tatsächlich zweimal tief einatmen, als es endlich an der Türe schellt.

Das ist wirklich völlig irrational. Ich habe ihn seit sieben Jahren nicht gesehen und bin ein absolutes Nervenwrack in seiner Gegenwart.

Ich bin Elena dankbar, dass sie zuerst die Treppe raufrennt, um mich zu begrüßen.

„Mein Gott, Mama, du hättest Lea sehen sollen. Die hat vielleicht dumm geguckt." Triumphierend klatscht sie in ihre Hände.

„Das kann ich mir vorstellen." Ich nehme ihr die Jacke ab und bemerke David, der in der Türe stehen bleibt. Seine Jeans ist viel zu eng und seine wohl definierten Brustmuskeln zeichnen sich verboten unter seinem T-Shirt ab, über dem er nur eine leichte Lederjacke trägt.

Ich habe eine ungefähre Vorstellung davon, wie sämtliche Mütter sabbernd und um seine Aufmerksamkeit lechzend, aufreizend die Wimpern haben klimpern lassen.

Ich schüttele diese Vorstellung ab, aber ein ungutes Grummeln in der Magengegend verbleibt.

Er ist Elenas Vater, aber er gehört nicht zu mir. Das habe ich ja zu verhindern gewusst. Aber alleine die Vorstellung, er könnte mit jemandem, den ich kenne …

Nein, Anna. Schluss jetzt!

„Möchtest du nicht reinkommen?" Ich trete ein Stückchen zur Seite und gebe damit die Türe frei.

„Nein, ich habe noch eine Verabredung." Eifersucht durchfährt mich. Er hat sich mit niemandem zu treffen.

AnnaAnnaAnna, was hast du nur für Gedanken?

„In Ordnung." Ich hänge Elenas Jacke an den Garderobenhaken und gewinne damit wertvolle Sekunden, um meine Miene wieder unter Kontrolle zu bekommen.

„Danke, dass du sie von der Kita abgeholt hast. Ich glaube, ihr hat das viel bedeutet." Elena ist in ihr Zimmer verschwunden und lässt uns alleine an der Wohnungstür stehen.

„Das ist selbstverständlich und ich möchte das auch gerne weiterhin tun, sofern meine Zeit es zulässt." Er spielt mit dem Autoschlüssel in seiner Hand.

„Klar, sag mir nur vorher Bescheid. Dann will ich dich nicht länger aufhalten, David." Der Kloß in meinem Hals ist wirklich unerträglich.

Auch er räuspert sich laut und sieht kurz an mir vorbei in den Flur. „Anna, ich würde sie gerne meinen Eltern vorstellen." Und dann sagt er nichts mehr, wartet auf meine Antwort. Aber es braucht seine Zeit, bis diese Worte auch den Weg zu mir finden.

Ich kralle meine Fingernägel in die Türzarge. Das musste ja so kommen!

„Ja …, ja klar. Das ist nur fair, denke ich." Ich nicke zu heftig, vielleicht auch, um mich selbst zu überzeugen. Dann treffe ich seine blauen Augen mit meinen. „Und wann? Ich meine, für wann hast du dieses Treffen vorgesehen?" Meine Finger färben sich bereits weiß, da ich sie mit all meiner Kraft in diesen verflixten Rahmen presse.

„Die Feiertage stehen ins Haus und wenn ihr Zeit habt, dann würde ich euch vielleicht gerne Freitag oder Samstag abholen."

Hat er jetzt wirklich EUCH gesagt?

Er bemerkt mein Zögern, auch wenn er den Grund dafür vielleicht nicht errät.

„Natürlich nur, wenn es für dich in Ordnung ist. Ich muss zwar meine Eltern noch darüber unterrichten, dass sie eine Enkeltochter haben, aber sie werden Elena dann auch so schnell wie möglich sehen wollen.“ Da ist es ja wieder, das Grübchen, wenn er lächelt.

Ich hebe kleinlaut die Schultern. „Sie werden sie lieben, das weiß ich.“

Meine Mundwinkel verziehen sich. „Das wird ihnen wahrscheinlich nicht schwerfallen.“

Ich muss noch mal auf das *EUCH* zurückkommen. „Und mich möchtest du bei dieser Familienzusammenführung dabei haben?“ Fragend ziehe ich eine Augenbraue in die Höhe. „Ich könnte auch mit Elena sprechen. Sie wird dich sicher auch alleine begleiten, wenn dir das lieber sein sollte.“ Mein Herz klopft widerlich laut, sodass ich befürchte, er könnte es schlagen hören. David macht einen Schritt auf mich zu und fährt mit dem Daumen über meine Lippen, die ich fest zusammengepresst habe.

Ich kann nicht mal ansatzweise die Empfindung beschreiben, die mich bei dieser unerwarteten Berührung durchfährt.

„Anna, du bist ihre Mutter. Selbstverständlich möchte ich dich dabeihaben.“ Ein Schauer erfasst mich und sein Blick verbrennt mich förmlich. „Ich melde mich bei dir, ja?“

Ich kann nur nicken. Einfach nur nicken.

Dann ruft er nach Elena, um sich zu verabschieden. Er erzählt ihr von seinem Vorhaben und sie stimmt erhaben zu, ihre Großeltern kennenzulernen. Dann zwinkert er mir noch einmal zu und verschwindet, immer zwei Stufen auf einmal nehmend die Treppe runter. Und ich schließe die Türe. Unfähig zu denken, zu atmen, zu laufen.

Und ernte dafür merkwürdige Blicke meiner Tochter, die kopfschüttelnd an mir vorbei wieder in ihrem Zimmer verschwindet.

„Und er will dich mitnehmen? WOW, Anna, das klingt eindeutig nach mehr!“ Anzüglich lässt Chris seine Augenbrauen tanzen, während wir vor dem Fernseher sitzen, die Sendung aber nicht wirklich verfolgen.

„Ich bin auch noch ganz sprachlos. Und vor allen Dingen bin ich seinen Eltern schutzlos ausgeliefert.“

Alleine der Gedanke daran bringt mich ins Schwitzen. Sie werden mich schon für meine Kopflosigkeit verurteilen, dass ich mich sofort von ihrem Sohn habe schwängern lassen.

Immer wieder fahre ich mit meinen Handinnenflächen über meine Oberschenkel, bis Chris mir entnervt ein Glas in die Hand drückt. „Höre auf damit, du machst mich noch wahnsinnig, Schätzchen.“ Grinsend nehme ich einen großzügigen Schluck. Als ich das Glas wieder abstellen möchte, trifft mich sein strafender Blick und ich halte es lieber weiterhin fest in den Händen.

„Male doch nicht gleich den Teufel an die Wand. Lass es auf dich zukommen. Wahrscheinlich sind sie froh, dass jemand ihrem kleinen Sonnenschein Fesseln anlegt.“ Sein Blick schweift in die Ferne. „Anna, wirklich. Ich verstehe dich nicht. Du willst ihn – deine Vagina will ihn, das ist doch so was von offensichtlich. Den Kerl hätte ich sofort geheiratet. Wenn er so vögelt, wie er aussieht, dann ist dein Wunschzettel für Weihnachten doch bestimmt schon fertig.“ Seine Augen blitzen mich schlüpfrig an und ich werde schamrot, ganz wie es sich gehört. Chris schnaubt verächtlich. „Ach komm schon, du willst mir doch nicht erzählen, dass du ihn in Gedanken nicht schon tausendmal an- und wieder ausgezogen hast? Jetzt tue bloß nicht so keusch."

Ich werfe ein Sofakissen nach ihm „Ich weiß, wie er ohne Klamotten aussieht, Christine. Und ich bin wahrlich nicht immun gegen seine Reize." Meine Augen wandern an die Wohnzimmerdecke. „Aber wohin soll das führen, bitte?" Im ernsten Brustton der Überzeugung füge ich hinzu, „das würde gar nicht funktionieren. Stelle dir doch nur mal vor, wir fangen noch mal etwas miteinander an, nur um dann festzustellen, dass wir nicht zueinanderpassen. Was soll ich Elena dann sagen? Wie soll man so etwas dann noch erklären? Nein, lass mal. Das hier ist auch ohne Beziehungsstress schon stressig genug. Und wir haben nun mal eine Tochter, an die wir denken müssen. Punkt."

Ich trinke von meinem Campari und hoffe, ich habe so überzeugend geklungen, dass ich mir auch morgen noch Glauben schenken kann.

Denn eines ist sicher, David Schwartz bringt mich mehr als nur ein bisschen durcheinander.

Er raubt mir meine innere Ruhe und bringt mein Herz zum Klopfen. Ohne dass ich gefragt werde, ob ich das überhaupt möchte. Denn mit David einen Schritt weiterzugehen, wäre sicherlich nicht die klügste Entscheidung in unserer derzeitigen Situation.

Mein Handy meldet sich, also stelle ich mein inzwischen leeres Glas doch wieder auf den Tisch, um die Nachricht lesen zu können. *David*, durchfährt es mich. David, der mir mitteilt, wann er Elena und mich nun abholen wird. Während Chris mein Glas artig wieder füllt, merke ich die Enttäuschung, die mich überkommt, als ich den Absender der SMS ausmache.

Anna, bitte. Ich muss unbedingt mit dir reden.
Vielleicht können wir uns sehen?
Du entscheidest wann und wo. Thomas

„Auch das noch!“ Ich reiche mein Handy weiter und Christian lässt es einfach aufs Sofa fallen, nachdem er die Kurznachricht ebenfalls gelesen hat.

„Anna, wehe dir, du denkst auch nur eine Sekunde darüber nach.“

Aufgebracht streiche ich mir über die Stirn. „Ich sollte es tun. Er lenkt mich vielleicht genügend von David ab.“

„Na sicher, du tauschst den Löwen gegen den Frosch“, er schnaubt verständnislos.

„Ich habe mal gelesen, dass sich manche Frösche in Prinzen verwandeln, wenn man sie küsst.“

„Ja, und zwar genau diese, die ein Halluzinogen absondern. Alle anderen muss man an die Wand schmeißen.“ Theatralisch wedelt meine ganz persönliche Dramaqueen die Hände durch die Luft.

Ich werfe ihm meinen bösesten Blick zu, der selbstverständlich an ihm abprallt.

„Ehrlich, Christian, bestimmt ist er jetzt genau das, was ich brauche, um wieder in die richtige Spur zu kommen.“ Ich ziehe meine Beine auf die Couch und lege mein Kinn auf meine Knie. „Außerdem will er sich doch nur mit mir treffen, um zu reden. Nicht mehr und nicht weniger.“ Ich hebe ihm mein mittlerweile wieder hübsch aufgefülltes Glas entgegen.

„Wenn ich dir meinen Segen hierzu geben soll, vergiss es. Aber du musst mir versprechen, mit dem Treffen zu warten, bis die Feiertage vorbei sind.“ Er prostet mir ebenfalls zu.

„Was immer in deinem völlig verhunzten Hirn vorgeht,

ich werde mich nicht mehr auf David einlassen. Das ist mein letztes Wort." Süffisant lächelnd nehme ich einen Schluck.

„Oh, und mir wird es eine Freude sein, dir ins Gesicht zu singen, *das habe ich dir doch gleich gesagt.*" Sein Grinsen ist teuflisch, als er seine Brille mit dem Zeigefinger ordentlich auf seiner Nase positioniert und ebenfalls trinkt. Dann reicht er mir mein Handy. „Schreib Thomas, dass du erst nächste Woche Zeit finden wirst, dich mit ihm zu treffen. Wann und wo gibst du noch bekannt."

Ich schüttele mit spöttisch verzogener Miene meinen Kopf, tippe die Wörter in das Display. „Du wirst so was von vor die Wand fahren mit deiner Vorahnung, Christine." Ich sehe ihn an. „Aber ich lass dir deinen Spaß." Also verabrede ich mich mit Thomas direkt für den Dienstag nach Ostern. Spätestens dann sehen wir uns sowieso in der Bank. Dann kann ich auch direkt mit ihm Essen gehen. Näheres würde ich ihm dann im Büro mitteilen. Und den Ort werde ich mir noch aussuchen. Aber ich schwöre, es wird der öffentlichste Ort sein, den Thomas Hagedorn sich vorstellen kann.

Und was David angeht?

Ich werde meine Wollust einfach unter Kontrolle halten. Das kann ja so schwer nicht sein.

Immerhin habe ich in den letzten sieben Jahren auch keine Notwendigkeit darin gesehen, mich mit einem Mann in den Laken zu wälzen, nur weil er meinen Hormonhaushalt durcheinanderbringt.

Na ja, bisher hat auch kein anderer Mann auf Anhieb diesen Wunsch in mir geweckt. Auch Thomas brauchte eine gewisse Anlaufzeit.

Und David werde ich es nicht gestatten, mich derart

aus dem Konzept zu bringen, dass ich ihm tatsächlich erneut nachgebe. Ich muss an Elena denken, egal wie groß meine Sehnsucht auch sein mag. Wie sehr ich mich auch danach sehnen mag, seine Hände auf meinem Körper zu spüren, der sich ihm vor Verlangen völlig hemmungslos entgegenbiegt. Seine Lippen auf meinen, ihn zu schmecken, zu spüren. Nach der Hitze seines Körpers, die mich atemlos zurücklässt.

Mein Unterleib zieht sich wie elektrisiert zusammen und Christians dreckige Lache holt mich zurück auf mein Sofa.

„AnnaAnnaAnna, dieses Sahneschnittchen hat dich doch jetzt schon im Sack." Er schlägt sich auf seinen Oberschenkel. Ich blinzele. Unfähig etwas darauf zu erwidern, leere ich erneut mein Glas.

Das werden schrecklich entspannte Ostertage, da bin ich mir ganz sicher.

Kapitel 14

~o0o~

Eigentlich wollte David sofort zu seinen Eltern fahren, nachdem er Elena zu Hause abgesetzt hatte. Dennoch landet er zuerst bei Luisa.

Er muss mit ihr sprechen, sich Luft machen.

Und ihr erzählen, dass sie Tante ist.

Also holt er seine kleine Schwester aus der Kanzlei ab, in der sie als angestellte Junganwältin ihr Geld verdient, und entführt sie auf einen Kaffee.

Sie sitzen sich gegenüber und er ist sich Luisas Blicke bewusst, die sie ihm unentwegt zuwirft. Sie nimmt ihm den Small Talk nicht ab.

Aber ihm fehlen einfach immer noch die Worte.

„David, wir sitzen doch nicht hier, um über das Wetter zu sprechen, oder?“

Er spielt mit dem Zuckerspender auf dem Tisch, sieht seine Schwester nicht an.

„Luisa, ich weiß gar nicht, wo ich anfangen soll.“ Dann trifft er ihren Blick. „Stell dir vor, Anna hat eine Tochter.“

Luisa zieht eine Augenbraue in die Höhe. „Das ist durchaus nicht ungewöhnlich, David. Sie ist Anfang 30. Es gibt nicht viele Frauen ohne Altlasten in diesem Alter.“ Sie beugt sich über den Tisch. „Ist das etwa ein Problem für dich? Ich hätte dich gar nicht so kleinkariert eingeschätzt, Brüderchen.“

Er grinst und kratzt sich über den Kopf. „Luisa, ich bin der Vater.“ Ungläubig setzt Luisa den Kaffeebecher wieder ab, ohne von ihm getrunken zu haben.

„Sag das noch mal.“

„Ich habe eine Tochter.“ Seine Augen blitzen und

funkeln. „Ich habe eine Tochter, eine wunderschöne Tochter. Sie heißt Elena."

Luisa springt auf, läuft um den Tisch und umarmt ihren Bruder stürmisch. „Mensch, David, das sind ja vielleicht Neuigkeiten." Sie rutscht neben ihn auf die Bank des Cafés, in dem sie sitzen. „Wie ist sie? Wie sieht sie aus?", sie greift an seinen Oberarm und schüttelt ihn ungeduldig. „Nun erzähl doch schon."

Er zieht das Foto aus der Innentasche seiner Lederjacke. Luisa reißt es ihm förmlich aus der Hand. „Wow, David. Sie ist so hübsch. Und sie hat deine Augen." Verzückt studiert sie das Foto und legt ihren Kopf an seine Schulter. „Weiß sie, dass du ihr Vater bist?" Ihre Stimme wird ernster. „Was ist mit Unterhalt?"

„Lass die Anwältin zu Hause, Luisa." Er nimmt ihr das Foto aus der Hand, als hätte er Angst, dass sie es zu sehr zerknittert. „Ja, sie weiß, dass ich ihr Vater bin. Und über Unterhalt haben Anna und ich gar nicht gesprochen. Im Gegenteil. Sie hat mir sogar die Möglichkeit eingeräumt, einfach wieder zu verschwinden, wenn ich Elena nicht möchte." Er betrachtet das Foto seiner Tochter.

„… nicht möchte?" Luisa setzt sich David wieder gegenüber. „Ja, wie kommt sie denn darauf? Wieso solltest du sie nicht wollen?" Sie greift nach seiner Hand.

„Woher soll Anna wissen, dass ich zu ihr stehe? Wir hatten eine schöne Zeit in Griechenland. Mehr ist nicht gewesen. Wir haben uns danach weder gesehen noch gesprochen. Es hätte durchaus sein können, dass ich Elena nicht möchte. Dass sie mir zu viel ist … Dass ich vielleicht eine andere Familie habe und diese nicht mit einem weiteren Kind belasten möchte." Sein Herz wird schwer. Auf einmal sieht er es völlig klar. All die widersprüchlichen

Gefühle und Ängste, mit denen sich Anna hat auseinandersetzen müssen. Den Mut, den sie bewiesen hat, sich für dieses Kind zu entscheiden. Für sein Kind.

Das Bedürfnis, aufzustehen und sofort zu ihr zu fahren, wird plötzlich übermächtig. Er möchte sie in den Arm nehmen, ihr sagen, dass er sie verstehe, dass er ihr längst verziehen habe. Er will sie küssen, neben ihr einschlafen und auch wieder aufwachen. Und noch so vieles mehr.

Er möchte seine Tochter jeden Morgen sehen und sie jeden Abend zu Bett bringen. Er möchte …

„David? Hörst du mir überhaupt zu?" Luisa schnipst mit ihren Fingern vor seiner Nase, um seine Aufmerksamkeit auf sich zu lenken.

Er sieht auf, hat sie tatsächlich kurzweilig völlig vergessen.

„Entschuldige …"

„Hast du es unseren Eltern schon gesagt?" Luisa legt die Handinnenflächen gegeneinander. „Mama wird ausflippen, das schwöre ich dir. Sie wird direkt ein Zimmer im Haus für Elena einrichten und dem Kind jeden Wunsch von den Augen ablesen." Seine Schwester strahlt über das ganze Gesicht. „Mensch, David, ich will unbedingt dabei sein, wenn du es ihnen sagst."

„Das wäre mein nächster Weg gewesen. Zuerst wollte ich es dir erzählen. Anna hat eingewilligt mit Elena hierherzukommen, damit sie euch kennenlernen kann", ein verschämtes Grinsen schleicht sich in sein Gesicht, „also muss ich mich wohl mit euch allen verabreden."

Luisa jauchzt wie ein kleines Mädchen. „Dann lass uns sofort zu ihnen fahren." Sie fischt nach ihrer Handtasche und legt Geld für den Kaffee auf den Tisch. Als sie Davids

Zögern bemerkt, zieht sie ihn ungeduldig von der Bank. „Jetzt komm schon. Ich bin ja aufgeregter als du."

~o0o~

Samstag. Ein stinknormaler Tag. Wer Glück hat, darf heute ausschlafen. Eigentlich habe ich Glück. Aber der mittlerweile sechste Blick auf meinen Wecker verrät mir, dass ich das mit dem Schlafen für heute anscheinend vergessen kann. Elena liegt leise schnarchend neben mir, denn bei ihr hat der Sandmann ganze Arbeit geleistet.

Das ist aber auch kein Wunder. Sie hat gestern vor lauter Aufregung nicht einschlafen können, also haben wir uns vom Bett aus einen Film angesehen.

Heute ist ihr großer Tag. Sie wird den Rest ihrer Familie kennenlernen. Davids Familie. Und ich bin dabei …

Mir ist schlecht.

Wir werden also heute mit David zu seinen Eltern fahren. So weit, so gut.

Was weniger gut ist, dass er uns ebenfalls gebeten hat, die Nacht bei ihm zu verbringen, damit er so spät die weite Strecke nicht noch mal zurückfahren muss. Er würde das Sofa nehmen und Elena und mir sein Bett überlassen.

David hat mich selbstverständlich zuerst gefragt, ob das für mich in Ordnung sei. Aber was soll ich darauf erwidern, bitte schön?

Nein, lieber nicht, sonst werde ich doch noch ein Opfer meiner völlig unterforderten Libido. Aber trotzdem danke für die Einladung.

Meinen Vorschlag, einfach in ein Hotel zu gehen, hat er vehement abgeblockt, sodass ich letztendlich zugesagt habe, bei ihm zu bleiben.

Immerhin werde ich mir mit Elena sein Bett teilen und nicht mit ihm. Und in diesem Jahr gehört das Osterfest allein Elenas Vater. Das ist wohl das Mindeste.

Ich muss eben nur acht darauf geben, dass ich nicht selbst auf Eiersuche gehe.

AnnaAnnaAnna, was ist nur mit dir geschehen?

Aber ich gestehe, schon alleine der Gedanke, dass er in der kommenden Nacht greifbar nah sein wird, verursacht mir diese schrecklich nervöse Übelkeit.

Meine eigene Unsicherheit darf ich mir Elena gegenüber natürlich nicht anmerken lassen.

Ich ziehe mir mein Kissen unter dem Kopf weg und presse es mir mit einem Stöhnen aufs Gesicht.

Vor meinem inneren Auge sehe ich meine beste Freundin Christian schon den Ich-habe-es-doch-gleich-gewusst-Tanz durch mein Wohnzimmer steppen. In pinken Nikes.

So ein Knallkopf!

Nur weil ich bei David übernachte, muss ich ja noch lange nicht mit ihm schlafen! Oder?!

Und schon gar nicht, wenn Elena neben mir liegt.

Mit einem Aufseufzen entferne ich das Kissen von meinen Atemwegen und starre an die Decke.

Da morgen Ostersonntag ist, wird der Osterhase also die Ostereier in diesem Jahr bei Davids Eltern im Garten verstecken.

Ich muss lächeln, während ich die Locken aus dem schlafenden Gesichtchen meiner Tochter streiche. Sie wird begeistert sein und ich benehme mich schrecklich kindisch, so viel steht mal fest.

Immerhin habe ich mir fest vorgenommen, dass David

und ich keine gemeinsame Zukunft haben werden. Zumindest keine, die über das Wohl unserer Tochter hinausgeht.

Anna, du musst dich nur daran halten.

Leise schleiche ich aus dem Schlafzimmer und lasse mir ein Vollschaumbad einlaufen. Aber auch wenn ich versuche, mich auf das Buch zu konzentrieren, das ich eigentlich vorhabe zu lesen, schweifen meine Gedanken ständig ab.

Ich kann nur hoffen, dass Davids Eltern es mir nicht vorwerfen, dass Elena erst jetzt ein Teil ihrer Familie wird. Dass ich sie so lange verschwiegen habe.

Mein Magen krampft sich zusammen und ich fürchte, ich kann heute den ganzen Tag über nichts essen.

Was mache ich nur, wenn sie mich ablehnen? Oder schlimmer noch … Elena?!

Ich lege mein Buch zur Seite und tauche mit meinem Kopf unter Wasser.

Die Geräusche um mich herum erscheinen mir plötzlich hohl und dumpf und die Welt verschwimmt vor meinen Augen.

Ich lasse Luftblasen aufsteigen und beobachte, wie sie eierig an die Wasseroberfläche trudeln, um dort in einem Gluckern zu zerplatzen.

Vielleicht sollte ich einfach ausprobieren, wie lange ich hier unten die Luft anhalten kann!

Ganz so, als wäre ich erst sechs Jahre alt und nicht meine Tochter?! Über mich selbst den Kopf schüttelnd, tauche ich wieder auf und erledige den Rest meines Waschgangs.

Gut, bei der Körperenthaarung gebe ich mir besonders viel Mühe. Aber es ist immerhin Ostern, oder nicht?

Ganz genau, Anna!

Auch Elena besteht darauf zu baden, bevor sie ihre Großeltern kennenlernt. Später flechte ich ihre Haare zu ordentlichen Zöpfen und zur Feier des Tages entscheidet sie sich für ein hübsches Wollkleid.

Damit ist sie mir mehr als einen Schritt voraus.

Mich überfordert bereits die Überlegung, was ich in unsere Übernachtungstasche packen soll.

Nichts allzu Offensives wie das schwarze Seidenhemdchen.

Aber der graue Betty-Boo-Pyjama sollte es dann auch nicht sein.

Himmelherrgottnochmal.

Ab wann hat mein Leben eigentlich begonnen, so kompliziert zu werden?

Also landen T-Shirt und Shorts in meiner Tasche.

So, das Outfit für die Nacht steht …

Eine Jeans und einen Pullover für den Tag danach.

Wie immer der aussehen mag …

Ja, fertig. Wäre da nicht diese klitzekleine Kleinigkeit mit der passenden Unterwäsche.

Anna, er schläft auf der Couch!

Ja-ha, aber in Spitze fühle ich mich einfach besser abgesichert. Also schiebe ich zu dem schwarzen Hauch von Nichts, den ich jetzt gerade trage, noch ein ähnlich geschnittenes blassrosa Ensemble in meine Tasche.

Selbstverständlich ohne den kleinsten Hintergedanken.

Ich atme tief durch und beruhige mich mit den Worten meiner eigenen Großmutter *‚Kind, achte immer auf dein Drunter. Du weißt nie, wer die am Ende des Tages so zu Gesicht bekommt'.*

Und nichts anderes tue ich hiermit, Oma.

Es besteht immerhin die Möglichkeit, dass ich ohnmächtig zusammenbreche und er mich aus meinen Klamotten pellen muss.

Mein Herz klopft wie wild gegen meinen Brustkorb. Schnell schiebe ich meine Tasche in die Diele.

Der Vormittag zieht sich schrecklich in die Länge. Elena ist ein zappelndes Nervenbündel und strapaziert erheblich meine mühsame Gelassenheit mit ihrer ständigen Fragerei, wie lange sie noch warten müsse und wann es endlich losgehe. Und auch mir geht es ähnlich, wobei ich allerdings nicht sicher bin, ob das dem Umstand geschuldet ist, dass ich den Tag und die Nacht mit David verbringen werde oder dass ich heute seine Eltern kennenlerne.

Ablenkung, Anna.

Eigentlich ist das selbst gebackene Osterlamm meiner Mutter vorbehalten, aber besondere Umstände erfordern eben besondere Mittel. Elena ist völlig aus dem Häuschen bei dem Gedanken, ein weiteres süßes Mitbringsel zusammenzurühren und zu verzieren.

Die Mehlschlacht in meiner Küche ist nicht zu verachten, aber mir ist jede Möglichkeit recht, um Zeit totzuschlagen.

Kapitel 15

Als David gegen 15 Uhr endlich vor unserer Tür erscheint, ist das Lämmchen pudergezuckert und in Folie gewickelt und ich werfe noch mal einen Blick in den Spiegel.

Der Hosenanzug, für den ich mich letztendlich entschieden habe, wirkt nicht zu aufgesetzt und nicht zu leger. Immerhin habe ich keine Ahnung, welche Kleiderordnung heute vorherrschen wird.

Meine Haare sind in einem ordentlichen Zopf in meinen Nacken gebunden und mein Make-up ist nicht *tooooo much*, wie Christian zu mahnen pflegt, wenn die Pferde mit mir durchgehen.

Ich schiebe noch eine gute Flasche Wein in unsere Tasche und schon kann es losgehen.

„Meinst du, dass ihnen das Osterlamm gefällt, Mama?"

Ich sehe in die skeptische Miene meiner Tochter. „Aber wieso sollte es ihnen nicht gefallen, Elena? Sie freuen sich bestimmt riesig!"

Ein wenig ungläubig betrachtet sie das Backwerk.

Wie gerne würde ich ihr die Zweifel nehmen.

„Wirklich, Schatz, sie werden es lieben." Ich drücke ihr einen Kuss auf den Scheitel und hocke mich vor sie. Im Grunde geht es ihr nicht um den Kuchen. Ihre Sorge geht viel tiefer. „Elena, sie werden glücklich sein, dich kennenzulernen. Du brauchst dir wirklich keine Gedanken machen."

Ich drücke sie an mich. „Und wenn es dir bei ihnen nicht gefällt oder du dich unwohl fühlst, dann bringt uns dein Vater ganz schnell wieder nach Hause. Das verspreche ich dir!" Sie schlingt ihre Arme um mich.

„Aber du wirst sehen, das wird gar nicht nötig sein. Das wird ein toller Tag, ganz bestimmt!“ Ich kann die Erleichterung fast greifen, die meine Tochter durchfährt. Sie strafft ihre Schultern, befreit sich aus meiner Umarmung und greift nach ihrem Mantel.

Dann sieht sie mich auffordernd an. „Mama, zieh deine Jacke an. Papa steht unten und wartet auf uns.“ Damit verschwindet sie in den Hausflur und stürmt die Treppe hinunter, direkt in die Arme ihres Vaters.

Ich kann nur auflachen, während ich mit meinem eigenen Mantel über dem Arm nach der kleinen Reisetasche und dem Lämmchen greife und die Wohnungstüre hinter mir schließe.

Davids Anblick bringt mich ein wenig ins Strudeln, als ich aus der Haustüre trete. Er trägt eine dunkle Chino, die seinen Hintern äußerst positiv zur Geltung bringt, während er Elena auf den Rücksitz seines Volvos verfrachtet.

Es dauert eine kleine Weile, bevor ich überhaupt registriere, was er da macht. Ich muss mich zuerst räuspern und danke dem lieben Gott, dass er mich noch nicht bemerkt hat. Dass er meine Blicke auf sein wohlgeformtes Hinterteil nicht mitbekommt.

Ich spüre die Hitze, die von mir Besitz ergreift, und drehe mich zu meinem eigenen Auto, das unweit entfernt parkt.

Den Kindersitz, Anna. Du brauchst unbedingt den Kindersitz aus deinem Auto!

Plötzlich steht er vor mir, sein Körper ist dem meinen zu nahe. Wortlos nimmt er mir die Tasche aus der Hand, den Mantel von meinem Arm. Sein rechter Mundwinkel zieht sich in die Höhe und als könnte er Gedanken lesen, setzt er mich in Kenntnis: „Anna, ich habe einen eigenen Sitz besorgt."

Stille.

„Oh?! ... Gut, dann können wir ja sofort los."

Er hat meine Flucht verhindert. Und mit allergrößter Sicherheit hat er meine heißen Wangen bemerkt.

Ich kann wirklich nur darauf hoffen, dass ich mich zum richtigen Zeitpunkt auch auf das Richtige besinne und willensstark bleibe.

Denn, Himmel, er ist diese Sünde wert.

Die Fahrt über neben David im Auto zu sitzen, ist mehr als merkwürdig. Immer wieder beobachte ich sein attraktives Profil, immer noch völlig überrannt von den Ereignissen der letzten Woche. Unser Wiedersehen auf der Hochzeit und dass er tatsächlich vor meiner Türe aufgetaucht ist, dass er jetzt eine tragende Rolle in meinem Leben spielt. Natürlich nur wegen Elena, versteht sich.

Obwohl - wenn ich es recht bedenke - gäbe es Elena nicht, dann wären wir wahrscheinlich schon übereinander hergefallen.

Ich muss schlucken. Plötzlich bin ich mir seiner Nähe mehr als bewusst. Seine Daumen klopfen im Takt des Songs aus dem Radio auf das Lenkrad. Er wirkt so grauenvoll entspannt, lässig und sexy.

Ich kann das sexy förmlich einatmen. Es rauscht in einer immensen Geschwindigkeit durch meine Blutbahn und vergiftet mein Hirn.

Mit Bildern einer nackten warmen Männerbrust unter meinen Fingern, warmen sinnlichen Lippen auf meiner Haut, Händen, die mich an den Rand des Wahnsinns treiben.

Mir fehlt plötzlich Sauerstoff. Ich habe tatsächlich die Luft angehalten.

Das sind eindeutig Vergiftungserscheinungen.

Ich versuche, meine Aufmerksamkeit wieder voll und ganz auf die Landschaft zu richten, die an uns vorbeizieht.

Wie soll ich denn diese Nacht überstehen, wenn ich bereits jetzt schon merke, dass mein Vorsatz mächtig ins Wanken gerät? Nämlich die Finger von ihm zu lassen.

Mich auf nichts einzulassen. Auf rein gar nichts, das auch nur im Entferntesten nackt enden könnte.

Nackt, leidenschaftlich, verschwitzt.

Ich knabbere an meiner Unterlippe und presse meine Beine fester zusammen, um diese unangebrachte Hitze direkt im Keim zu ersticken. Alleine der Gedanke an all die Möglichkeiten, die sich heute Nacht bieten werden, durchblutet Zonen in meinem Körper, die in Davids Gegenwart besser blutleer bleiben sollten.

„Anna, höre auf damit, dir auf der Lippe herumzubeißen."

Ich fahre zu ihm herum. Seine Stimme ist heiser, rau, ganz so, als wäre sie ein Teil meines Tagtraumes.

Aber der Ausdruck seiner Augen lässt mich erschaudern.

Dunkel, begehrlich.

Er hat die gleichen Gedanken!

Das Blut rauscht hinter meinen Ohren und verschämt senke ich den Blick, während er seinen wieder auf die Straße richtet.

„Wann sind wir da?"

David atmet tief durch die Nase ein, ehe er lächelnd antwortet. „In 20 Minuten."

Schlagartig kehrt meine eigene Nervosität zurück.

Noch 20 Minuten …

Unentwegt reibe ich die Handinnenflächen auf meinen Oberschenkeln, ohne es jedoch richtig wahrzunehmen. Erst als David seine Hand auf meine legt und sie beruhigend drückt. Warm und tröstend umgreifen seine Finger die meinen, sein Daumen fährt meinen Handrücken entlang.

„Anna, es ist alles in Ordnung. Du brauchst dir überhaupt keine Gedanken machen. Meine Eltern freuen sich auf euch."

Wie gern ich ihm das glauben würde. „Du hast gut reden. Immerhin bin ich die Urlaubsliebelei, die dir ein Kind anhängt." Ich kann ihn nicht ansehen. David sieht in den Rückspiegel, um sicherzugehen, dass Elena unser Gespräch nicht verfolgt, ehe er leise antwortet, „Anna, ich sage es dir jetzt zum allerletzten Mal. Niemand in meiner Familie ist der Meinung, dass du mir ein Kind anhängst. Im Gegenteil. Sie freuen sich, Elena endlich kennenzulernen. Sie ist ein Teil dieser Familie." Dann sieht er mich an. „Ebenso wie du." Ich zwinge mich zu einem Lächeln und hoffe, dass seine Zuversicht berechtigt ist.

Er hält meine Hand länger als nötig und ich hindere ihn auch nicht daran. Dafür fühlt sie sich zu gut an - seine Wärme.

Ich darf mich nur nicht in ihr verlieren!

Das Haus seiner Eltern ist ein hübsches frei stehendes Einfamilienhaus mitten auf dem Land. Zumindest ist es mitten auf dem Land aus der Sicht der Städterin, die ich nun mal bin.

Der Vorgarten ist liebevoll angelegt. Überall Blumenbeete, in denen sich die ersten Frühlingsboten tummeln. Der Rasen ist akkurat gekürzt, der Zaun frisch gestrichen und die Fußmatte heißt uns herzlich willkommen.

Elena legt ihre Hand in meine und drückt sie fest. Ich sehe sie ermutigend an, als David an der Haustüre klingelt. Mein Herz klopft mir bis zum Hals und ich verstecke mich hinter David. Was natürlich absoluter Blödsinn ist.

Dennoch gibt es mir ein Gefühl von Sicherheit.

Mein Ritter, der mich vor dem bösen Drachen beschützen wird.

Der Drache erscheint augenblicklich in der Tür. Die Haare modisch kurz geschnitten, wischt sich Davids Mutter die Hände an ihrer Schürze ab und sieht erst ihren Sohn, dann seine Tochter an, bevor sie mich hinter David entdeckt. Ich kann nur unsicher lächeln.

Das Strahlen, das sie uns schenkt, ist so voller Wärme und Freude, dass ich mir vorkomme wie ein dummes Kind.

Vor diesem Drachen muss ich anscheinend nicht gerettet werden.

„Da seid ihr ja endlich“, sie reißt David kurz in ihre Arme, ohne Elena aus den Augen zu lassen.

Himmel, noch ein paar dieser blauen Augen. Diese Familie scheint ihre Vorzüge gerne unter sich zu verteilen.

Dann beugt sie sich zu Elena, die gerade dabei ist, meine Hand zu zerquetschen. „Du kannst dir nicht vorstellen, wie aufgeregt ich den ganzen Tag schon bin. Endlich lerne ich dich kennen, Elena.“ Ich sehe eine Freudenträne aufblitzen und meine Kehle schnürt sich zu. „Darf ich dich in die Arme nehmen und an mich drücken?“ Erwartungsvoll sieht sie meine Tochter an. Elena nickt schüchtern, während sie ihre Großmutter ehrfürchtig betrachtet. Und schon ist sie in ihren Armen verschwunden. Mit geschlossenen Augen drückt Davids Mutter sie an sich und mir kommt der Gedanke, sie würde auch gerne den Rest des Tages in dieser Position verharren.

Doch dann erhebt sie sich und schließt auch mich in die Arme, lässt mich allerdings schneller wieder los.

Sie umfasst mein Gesicht mit ihren Händen. „Anna, du hast mich zu einer glücklichen Frau gemacht. Ich danke dir.“ Dann schluckt sie und vergewissert sich noch einmal. „Ich darf doch Anna sagen, oder?“

„Natürlich dürfen Sie das!“ Trotz der Befürchtung, dass meine Stimme versagt, kommen mir diese Worte halbwegs gefestigt über die Lippen. Gerührt fasst sie sich an die Brust und blinzelt verräterisch oft. „Birgit. Bitte nenne mich Birgit.“ Ich nicke zustimmend und die Erleichterung über diese herzliche Begrüßung macht sich sofort in mir breit.

Dann wird ihr bewusst, dass wir noch immer auf der Fußmatte vor der Türe stehen.

„Um Gottes willen, kommt doch erst mal herein“, verschämt winkt sie uns in den Flur und zeigt auf die Garderobe. „David, bist du so lieb und kümmerst dich um eure Jacken und die Getränke? Ich muss wieder in die Küche, bevor noch ein Unglück geschieht und wir uns bei den Nachbarn zum Essen einladen müssen.“ Mit einem entschuldigenden Wink deutet sie in Richtung Küche, aus der es bereits herrlich duftet.

„Darf ich vielleicht mitkommen?“ Elena sieht zwischen mir und ihrer Oma hin und her, während ich ihr aus der Jacke helfe. Birgit, die mit dieser schnellen Zutraulichkeit nicht gerechnet hat, ist völlig verblüfft. „Oh bitte, Elena. Ich bin für jede helfende Hand dankbar. Komm“, sie hält ihr die Hand entgegen, die unsere Tochter vertrauensvoll ergreift.

Ich kann ihnen nur hinterhersehen und schon stehe ich mit David alleine im Flur.

Er fährt sich durch die Haare. „Das ist also meine Mutter."

„Das war nicht zu übersehen. Diese Augen scheinen mich zu verfolgen." Meine Mundwinkel ziehen sich nach oben, als er mir die Jacken aus der Hand nimmt und sie an die Garderobe hängt.

Ein Lächeln umspielt seine Lippen und um seine eigenen Augen bilden sich diese kleinen Fältchen, die ich wirklich verflucht anziehend finde.

„Ja, wir sind berüchtigt für diese Augen. Sie haben schon vielen Menschen hoffnungslos den Kopf verdreht."

„Ich fürchte, sogar der kleine Leo kann davon schon ein Lied singen. Er ist immerhin hoffnungslos in unsere Tochter verliebt, der arme Kerl. Und sie will nichts von ihm wissen, weil er erst im nächsten Jahr in die Schule kommt und nicht schon diesen Sommer."

David bricht in Lachen aus. Tief, warm, männlich … und mir läuft ein heißkalter Schauer den Rücken hinab. Ich muss wirklich schnellstens aus seiner Nähe entkommen.

Ich gehe an ihm vorbei und befinde mich schon in einem großzügigen Essbereich. Der Tisch ist liebevoll gedeckt. Für sechs Personen. „Meine Schwester kommt auch gleich", erklärt er mir auf meine unausgesprochene Frage. Dann greift er nach meiner Hand. „Wir gehen in den Wintergarten. Mein Vater ist wahrscheinlich wieder in eines seiner Bücher versunken."

Er greift nach meiner Hand.

Wie selbstverständlich diese Berührung für ihn ist.

Mich bringt sie komplett aus dem Konzept. Wie paralysiert laufe ich einfach hinter ihm her.

Kapitel 16

Wie David bereits vermutet hat, sitzt sein Vater in einem riesigen Ohrensessel und ist vertieft in seine Lektüre.

Hier fehlt eindeutig nur noch die Pfeife. Alles hier strahlt eine heimelige Gemütlichkeit aus. Der Wintergarten, die Bücher rund um diesen Sessel, der kleine Ofen an der Wand, der Korb Holzscheite, der neben diesem Ofen steht.

Eine riesige Herrencouch steht schräg neben dem Sessel, sodass man durchaus auch die tolle Aussicht auf den riesigen Garten hinter dem Haus genießen könnte, wenn man das denn gerne wollte.

Die flauschigen Teppiche auf dem Boden. Der Teewagen mit einem Teller voller Kekse und einer halb vollen, vergessenen Tasse Kaffee. Die Atmosphäre dieses Hauses nimmt mich gefangen und umhüllt mich mit Zufriedenheit.

Hier kann man zur Ruhe kommen nach einem stressigen Tag in der Bank, im Büro, im Geschäft, in der Schule …

Und fast beneide ich Davids Vater um seinen Platz in diesem Sessel.

Dann erblickt er uns und plötzlich kommt Leben in ihn. Er schlägt sein Buch geräuschvoll zu und springt mit einem Elan auf, dass ich befürchte, er fällt direkt zurück in die sitzende Position.

„Meine Güte, ich habe überhaupt nicht mitbekommen, dass ihr schon angekommen seid.“ Er mustert mich neugierig über den Rand seiner Lesebrille hinweg, während ich seinen festen Händedruck ebenso selbstsicher und kernig erwidere. „Ich bin Anna und freue mich, Sie kennenzulernen." Er wischt durch die Luft. „Peter und das SIE vergessen wir mal sofort wieder." Dann klopft er seinem Sohn auf die Schulter. „Ein feines Mädchen hast du da, David."

Feines Mädchen?

Überrascht schnappe ich nach Luft. „Na, wenn du es sagst, Peter?!"

Er nimmt die Brille von seiner Nase und bricht in Lachen aus.

„Die gefällt mir, mein Sohn."

Ich gestehe, seine Worte schmeicheln mir. Und ich mag ihn.

Also ziehe ich eine Augenbraue in die Höhe und sehe David an, in dessen Gesicht sich eine rosa Färbung auszubreiten scheint. Faszinierend.

Ich beiße mir auf die Zunge und nehme mir vor, ihn später damit aufzuziehen. Wenn wir alleine sind.

Alleine.

Doch bevor er auf die Äußerung seines Vaters eingehen kann, sieht dieser schon suchend an uns vorbei. „Wo ist der Star des Abends?"

„Bei Mama in der Küche."

Sein Vater grinst mich an. „Was für ein kluges Kind." Dann zieht er auch schon an uns vorbei in Richtung Küche.

Ich kichere los. „Deine Eltern sind wirklich nett."

Er mustert mich.

Zu eindringlich, zu durchdringend.

Mir wird heiß und mein Kichern bleibt mir regelrecht im Hals stecken. Dann kommt er einen Schritt auf mich zu, schiebt mit seinem Zeigefinger eine lose Haarsträhne hinter mein Ohr. Wie zufällig berührt er mein Ohrläppchen und setzt mich damit regelrecht in Flammen. Mit geschlossenen Augen folge ich dem Weg seines Fingers.

Mein Herz gerät ins Stolpern und mein Brustkorb hebt und senkt sich unter meiner schweren Atmung.

Er ist mir nah, zu nah.

Ich schnappe nach Luft, öffne meine Augen, um mich direkt in seinen zu verlieren, während seine Finger mein Kinn umschlossen halten. Dann spüre ich seinen Atem an meinem Mundwinkel.

Eindeutig zu nah.

Sein Daumen fährt über meine Unterlippe. Sinnlich, erotisch.

Das Pochen in meinem Unterleib wird fordernder, lauter. Ich höre mein Blut durch meine Adern rauschen.

Ich beiße auf meine Oberlippe, um ein Stöhnen zu unterdrücken. Diese plötzliche Spannung zwischen uns kann ich regelrecht knistern hören.

„Anna …“, seine Stimme ist leise, fast heiser, ein Versprechen. Er senkt den Kopf, kommt mir immer näher, sofern das überhaupt noch möglich ist. Ich vergesse zu atmen. Warte darauf, dass er seine Lippen endlich auf meine presst. Schließe meine Augen …

„Ach, hier seid ihr! Und ich hatte schon die Befürchtung, dass ihr Elena einfach hier abgesetzt habt, um dann zu verschwinden.“ Ich zucke zusammen.

Luisa steht in der Tür und erfasst die Lage zwischen David und mir schneller, als ich überhaupt reagieren kann.

Meine Augenlider flattern und David nimmt seine Hand von mir.

„Upsalla …, Leute, tut mir leid. Ich wollte nicht

stören." Ihr Grinsen straft ihre Worte Lügen und meine Wangen leuchten genau jetzt auch im Dunkeln. Ganz bestimmt.

David atmet tief durch, fährt sich durch die Haare und presst die Zähne fest aufeinander. „Luisa! Ich freue mich so sehr, dass du es ausgerechnet heute mal schaffst, pünktlich zu erscheinen." Er dreht sich zu seiner Schwester, die noch immer unschuldig frech schmunzelnd in der Tür steht und uns beobachtet.

„Ach David, du bist so erfrischend liebenswürdig." Dann setzt sie sich in Bewegung, legt einen Arm um meine Taille und führt mich aus dem Wintergarten. Ich bin zu perplex, um mich ihr zu widersetzen. Und David bleibt nichts anderes übrig, als uns zu folgen.

„Anna, du musst neben mir sitzen und mir alles über meine Nichte erzählen. Und wehe du lässt etwas aus." Ich werfe einen letzten Blick über meine Schulter, während Luisa mich zurück ins Esszimmer schiebt.

David schüttelt den Kopf und sieht auf seine Schuhe. Und ich fühle zu meinem Entsetzen nichts anderes als Bedauern.

Wie gerne hätte ich ihn geküsst.

NEIN! Auf gar keinen Fall. Was soll werden, wenn wir das nicht in den Griff bekommen? Wenn Familie für David und mich nicht funktioniert? Wo bleibt dann Elena?

Ich schlucke schwer und lasse mich auf einen Stuhl fallen. Luisa hätte nicht eine Sekunde später dazwischenfunken dürfen. Ganz egal was ich empfinde oder wie gerne ich dem Verlangen in mir nachgegeben hätte. Es steht einfach zu viel auf dem Spiel.

Luisa spricht auf mich ein und ich zwinge mich, ihr zuzuhören. David setzt sich auf den Stuhl mir gegenüber, als Elena ins Zimmer stürmt. „Mama, das Lämmchen ist noch im Auto. Können wir es schnell holen?“ Ich erhebe mich und fordere den Autoschlüssel, obwohl auch David sich anbietet, zum Auto zu gehen. Aber ich habe die frische Luft dringend nötig und Elena zieht mich förmlich aus dem Haus. „Gehe ich recht in der Annahme, dass es dir hier gefällt, mein Kind?“ Ich freue mich für sie und lächle auf sie herab, als sie mich anstrahlt. „Mama, es ist toll hier. Ich durfte sogar beim Kochen helfen.“

„Das ist schön, Schatz. Siehst du, ich habe dir doch gesagt, dass sie glücklich sein werden, dich kennenzulernen.“

Ich betätige den Autoschlüssel und mit einem Schnappen öffnet sich die Verriegelung im Volvo. Und während Elena fröhlich vor sich hinplappert, krame ich die Flasche Wein aus unserer Reisetasche und drücke meiner Tochter das Lamm in die Hand. Sofort stürmt sie zurück zu ihren Großeltern, während ich am Wagen stehen bleibe.

Gerne würde ich Christian anrufen, aber mir fällt ein, dass sich das Handy in meiner Handtasche befindet und diese ist selbstverständlich im Haus.

Ich muss das durchstehen. Auch ohne Christians Zuspruch.

Langsam bewege auch mich wieder zurück zu den anderen.

Das Essen ist wirklich köstlich und mit der Zeit beginne ich, mich zu entspannen. Die liebevolle Art, mit der meine Tochter, und ja auch ich, in diese Familie aufgenommen worden sind, wärmt mein Herz und ich bin unendlich dankbar, dass es mir tatsächlich niemand am Tisch übel nimmt, dass ich Elena so lange Zeit für mich behalten habe.

Als Davids Vater allerdings Anstalten macht, eine weitere Flasche Wein zu öffnen, lehne ich dankend ab.

Wenn ich etwas heute ganz bestimmt nicht gebrauchen kann, dann vom Alkohol vernebelte Sinne.

David blickt auf seine Armbanduhr. „Wir sollten vielleicht gleich aufbrechen. Es ist schon spät und wir wollen ja morgen früh schon wieder herkommen und nachsehen, ob der Osterhase auch hier gewesen ist.“ Er zwinkert Elena über den Tisch hinweg zu, die sich zu Peter beugt und ihm etwas ins Ohr flüstert.

Er zieht begeistert seine Augenbrauen in die Höhe und sieht sie an. „Elena, das ist eine fantastische Idee. Ich wette, deine Oma ist begeistert.“ Verschwörerisch flüstert er ins Ohr seiner Frau, die sofort in die Hände klatscht. „Wenn deine Eltern nichts dagegen haben …“ Sie streift Davids und mein Gesicht mit ihrem Blick, bevor sie das Vorhaben unserer Tochter preisgibt. „Elena würde heute Nacht gerne hier übernachten, wenn ihr damit einverstanden seid.“

Jetzt brauche ich definitiv etwas Stärkeres als nur Wein!

David sieht mich kurz an. „Also meinetwegen schon.“

Kommt ja gar nicht infrage, dass sie mich heute Nacht mit ihrem Vater alleine lässt!

Ich zucke mit den Achseln. „Wenn Elena das gerne möchte …“ In meinem plötzlich blutleeren Kopf beginnen sämtliche Warnsirenen auf einmal loszugehen, aber Elena strahlt und leuchtet, als hätte sie den Osterhasen persönlich getroffen.

„Und es euch keine Umstände macht“, füge ich noch hinzu, in der Hoffnung einen Anstoß in die Richtung zu geben, dass hier in diesem riesigen Haus bestimmt kein einziges Zimmer mehr frei sei und somit auch keine Möglichkeit bestehe, dass Elena hier übernachtet.

„Ach was, sie kann ja in meinem alten Zimmer schlafen. Oder Elena?“ Luisa zieht Elena auf ihren Schoß. „Und weißt du was? Ich bleibe auch hier. Und morgen früh gehen wir gemeinsam auf Ostereiersuche. Und deine Eltern kommen einfach nach, wenn sie ausgeschlafen haben“, endet sie mit einem verschlagenen Grinsen in Davids Richtung, welches mir nicht entgeht, David jedoch völlig kaltlässt.

Ich fand Luisa bis gerade eben wirklich sympathisch.

David erhebt sich, aber ich habe plötzlich noch keine Lust aufzubrechen. Viel lieber würde ich vielleicht doch gerne noch die Flasche Wein leeren, wenn es sein muss, auch gerne alleine und dann einfach hier am Tisch einschlummern.

Dieser Gedanke ist mehr als verlockend!

Ich stelle die letzten Teller zusammen und trage sie noch hinter Birgit her in die Küche.

Hauptsache es bringt mir Zeit!

Plötzlich dreht sich Birgit zu mir um, reißt mir förmlich die schmutzigen Teller aus der Hand und legt die Arme um mich. „Anna, sie ist das Schönste, was mir neben meinen eigenen Kindern jemals passiert ist.“

Ein wenig überrumpelt von diesem plötzlichen Gefühlsausbruch lege ich ebenfalls die Arme um ihre Mitte und drücke sie an mich.

„Ich habe zu danken, dass ihr uns so nett empfangen habt. Es hätte auch anders kommen können.“

Sie hält mich auf Abstand und studiert mein Gesicht. „Egal, was auch gewesen ist, jetzt gehört ihr in diese Familie, und wenn mein Sohn sich nicht benimmt, erwarte ich, dass du offen zu mir sprichst. Aber ich gehe davon aus, dass das nicht nötig sein wird“, sie wendet sich wieder dem Geschirr zu und stapelt es in die Spülmaschine. „Du wirst schon mit ihm fertig werden.“

Über so viel Vertrauen in mich und meine Fähigkeiten, ihren Sohn zu beeinflussen, muss ich erst mal nachdenken. Nichtsdestotrotz schmeicheln mir ihre Worte. „Ich danke euch in jedem Fall, dass ihr es mir nicht zum Vorwurf macht, dass ich David über seine Vaterschaft im Unklaren gelassen habe.“

Kurz hält sie inne und sieht zu mir auf. „Anna, man kann das Vergangene nicht ungeschehen machen. Wichtig ist, dass ihr jetzt hier seid, Elena und du.“

Ich lächle sie an und bin mir sicher, in diesem Haus immer willkommen zu sein.

Kapitel 17

Als David und ich aufbrechen, steht die komplette Familie Schwartz mit Elena auf der Schwelle und winkt uns zum Abschied.

Absolut filmreif!

Und ich kann mir nicht helfen, aber das Winken von Luisa wirkt ein wenig anzüglich. Fehlt nur noch, dass sie mit einem Grinsen ein Auge zukneift und den Daumen zustimmend in die Luft hebt.

Denkste, meine Liebe! Nichts, aber wirklich gar nichts wird passieren!

Zumindest gehe ich fest davon aus. Wenn ich jedoch einen Blick auf mein Nebenan werfe, gerät mein Vorsatz erheblich ins Schwanken.

Ich atme einmal tief durch.

„Und? Wie fühlst du dich?“ David sieht mich kurz von der Seite an, ehe er seinen Blick wieder auf die Straße richtet.

„Deine Familie ist wirklich nett. Ich gestehe, ich hatte eine höllische Angst vor dem heutigen Tag.“

Er lächelt mich an. „Du wolltest ja nicht auf mich hören.“

„Ja, jetzt hast du gut lachen. Mensch David, das hätte wirklich schlimm enden können.“ Ich drehe meinen Kopf in seine Richtung. „Was wäre, wenn sie mich absolut abgelehnt hätten? Mir wird ganz schlecht bei dem Gedanken.“ Ich fasse mir an meinen Bauch.

„Anna, das wäre niemals passiert. Wir reden hier von meinen Eltern.“ Er legt seine Hand kurz auf meinen Oberschenkel und drückt ihn zuversichtlich, ehe er wieder das Lenkrad umfasst. Mein Puls steigt.

Ich starre auf die Stelle, auf der soeben noch seine Hand gelegen hat. „Bitte, David, tue das nicht.“

„Was meinst du?“ Seine Stimme klingt überrascht.

„Mich berühren … tue es einfach nicht.“ Ich schlucke hart, jetzt ist also die Zeit der Geständnisse gekommen. Jetzt, solange er so weit wie möglich von mir entfernt sitzt. „Ich habe mir fest vorgenommen, dass das mit uns beiden nicht weitergehen darf. Und es fällt mir äußerst schwer, an diesem Entschluss festzuhalten.“

„Ist das so?“ Seine Stimme ist ein belustigtes Flüstern. Ich beobachte sein seitliches Profil, die hochgezogenen Mundwinkel, das wundervolle Grübchen.

„Ja, das ist so.“ Ich betone jede einzelne Silbe und hoffe, dass mich meine Worte selbst erreichen.

„David, was passiert, wenn es mit uns beiden nicht klappt? Wenn wir feststellen, dass wir nicht zueinanderpassen? Was wollen wir Elena erklären? Jetzt, wo du gerade erst in ihr Leben getreten bist?“ Ich beiße auf meine Unterlippe und starre aus dem Fenster.

Er entgegnet nichts auf meine Worte und ich nehme es hin. Selbst wenn ich ihn überrumpelt haben sollte, es ist raus. Ich habe es ausgesprochen.

Und es ist keinesfalls so, dass ich mich jetzt besser fühle.

Nach einer fünfminütigen Autofahrt parkt David den Wagen vor einem hübschen Zweifamilienhaus. Er zieht den Schlüssel aus dem Zündschloss und wendet sich mir zu. „Wir sind da. Wenn du natürlich lieber im Auto übernachten möchtest, damit du nicht Gefahr läufst, heute Nacht *mit mir* in meinem Bett zu landen, dann stelle ich den Wagen in Frau Krauses Garage. Da hast du zumindest ein bisschen Komfort.“ Mit einem spitzbübischen Grinsen steigt er aus und geht um den Wagen herum, um mir die Türe zu öffnen.

So ein Lackaffe!

„Du kannst dir deinen Sarkasmus sparen. Du weißt genau, wie ich das meine. Vorhin hätten wir uns fast geküsst, wäre Luisa nicht genau zum richtigen Zeitpunkt gekommen.“ Entnervt klettere ich aus dem Auto, nur um direkt vor David zum Stehen zu kommen. Sein Duft umgibt mich und findet sofort den Weg in meinen Unterleib.

Er steht einfach vor mir, sieht mich lediglich an.

Mit seinen durchdringenden Augen.

„Zum richtigen Zeitpunkt?!“ Seine Stimme kriecht durch meinen Körper und die Intensität seines Blickes lässt mich verlegen zu Boden sehen.

„Ja, allerdings.“ Ich winde mich an ihm vorbei und bleibe in sicherem Abstand zu ihm wieder stehen.

„Soso …“, nach dem richtigen Schlüssel suchend geht er Richtung Haustür und gewährt uns Einlass.

Ich atme erst mal tief durch.

Das wird mich eine Menge Kraft kosten, heute Nacht nicht schwach zu werden.

Und diese Erkenntnis ernüchtert mich doch ungemein. Christian hat den Nagel auf den Kopf getroffen, wenn er behauptet, David hätte mich bereits im Sack.

Aber ich muss an Elena denken. Sie ist das Wichtigste, also straffe ich die Schultern und folge ihm in die Höhle des Löwen.

~o0o~

Er kann es immer noch nicht fassen, dass sie tatsächlich hier ist – bei ihm.

Klar, nicht ganz so, wie er sich das gedacht hat, aber immerhin ist sie hier. Alles andere wird sich schon finden.

Denn David hat sich fest vorgenommen, Anna davon zu überzeugen, dass er es ernst meint. Ernst meint damit, dass er Elena ab sofort ein Vater sein wird. Aber auch damit, Anna zurückzugewinnen, koste es, was es wolle.

Und er müsste sich schon sehr täuschen, wenn sie nicht noch etwas für ihn empfindet.

~o0o~

Als ich Elenas Foto erblicke, welches David für alle sichtbar in den Spiegel seiner Garderobe geschoben hat, macht sich eine Wärme in mir breit.

„Vielleicht sollte ich dir doch einen schönen Rahmen zu diesem Bild schenken. Der Spiegel ist zwar hübsch, aber er wird unserer Tochter nicht gerecht." Mit dem Zeigefinger ziehe ich fast andächtig Elenas Konturen nach.

„Keine schlechte Idee." Er verschwindet in der Küche. „Möchtest du noch etwas trinken? Einen Kaffee oder noch ein Glas Wein?" Ich schüttele den Kopf, bis mir bewusst wird, dass er mich ja nicht sehen kann. „Nein danke, ich habe genug für heute." Ich hänge meine Jacke an die Garderobe und folge ihm in die Küche. Sein Kopf ist im Kühlschrank verschwunden. Ich höre, wie er Dinge hin und her schiebt, ehe er wieder auftaucht. Er hält eine Flasche in der Hand, studiert das Etikett, ehe er mir entgegenruft, „bist du sicher? Ich habe noch einen kalt gestellten Weißwein, den Luisa beim letzten Mal hier vergessen hat."

„Nein, wirklich nicht." Als er erschrocken zusammenfährt, muss ich lächeln.

„Wow, ich habe gar nicht gehört, dass du in die Küche gekommen bist."

Die Flasche stellt er auf der Arbeitsplatte ab und öffnet eine andere Schranktür, aus der er zwei Weingläser zaubert.

„David, das ist lieb gemeint, aber ich sollte jetzt wirklich schlafen. Das war ein langer Tag und wir müssen morgen schon wieder früh raus."

„Die halbe Stunde wirst du haben, meine Liebe."

Mit einem resignierten Aufseufzen lehne ich mich gegen die Arbeitsplatte.

Was soll es, dann trinken wir eben noch ein Glas Wein.

„Aber wirklich nur ein Glas, David."

„Nur ein Glas …", zwinkert er mir zu, während er die Gläser füllt.

Wie erbärmlich!

Ich bin noch nicht mal in der Lage, ihm ein einfaches Glas Wein abzuschlagen.

Aber es ist ja nur ein Glas Wein, Anna. Beruhig dich wieder.

Mit einem Kopfnicken bedeutet er mir, ihm zu folgen.

Überrascht über die liebevolle Art, mit der diese Wohnung eingerichtet ist, lasse ich mich auf die riesige Couch fallen. Alles wirkt ordentlich und … gemütlich.

Aber vielleicht hat er auch nur schnell aufgeräumt. Er wusste ja immerhin, dass Elena und ich hier übernachten.

Gut, jetzt eben nur noch ich.

Trotzdem. Eine Junggesellenbude stellt man sich doch anders vor.

Die Möbel sind in einem helleren Holz gehalten und auf dem Boden liegt Parkett. Der Fernseher ist natürlich männlich, riesig, flach und die CD-Sammlung ist umfangreich. Ich nehme mir fest vor, morgen früh mal einen genaueren Blick darauf zu werfen.

Er schaltet den Fernseher auf irgendein Musikprogramm, setzt sich neben mich auf die Couch und reicht mir mein Glas. Seine Finger streifen kurz die meinen und mein Herz macht einen unangebrachten Hüpfer.

Denke immer daran, wie bescheuert Christine aussehen wird, wenn er durch deine Wohnung tanzt.

Unwillkürlich muss ich lächeln. „Woran denkst du gerade?" Fragend hebt er eine Augenbraue.

Abwehrend hebe ich die Hand. „Ach, es ist nichts weiter. Mir geht nur gerade durch den Kopf, wie unglaublich verrückt das eigentlich ist." Ich lasse den Wein in meinem Glas kreisen. „Immerhin haben wir uns nur zufällig wiedergesehen, was eigentlich schon Wahnsinn ist." Dann sehe ich zu ihm auf, nur um seinem Blick zu begegnen. „Und heute sitzen wir hier in deiner Wohnung und trinken ein Glas Wein. Ich bin wohl ein wenig überrannt von den Ereignissen der letzten Wochen."

Seine Augen leuchten tiefblau unter seinen Augenbrauen durch diese verschwenderisch langen Wimpern. Sein markantes Kinn mit dem Grübchen, sein sinnlicher Mund. Schnell nehme ich einen Schluck aus meinem Glas und wir schaffen es tatsächlich, uns ein wenig zu unterhalten. Er erzählt mir von seiner Arbeit als Lehrer, von seinen Schülern, ich im Gegenzug lass ihn ein wenig an meinem Leben teilhaben.

Er fragt mich nicht nach meiner Beziehung zu Thomas und dafür bin ich ihm dankbar.

Als mir das noch ausstehende Treffen mit ihm in den Sinn kommt, bin ich mir plötzlich gar nicht mehr so sicher, ob ich an meinem Plan festhalten kann. Dass ich mich mit Thomas von David ablenken möchte. Alleine der Gedanke daran kommt mir auf einmal so unglaublich töricht vor, dass ich mich dafür fast schäme.

Denn egal, wie ich es drehe und wende, David war und ist der Mann, den ich will, immer schon wollte.

Jetzt ist er Teil meines Lebens, wird es auch immer bleiben und Thomas kann ihm nicht annähernd das Wasser reichen.

Super Anna, und was machst du mit dieser plötzlichen Einsicht?

Ich hebe mein Glas an die Lippen und leere es in einem Zug. Mutlos atme ich laut durch die Nase ein und wieder aus, als ich es vor mir auf dem Tisch abstelle.

„Entspann dich Anna, ich vernasche dich nicht hier auf der Couch", er nimmt ebenfalls einen Schluck aus seinem Glas und lässt mich dabei nicht aus den Augen. „Zumindest nicht, wenn du es nicht auch willst." Etwas an seinem honigsüßen Tonfall jagt mir einen Schauer über die Haut und meine Härchen im Nacken stellen sich senkrecht. Die widersprüchlichsten Gefühle toben in mir. Ich bin versucht, weiter von ihm wegzurücken, aber unfähig, auch nur zu blinzeln, solange er hier neben mir sitzt.

Es gab durchaus eine Zeit, da hätte ich alles dafür gegeben, nur noch einmal mit ihm allein zu sein. Irgendwo allein … wie damals in Griechenland. Aber jetzt, wo ich hier tatsächlich mit ihm in trauter Zweisamkeit auf diesem riesigen Sofa sitze, und ich vermute, auch das darauf Liegen ist durchaus bequem, schnürt sich mir vor Angst und Nervosität die Kehle zu. Und wieder höre ich meine

Großmutter: *Kind, sei immer vorsichtig mit deinen Wünschen, denn du kannst nie wissen, ob sie nicht doch in Erfüllung gehen.* Meine Großmutter ist wirklich eine weise Frau.

„David, ich … glaube, es ist besser, wenn du mir zeigst, wo ich heute die Nacht verbringen kann.“ Meine Stimme klingt selbst in meinen Ohren fremd und mit Sicherheit zu heiser für diesen belanglosen Wunsch.

Ich muss jetzt wirklich hier aufstehen.

„Bleib hier.“ Seine Finger streichen über meine Wange. Hauchzart. Ich schlucke hart und schließe meine Augen, völlig überwältigt von der Hitze, die sich in mir ausbreitet.

Anna, komm zu dir!

Ich versuche es ja! „David, bitte … Elena.“

„Was soll mit ihr sein? Sie ist bei meinen Eltern. Wir laufen also nicht Gefahr, dass sie gleich hier in der Türe erscheint und uns in einer prekären Situation erwischt.“ Eine Bewegung der Couch verrät mir, dass er näher zu mir rückt.

„David, das wird niemals gut gehen …“

„Anna, bitte, sieh mich an.“ Seine rauchige Stimme legt sich mir wie Samt über die Haut, wie bei einer Achterbahnfahrt flirrt es in meiner Magengegend und ein pochendes Pulsieren macht sich in meinem Unterleib breit.

Wie soll man da bei Verstand bleiben?

Ich öffne zögerlich meine Augen und er umfasst mein Gesicht, zieht mich näher zu sich. Jetzt ist genau der allerletzte Zeitpunkt, um noch die Notbremse zu ziehen … aber ich wünsche mir nichts sehnlicher, als dass er endlich zur Sache kommt.

„David …“ Ich lasse seinen Namen zwischen uns schweben, mit dem Daumen ziehe ich die Linie seiner vollen, schönen Lippen nach.

Das Blau seiner Augen verdunkelt sich, auch sein Atem geht merklich schwerer. Endlich verschließt er meinen Mund mit seinem. Völlig übermannt von meiner Sehnsucht umfasse ich seinen Nacken. Sein Kuss ist fordernd - gierig dringt seine Zunge in meinen Mund ein.

Himmel!

Seine Hände wandern hungrig über meinen Rücken, streicheln meine Wirbelsäule entlang. Plötzlich packt er mich und zieht mich auf seinen Schoß. Überrascht schnappe ich nach Luft, als ich rittlings auf ihm zum Sitzen komme. Er findet den Weg unter meine Bluse, seine Finger ziehen langsam und sinnlich eine heiße Spur über die nackte Haut meines Rückens, während er hauchzarte Küsse auf meinem Schlüsselbein platziert. Ein Schauer erfasst meinen Körper und ich weiß, ich bin verloren.

Kapitel 18

Das ist es, was ich in den letzten sieben Jahren vergeblich gesucht habe. Die Hingabe, das schier unstillbare Verlangen, das ich empfinde. Davids Fähigkeit, mich völlig willenlos in seinen Armen werden zu lassen. Entgegen jeder Vernunft und meiner eigenen Vorsätze lasse ich mich einfach fallen.

Alle meine Ängste sind vergessen. Und so sehr ich das morgen vielleicht auch bereuen werde, heute Nacht ist David alles, was zählt.

Er greift bestimmt in meinen Zopf, fährt mit der Zunge über meine Halsschlagader. Ich suche halt an seinen Oberarmen, meine Brüste schwellen an und meine Nippel drücken gegen meinen BH.

Zu viel Kleidung …, es ist zu viel Stoff zwischen uns.

Als hätte er meine Gedanken gelesen, lässt er von meinen Haaren ab und öffnet in quälender Langsamkeit Knopf um Knopf meiner Bluse. Mein Brustkorb hebt und senkt sich erwartungsvoll, während ich nicht den Blick von seinen Fingern nehmen kann. Endlich schiebt er sie mir über die Schultern und legt seine Hände um meine Brüste, befreit sie aus dem BH. Ich presse mich enger an ihn, bemerke seine harte Männlichkeit zwischen meinen Schenkeln und beginne, mich aufreizend an ihm zu reiben, was er mit einem leisen Stöhnen quittiert.

Meine Lustperle pocht verlangend, Nässe sammelt sich in meiner Mitte.

David senkt seinen Kopf und saugt an meiner Brustwarze, die sich ihm hart und lockend entgegenreckt. Ich schließe meine Augen, gebe mich seiner Berührung völlig hin. „Oh Himmel, David“, meine Stimme ist heiser, zittrig. Er greift unter meinen Po und hebt mich an, nur um mich eine Sekunde später unter sich auf die Couch zu platzieren. Sein verhangener Blick trifft den meinen, als sein Gewicht mich verheißungsvoll auf das Sofa drückt. Er haucht mir einen Kuss auf den Mundwinkel, knabbert an meiner Unterlippe, setzt sich auf und fährt mit seiner Handinnenfläche gemächlich über die dünne Haut zwischen meinen Brüsten, meinen Bauch, beobachtet meine Gänsehaut, die er damit verursacht. Ungeduldig beginne ich mich zu winden, und als seine Hand an dem Bund meiner Hose angelangt ist, halte ich die Luft an, aber er öffnet sie nicht. Den Versuch, ihn von seinem T-Shirt zu befreien, hat er bereits vereitelt, und in meiner derzeitigen Position kann ich ihn nicht berühren. Aber jeder Versuch, mich aufzurichten, verstärkt den Druck seiner Hand, mit der er mich zurück in die Kissen des Sofas drückt.

„David, bitte … lass mich hoch …“ Mein Wimmern beeindruckt ihn nicht sonderlich. Mit einem spitzbübischen Lächeln beugt er sich über meinen liegenden Körper, fährt mit der Zungenspitze um meinen Bauchnabel, was mich aufkeuchen lässt. „Anna, ich habe sieben endlos lange Jahre darauf gewartet und werde jede einzelne Minute voll auskosten.“ Eine brennende Spur von Küssen und zarten Bissen begleitet jedes seiner Worte und ich schiebe ihm mein Becken entgegen, in der Hoffnung, dass er mir Erleichterung verschafft. Meine Hände graben sich in seine Haare, als er endlich den obersten Knopf meiner Hose öffnet und nach jedem folgenden Knopf seine warmen, festen Lippen auf meine darunter liegende Haut presst. Sein Atem trifft mich feucht und heiß und ich scheine innerlich zu verbrennen.

Das geht mir zu langsam.

Mit einem Bein umschlinge ich seine Hüften, zwinge ihn mit meiner Ferse näher an mich, was ihn lediglich auflachen lässt. „Anna, gedulde dich."

Ich schüttele meinen Kopf. „David! Sofort!"

Er fixiert mich, zieht grinsend seine Augenbrauen in die Höhe und zieht sich ohne ein weiteres Wort das Shirt über den Kopf. Selbst überrascht, dass ich diese Worte klar und kraftvoll herausbringe, genieße ich den Anblick, den er mir dabei bietet. Das Spiel seiner definierten Muskeln bei jeder Bewegung. Sofort strecke ich meine Hand aus, um seine Brust berühren zu können. Wie ein Blitz durchfährt mich die Vertrautheit dieser warmen Männerhaut unter meinen Fingern. Ich nutze die Gelegenheit, mich ebenfalls wieder aufzusetzen, drücke meinen Mund auf seine nackte Haut, atme tief seinen holzigen Geruch ein und bin mir sicher, dass er mich ab sofort niemals wieder loslässt.

Jeder Zentimeter an ihm will von mir erforscht werden, jede freie Stelle geküsst und gestreichelt. Mit einem leisen Knurren lässt er mich gewähren, auch als sich meine Hand zielsicher abwärts bewegt.

Zischend zieht er die Luft zwischen seinen Zähnen ein, als ich seine Hose für mich öffne und meine Hand darin verschwinden lasse. Langsam fahre ich mit meiner Hand über seine Härte, streife mit meinem Daumen über seine Eichel. Dieses Mal bin ich diejenige, die mit der Zunge über heiße Haut wandert, knabbert und sein Verlangen genüsslich ausreizt. Sein Glied in meiner Hand beginnt zu zucken und an der Anspannung in seiner Körperhaltung kann ich erkennen, welche Kraft es ihn kostet, die Fassung zu bewahren. „Wenn du mehr möchtest, musst du deine

Hose schon runterlassen.“ Verwegen massiere ich sein Glied in meiner Hand.

Seine Hände umfassen mein Gesicht und er zieht mich auf Augenhöhe. „Anna …“, seine Stimme ist nicht mehr als ein rauchiges Flüstern und schon küsst er mich erneut. Fordernder, leidenschaftlicher als zuvor. Seine Zunge spielt mit meiner und auch das letzte bisschen Verstand verschwindet erst einmal auf Nimmerwiedersehen in die hinterste Ecke meines Gehirns. Ebenso das leise Stimmchen in mir, das mich daran erinnern möchte, dass eben genauso Elena entstanden ist.

Er drückt sich von der Couch hoch, zieht mich mit. Meine Hände gleiten seinen Rücken herab, unter seinen Hosenbund und schieben die Hose mitsamt Shorts in Richtung Boden. Ohne von mir abzulassen, steigt David aus den Hosenbeinen. Er dirigiert mich rückwärts durch eine Tür, schiebt meine Hose bereits über meinen Hintern, bis mich ein Bettgestell in meinen Kniekehlen in eine sitzende Position zwingt.

Noch immer küssend schiebt er mich in die Mitte seines Bettes, bevor er mir auch meine Hose über die Knie zieht und einfach auf den Boden fallen lässt. Er packt meine Handgelenke und hält sie fest über meinem Kopf zusammen. Seine Zunge fährt über mein Ohrläppchen und seine freie Hand hauchzart über meinen Hals, mein Schlüsselbein, meine Brüste. Sein Daumen reizt meinen Nippel und er senkt den Kopf, saugt und knabbert auf ziemlich aufregende Art und Weise, dass ich befürchte, in die Laken zu zerfließen, während das Ziehen in meinem Unterleib immer heftiger wird. Seine harte Männlichkeit immer zwischen uns. Meine pochende feuchte Mitte schreit förmlich nach seiner Aufmerksamkeit.

Ich biege mich ihm entgegen. Er greift neben sein Bett und fummelt irgendetwas aus einer Packung. Erst als mir bewusst wird, dass er ein Kondom in den Händen hält, beiße ich mir auf die Unterlippe und das warnende Stimmchen in meinem Hinterkopf verstummt vollends. Er rollt sich das Kondom über und kniet zwischen meinen Beinen.

Aufregend erotisch lässt er seine Handinnenflächen über die Innenseite meiner Schenkel gleiten. „Du bist so schön, Anna." Seine leise, tiefe Stimme vibriert durch meinen Körper und ich kann nicht sagen, ob sie die Ursache für meine Gänsehaut ist oder aber Davids Hände, die mich immerzu streicheln.

„Bitte … David … komm her zu mir." Ich muss ihn spüren, an mir, in mir und das alles gleichzeitig und sofort. Aber er denkt gar nicht daran. Er packt meine Hüften und küsst und beißt in die zarte Haut, die ihm zwischen die Zähne kommt. Ein heißkalter Schauer erfasst mich, als sein Mund dabei höher und höher wandert.

Als ich seine Zunge auf meiner Klit spüre, entfährt mir ein Stöhnen, ich kralle meine Hände in die Laken links und rechts neben mir und öffne meine Beine weiter für ihn. Er schiebt zwei Finger in mich und pustet vor mein Geschlecht, ehe er mit dem Daumen genau den Punkt findet, dessen Berührung mich lustvoll erschaudern lässt. „Oh Gott, David. Lass mich nicht betteln. Es ist so entsetzlich lange her …" Ich drücke meinen Rücken durch, um ihn noch besser spüren zu können, und merke, wie sich bereits die erste Welle meines Orgasmus in mir ausbreitet.

„Anna, genauso habe ich dich vor mir gesehen. Immer und immer wieder." Seine Finger bewegen sich schneller und sein Daumen reizt meine pulsierende Stelle. Mehr brauche ich nicht. Die Wellen meines Höhepunkts schlagen über mir zusammen. Bunte Punkte tanzen hinter meinen geschlossenen Augenlidern und ich erzittere und krampfe um seine Finger, während meine Atmung schwer und stoßweise geht.

Ich drücke meine Füße fester in das Bett. Unfähig einen klaren Gedanken zu fassen, biege ich mich ihm mehr und mehr entgegen. Ich hebe meinen Hintern an, um ihn tiefer in mir aufzunehmen. Dann ist er über mir. „Sieh mich an, Anna."

Sein Befehl findet langsam den Weg in mein Bewusstsein. Ich öffne meine Lider und versinke in dem tiefen Blau seiner Augen. Ohne den Blick von mir zu nehmen, riecht er an seinen Fingern, schiebt sie mir langsam zwischen die Lippen. Ich schmecke meine eigene Lust auf der Zunge, beginne an ihnen zu lecken und zu saugen, genieße die Erregung, die sich in Davids Gesicht widerspiegelt, während er mich dabei beobachtet. Ehe ich mich versehe, sitze ich erneut auf seinem Schoß. Eine Hand neben sich gestützt, umfasst er mit der anderen meine Hüfte. Mit einem Stoß dringt er in mich ein, füllt mich aus, dehnt mich, nutzt das lustvolle Erbeben meines Körpers für sich aus. Meine Fingernägel bohren sich in seinen Rücken. Meine Beine um ihn geschlungen, finde ich seinen Rhythmus, lege meinen Kopf in den Nacken und lasse mich auf der Woge der Wonne davontragen. Er bewegt sich langsam, voller Hingabe in mir. Immer wieder höre ich mich Davids Namen flüstern oder rufen, und ohne dass ich damit gerechnet hätte, explodieren meine Empfindungen förmlich um David herum. Ich komme, schon wieder, und dieses Mal nehme ich ihn mit, lasse ihn teilhaben an meiner Wonne, die mich wie aus dem Nichts trifft. David gräbt seine Hände in meine Pobacken und ich lasse träge und erschöpft meinen Kopf gegen seine Brust sinken.

Völlig außer Atem sitzen wir einfach nur da, tief miteinander verbunden.

Wohlig ermattet schließe ich meine Augen und wünschte, die Erde würde einfach aufhören sich zu drehen. Gedanken und Ängste würden nicht ihren Weg zu mir in dieses Bett finden.

Aber mit meinem langsam zurückkehrenden Lungenvolumen kehrt auch mein Verstand Stück für Stück zurück und ich hole einmal tief Luft.

Doch bevor ich auch nur Wort sagen kann, ergreift David das Wort. „Anna, bitte. Egal, was auch immer du jetzt zu mir sagen möchtest, tue es nicht. Nicht jetzt.“ Er küsst meinen Scheitel und seine Finger streicheln ununterbrochen meine Wirbelsäule entlang.

Ich atme ebenso tief wieder aus und nicke lediglich gegen seine Brust.

Egal, morgen ist auch noch ein Tag.

~o0o~

David schließt die Augen. Er weiß genau, dass er dem Gespräch mit Anna nicht ausweichen kann. Aber er fühlt sich jetzt außerstande einer Diskussion mit ihr standzuhalten, zu verletzlich, um die Zurückweisung aus ihrem Mund zu hören.

Das Hochgefühl, das er soeben noch verspürt hat, droht in einer Niedergeschlagenheit zu versinken.

Er möchte sie festhalten, spüren, riechen, ihrem Atmen

lauschen, sie einfach in seiner unmittelbaren Nähe wissen. Seine Emotionen brechen über ihm zusammen und er kann nichts weiter tun, als sie darum zu bitten, heute Nacht einfach nur Anna zu sein.

Nicht die Mutter seiner Tochter, nicht die Freundin eines anderen Mannes. Einfach Anna. Seine Anna.

Er hört sie summend ausatmen, spürt ihr Nicken an seinem Brustkorb und verstärkt den Druck seiner Hände auf ihrer Haut.

~o0o~

Kapitel 19

Ich finde nicht in den Schlaf. David liegt neben mir, sein tiefes, regelmäßiges Atmen sollte beruhigend auf mich wirken, aber das Gegenteil ist der Fall.

Alleine schon die Tatsache, dass ich hier liege, nackt in seinem Bett, umschlungen von seinen Armen, raubt mir meinen Seelenfrieden.

Wir haben nicht darüber gesprochen. Nicht darüber, dass wir miteinander geschlafen haben, und auch nicht darüber, wie wir in Zukunft miteinander umgehen werden.

Stattdessen habe ich diese Nacht genossen. Ich habe es genossen, in seinen Armen zu liegen, seine Wärme zu spüren. Ich habe mich von ihm verführen lassen. Und jetzt liege ich hier, hellwach, alleine mit meinen Gedanken.

Ich winde mich vorsichtig aus seiner schweren Umarmung, schiebe meine Beine aus dem Bett. Mit einem tiefen Aufseufzen dreht sich David auf die andere Seite des Bettes. Ich nutze die Gelegenheit, greife suchend nach meinem T-Shirt irgendwo auf dem Boden vor mir und auf Zehenspitzen schleichend verlasse ich das Schlafzimmer.

Als ich die Türe hinter mir schließe, lehne ich mich mit dem Rücken dagegen und starre einfach in die Dunkelheit hinein.

Und kämpfe gegen die aufsteigenden Tränen an.

Warum nur erscheint mir eine Zukunft mit David so aussichtslos? Wie immer scheine ich mir selbst im Weg zu stehen, finde aber einfach keinen Ausweg aus dieser hoffnungslosen Lage.

Mit dem Handrücken wische ich mir über Nase und Mund und suche den Weg in die Küche.

Meine Kehle ist trocken wie die Sahara, also mache ich mir erst gar nicht die Mühe nach einem Glas zu suchen, sondern halte meinen Mund direkt unter den Wasserkran und trinke in gierigen Schlucken. Als ich mich erhebe, entdecke ich meine Handtasche auf dem Küchentisch und krame nach meinem Handy. Es blinkt hektisch und ich öffne die Nachricht.

Anna, falls ich es vergesse zu sagen …
die Nacht mit dir war wundervoll.
Ich danke dir dafür.
David xxx

Jetzt finden meine Tränen doch den Weg über mein Gesicht und lautlos weinend lasse ich mich auf den Stuhl vor mir fallen.

Ehe ich mich versehe, habe ich auf „Weiterleiten“ gedrückt und Christian darüber informiert, dass er in pinken Nikes durch mein Wohnzimmer tanzen darf.

Was mache ich jetzt nur???

Ohne eigentlich damit zu rechnen, erzittert mein Handy Sekunden später in meiner Hand.

Schätzchen, höre auf dein Herz!

Mein Herz …? Mein Herz ist so fürchterlich unvernünftig, sich in den Vater meiner Tochter festzubeißen!

Wo bleibt die Vernunft?????

Ich starre aus dem Küchenfenster, erkenne schemenhaft

den Volvo vor der Türe stehen.

Anna, Liebe ist unvernünftig!

Na, vielen Dank, du Hirni!

Lautlos lasse ich mein Telefon wieder in meine Handtasche fallen, nur um es sofort wieder herauszunehmen. Ich lese Davids Nachricht wieder und wieder.

Schließlich springe ich über meinen Schatten.

Ich danke dir auch! Es war wunderschön.

Und jetzt Anna? Wie geht es weiter?

Ich weiß es doch nicht!

Wieder tönt es in meinen Händen.

Gern geschehen.
Bitte komme zurück ins Bett.
Es ist kalt hier ohne dich.

Ich schnappe nach Luft. Noch einmal fahre ich mir über meine Nase und starre kurz kopfschüttelnd an die Decke.

Wohin soll ich auch sonst gehen?

Also erhebe ich mich von meinem Stuhl und suche mir meinen Weg zurück zu David.

Der Kaffeeduft muss mich geweckt haben. Blinzelnd nehme ich das Tageslicht wahr, das sich großzügig im Zimmer verteilt. Die Türe zum Schlafzimmer steht offen, das Geräusch der Kaffeemaschine gluckert durch die Wohnung und irgendeine Stimme in der Ferne verkündet die 9-Uhr-Nachrichten.

Verflixt!

Es ist schon 9:00 Uhr?! Am Ostersonntag? Und meine Tochter ist noch 5 bis 10 Autominuten von mir entfernt?

Wie von der Tarantel gestochen springe ich aus dem Bett, nur um fröstelnd mitten in der Bewegung zu verharren. David hat mich schnell von meinem T-Shirt befreit, nachdem ich heute Nacht wieder zwischen die Laken gekrochen bin. Und da war mir auf jeden Fall wärmer.

„David?! Himmel, warum hast du mich nicht geweckt?" Schnell flitze ich ins Bad, drehe das Wasser unter der Dusche an und lasse es mir heiß über den Kopf laufen.

Gefühlte zwei Minuten später stehe ich in ein Handtuch gewickelt in Davids Schlafzimmer und krame in meiner Tasche nach der Jeans und dem Pullover, als er mit einer Kaffeetasse bewaffnet in der Türe stehen bleibt und mich still beobachtet.

Meine Bewegungen werden fahrig, ich fühle mich zunehmend unsicher, also nehme ich ihm zuerst die Tasse aus der Hand, in der Hoffnung, dass er das Zimmer wieder verlässt.

Was er natürlich nicht macht.

„Anna, wir haben Zeit. Ich habe schon mit meiner Mutter telefoniert. Elena liegt noch im Bett und schaut sich mit Luisa irgendeinen Film im Fernsehen an."

Auch ohne ihn anzusehen, kann ich das Schmunzeln in seiner Stimme hören. Und ich spüre den Ärger, der in mir aufsteigt. „David, heute ist Ostersonntag. Der erste Ostersonntag-Morgen, den ich ohne meine Tochter erlebe, also haben wir keine Zeit mehr." Ich hebe meinen Blick und David scheint unter meinem Blick förmlich zu erstarren.

Etwas versöhnlicher füge ich hinzu, „bitte, lass uns gleich fahren."

Er dreht sich aus dem Zimmer. „Sobald du fertig bist, können wir los."

Ich ziehe den Reißverschluss meiner Tasche zu und setze mich auf das Bett. Mein Gesicht in den Händen vergraben flehe ich den lieben Gott an, mir aus dieser Situation zu helfen.

Ich bin hoffnungslos überfordert.

Überfordert mit meinen Empfindungen, überfordert mit den Geschehnissen der letzten Nacht, mit David. Ich schlüpfe in meine Klamotten, binde meine feuchten Haare zusammen und versuche mich einigermaßen wieder in den Griff zu bekommen.

Mit meiner Kaffeetasse in der Hand mache ich mich auf die Suche nach David. Er steht in der Küche, den Blick aus dem Fenster gerichtet. Mein Herz zieht sich krampfartig zusammen. „Es tut mir leid, ich wollte dich nicht so anfahren." Leise, als würde ich zu mir selbst sprechen, kommen die Worte über meine Lippen.

Mit einem leichten Lächeln dreht er sich zu mir. „Es ist schon in Ordnung. Ich fürchte, ich bin zu ungeübt in diesen Dingen."

Ich runzle meine Stirn. „Was für Dinge meinst du?"

„Diese Vater-Mutter-Kind-Sachen, darin bin ich ungeübt." Er dreht sich wieder zum Fenster.

Ich stelle mich hinter ihn und aus einem Impuls heraus schlinge ich meine Arme um ihn, atme tief seinen frischen Geruch ein. Meine Hände liegen auf seiner Brust und ich spüre das Schlagen seines Herzens unter meinen Fingern, als ich mich an seinen Rücken schmiege. Seine Finger umschließen meine Hände und wir stehen einfach so da.

„Anna?“ Es liegt etwas abgrundtief Trauriges in seiner Stimme und meine Kehle schnürt sich zu.

„Mhm?“

„Wie geht es weiter mit uns?“

Da ist sie … die Frage aller Fragen.

Auf die ich einfach keine Antwort habe.

Ich versuche meine Hände von seiner Brust zu ziehen, aber er verhindert es durch seinen festen Griff. Also lege ich meine Stirn gegen seinen Rücken.

„Ich weiß es nicht, David. Ich wünschte, ich hätte eine Antwort.“

Ruckartig dreht er sich um und schon liege ich in seinen Armen. Wie ein Verhungernder küsst er mich und die Leidenschaft droht mich erneut mitzureißen. Ungeachtet der Tatsache, dass heute Ostersonntag ist. Seine Hände krallen sich in meine Haare und meine wandern abwärts, bleiben auf seinem Hintern liegen. Ich presse ihn fester an mich. Mehr scheint David nicht zu brauchen. Er umfasst mein Gesicht, zieht mit seiner Zunge die Linie meiner Lippen nach, bevor er mich dazu zwingt, in seine Augen zu sehen. „Anna, ich habe eine Antwort für dich. Das alles hier fühlt sich richtig an.“

Meine Augen verlieren sich in den seinen. Der fast flehende Ausdruck darin lässt mich in die Knie gehen, erreicht mein Innerstes.

„Anna, ich möchte für euch da sein. Für Elena und dich.“ Er hebt mich an, setzt mich auf die Arbeitsplatte, schiebt seinen Körper zwischen meine Beine. „Und ich weiß, dass du das auch möchtest“, sein heißer Atem streift mein Ohrläppchen, seine Zunge fährt meinen Hals entlang, „dass du neben mir einschlafen möchtest, neben mir aufwachen."

Sein Mund presst sich auf meine Kehle und instinktiv öffne ich meine Beine weiter für ihn, während sein Daumen aufreizend zufällig über meine Brustwarze streicht. „Oh Gott, David …" Er presst mich fester gegen die Wölbung seiner Hose und reibt sein Becken an mir. Ich merke das feuchte Verlangen in meiner Mitte und verfluche die Jeans, in der ich gefangen bin. Ich spüre seinen Fingerknöchel, mit dem er mich durch den festen Stoff meiner Hose aufheizt, was lediglich dazu führt, dass ich meine Beine um seine Hüften schlinge, nur um ihn noch näher an mir zu spüren.

„Habe ich recht, Anna? Ist es nicht auch das, was du möchtest?" Ich höre das heisere Verlangen aus seinen Worten heraus und zergehe förmlich in seinen Armen, als er eine Hand unter meinen Pullover schiebt und meine Brust mit seinen Fingern umfängt.

Seine harte Erektion pocht gegen meinen Schritt und ich schließe meine Augen, unfähig einen klaren Gedanken zu fassen.

Kapitel 20

~o0o~

Er setzt alles auf eine Karte und bittet sie um eine Entscheidung. Nein, er bittet sie nicht, er erwartet sie von ihr.

Denn eines weiß er so sicher wie das Amen in der Kirche - so kann er nicht weitermachen. Anna ist ihm so nah und doch so unsagbar weit von ihm entfernt. Also zieht er sie einfach in seine Arme.

Er spürt, wie sich ihr Widerstand in Luft auflöst. Mit jeder seiner Berührung, jedem seiner Küsse. Und sie schmeckt so verdammt süß, dass es ihn innerlich zerreißt, auch nur daran zu denken, dass es hier enden könnte. Dass Anna keine Zukunft für sie beide sieht.

Dabei ist Anna die Frau, die er will, immer schon wollte. Anna ist sein Leben. Und sollte sie sich tatsächlich gegen ihn entscheiden, dann … Ja, was dann, David Schwartz?

Ohne weiter darüber nachzudenken, hebt er sie vor sich auf die Arbeitsplatte, inhaliert tief ihren Duft, spürt ihren schnellen Puls unter seinen Lippen, als er ihren Hals entlangküsst. Ein Schauer erfasst ihn, als sie sich fester gegen ihn presst. Er schließt die Augen mit dem festen Vorsatz, diese Gelegenheit voll für sich zu nutzen. Er stellt sich zwischen ihre Beine, lässt sie an seiner Erregung teilhaben. Sie stöhnt in seinen Mund und es erfüllt ihm mit tiefer Zufriedenheit, dass er diese Macht über sie hat. Er schiebt seine Hand unter ihren Pullover, berührt ihre samtige Haut, liebkost ihre Brust, die sich so fest und voll in seine Hand schmiegt. Ihre Brustwarze stellt sich auf und er streichelt sie mit seinem Daumen zu ihrer vollen Härte.

Ihre Fingernägel krallen sich in seine Oberarme, als er eine Hand zwischen ihre Beine legt und sie mit der Rückseite seines Fingers reizt. Ihr leises Keuchen geht ihm sofort in die Blutbahn und sammelt sich in seinen Lenden. Fast schmerzhaft drückt seine Erektion gegen seine Hose. Er bedauert es, dass sie eine Jeans trägt. Wie gern würde er sie einfach nehmen, tief in sie stoßen, immer und immer wieder.

Als er ihre Hand auf seinem Schwanz spürt, ist es um ihn geschehen. Er umfasst ihren Hintern und trägt sie von der Küche ins Wohnzimmer, lässt sie auf die Couch gleiten, das sinnliche Spiel ihrer Zungen nicht unterbrechend. Anna nestelt stürmisch an seinem Gürtel, während er bereits die Knöpfe ihrer Hose geöffnet hat. Also geht er ihr mit seiner eigenen zur Hand und schiebt sie sich über die Knöchel. Annas Hose findet ähnlich schnell den Weg auf den Boden und schon zieht sie ihm sein Hemd über den Kopf. Voller Ungeduld gleiten ihre Hände über seine Brust und er presst seine Kieferknochen fest aufeinander, als sie ihren Mund auf seine nackte Haut drückt. Ihre Finger zeichnen eine heiße Spur entlang seiner Schulter über seinen Brustkorb. Als sie seine Brustwarze in den Mund nimmt und daran knabbert, entfährt ihm ein Stöhnen und er greift fast grob in ihre Haare. Unbeeindruckt streichen ihre Fingerspitzen über seine Haut, kreisen um seinen Bauchnabel, entlang seiner Hüfte und finden seine harte Mitte. „Anna …“, mehr schafft er nicht zu sagen. Das gesamte Blut seines Körpers liegt in ihrer Hand, als sie sie langsam massierend auf und ab bewegt. Er schnappt überrascht nach Luft, als ihr feuchter Mund seine Eichel umschließt. Sie leckt und saugt, dass ihm Hören und Sehen vergeht. Ein Zittern durchfährt seinen Körper, als sie seine Eier umfasst und streichelt, während sie mit ihrem Mund diese unglaublichen Dinge vollbringt.

~o0o~

Sein Atem wird schwerer und sein Griff in meinen Haaren fester, fast grob. Ich schmecke den ersten Lusttropfen auf meiner Zunge und bin versucht, ihn zum Äußersten zu treiben, als er mich plötzlich an meinen Haaren hochzieht. „Anna, hör auf, sonst komme ich in deinem Mund." Schon legt er seine Lippen auf meine und sinnlich antworte ich auf seinen fordernden Kuss.

Himmel, wieso kann der Mann nur so küssen?

Dafür alleine lohnt es sich, in der Hölle zu schmoren. Ich setze mich auf ihn und spüre sein Glied zwischen meiner Spalte liegen, reibe mich an ihm und vergehe dabei selbst vor Verlangen. Ich entziehe mich seinem Mund. „David, bitte, ich brauche jetzt mehr." Er schiebt mich von sich, zurück auf die Couch, verschwindet, nur um Sekunden später mit einer Packung Kondome wieder vor mir zu stehen. Aufwendig fummelt er an der Verpackung, bis ich sie ihm aus der Hand nehme und selbst aufreiße. David steht noch immer vor mir, sein Penis tanzt regelrecht vor meinen Augen, also nehme ich ihn in die Hand, streichele ihn noch einmal ehrfürchtig, ehe ich das Kondom über ihm abrolle. Sein verhangener Blick trifft den meinen. Und schon ist er über mir, in mir, füllt mich aus, bewegt sich in mir. Ich drücke mich an ihn, seine warme Haut an meiner, finde ich den Takt seiner Stöße und er findet den richtigen Winkel. Ich spüre, wie sich Spannung in mir aufbaut, meine Feuchtigkeit ihn gierig umfängt. Völlig übermannt von meinen Gefühlen, beginne ich zu wimmern, und zwinge ihn näher an mich, genieße das Zucken, das mir völlig unvermittelt und doch heiß erwartet durch die Glieder fährt. Ich höre ihn meinen Namen hauchen, seinen heißen Atem auf meiner schweißnassen Haut.

Ich bin glücklich. Glücklich, satt und zufrieden und für die nächsten kleinen Augenblicke brauche ich nur Davids gehauchte Zärtlichkeiten in meinem Ohr und seinen Körper, der mich mit seinem Gewicht in die Kissen drückt.

„Anna? Hörst du mir überhaupt zu?"

Wie durch einen Nebel erreicht mich seine Stimme.

„Nein, ich fürchte nicht so richtig!" Debil vor mich hin grinsend öffne ich die Augen. Er stützt sich auf seinen Ellenbogen und der schelmische Ausdruck seiner Miene verrät mir, dass ich irgendetwas verpasst habe. Ich streiche ihm eine Haarsträhne aus der Stirn. Er beugt sich kurz vor und flüstert mir seine letzten Worte erneut ins Ohr. „Wir sollten jetzt wirklich gleich losfahren. Sonst hat unsere Tochter alle Ostereier schon gefunden, bevor wir uns überhaupt auf den Weg gemacht haben."

Unsere Tochter?

Guter Gott, natürlich! UNSERE TOCHTER!

Das nenne ich Verführung! Er hat mich tatsächlich alles vergessen lassen. Nicht zu fassen.

AnnaAnna, was soll nur aus dir werden? Wenn dich das bisschen Sex schon so aus dem Konzept bringt??

„Oh nein! Das darf doch nicht wahr sein?!" Ich drücke ihn von mir, klaube meine Klamotten vom Boden. Völlig ungeachtet der Tatsache, dass David das Gleichgewicht verliert und sich nur mit Mühe auf dem Sofa halten kann.

Mit einer scheuchenden Handbewegung in seine Richtung blaffe ich ihn an, „los, sitz nicht so rum, bewege dich! Wir müssen los." So sehr ihn meine Worte vor einer Dreiviertelstunde noch getroffen haben, jetzt lacht er in sich hinein und erntet dafür einen bösen Blick.

Ich sehe ihm an, dass es ihn einiges kostet, nicht laut loszuprusten, aber für tiefer gehende Kritik an seinem Verhalten bleibt mir keine Zeit.

Blitzschnell schlüpfe ich in meine Unterwäsche und verschwinde wieder im Bad, um mich einigermaßen straßentauglich zu sanieren. Und obwohl ich mir Mühe gebe, befürchte ich, dass man mir den Sex mit David ansieht. Meine Wangen sind rosig, meine Augen strahlen, und wenn ich tief in mich höre, muss ich mir wohl oder übel eingestehen, dass ich mich äußerst ausgeglichen und zufrieden fühle. Wie eine fette, schläfrige Katze vor dem Ofen.

Ich stütze mich kurz auf dem Waschbecken ab und starre mir sekundenlang im Spiegel selbst entgegen. Dabei kann ich meinen Mundwinkeln fast in Zeitlupe zusehen, wie sie in Richtung meiner Ohren wandern.

Auch, dass ich mir selbst die Zunge herausstrecke, ändert nichts an meinem Wohlgefühl.

Ich schlage die Hände vor mein Gesicht und grinse in meine Handinnenflächen. Alles ist genauso gekommen, wie ich es eigentlich nicht wollte.

Und doch scheint es gut zu sein.

Ich straffe meine Schultern und öffne die Badezimmertüre, nur um direkt in David hineinzulaufen.

Er sieht genauso aus, wie es sich gehört. Sein dunkles Haar gerade so zerstrubbelt, dass es durchaus als gewollt durchgeht. Die Jeans sitzt tief auf seinen Hüften und sein

Shirt schmiegt sich regelrecht aufdringlich an seinen Oberkörper, dass ich versucht bin, es ihm einfach wieder auszuziehen. Seine blauen Augen leuchten ähnlich wie meine - nur mit dem Unterschied, dass er nicht frisch gevögelt wirkt.

Eher so, als wollte er hier und auf der Stelle von mir gevögelt werden.

ANNA!

Ich räuspere mich laut, um meine eigenen Gedanken in ihre Schranken zu weisen.

„Ich wäre dann so weit."

Er verzieht einen Mundwinkel zu einem halbseitigen Grinsen und stößt sich von der Wand ab, an der er soeben noch gelehnt hat.

Dann beugt er sich zu mir herab, küsst hauchzart meinen Mundwinkel, ehe er im Bad verschwindet und die Türe hinter sich schließt.

Ich stehe völlig erotisiert im Flur und versuche ruhig und gleichmäßig zu atmen.

Als wir durch die Einfahrt seines Elternhauses fahren, werde ich doch leicht kribbelig. Ich möchte nichts überstürzen, Elena auf keinen Fall irritieren.

„David, können wir uns darauf einigen, dass wir uns so verhalten, als wäre das zwischen uns heute Nacht nicht passiert?"

Seine Miene verfinstert sich augenblicklich, als er den Wagen vor der Garage anhält.

„Warum sollten wir das tun?" Ich höre die unterschwellige Missbilligung aus seiner Stimme heraus.

„Ich wüsste zuerst selbst gerne, wohin das mit uns beiden führt, bevor wir jeden daran teilhaben lassen." Ich bin unsicher, möchte ihn mit meinen Worten nicht verletzen. Alles, was ich möchte, ist vernünftig sein. Erwachsen mit dem Geschehenen umgehen. „Und vor allen Dingen möchte ich Elena nicht verwirren."

Er scheint über meine Worte nachzudenken, dann sieht er mich durchdringend an, greift nach meiner Hand. „Okay. Auch wenn ich anderer Meinung bin. Aber du sollst wissen, dass es mir unendlich schwerfallen wird, jetzt dort hineinzugehen und so zu tun, als würde mir die letzte Nacht nichts bedeuten … als würdest du mir nichts bedeuten." Er hebt meine Hand an seinen Mund, küsst meine Fingerspitzen. Ein Blitz durchfährt mich, mein Körper beginnt zu prickeln.

Wie kann es sein, dass eine solch unschuldige Geste mich in Flammen setzt?

„Danke." Ein Hauchen, mehr bringe ich nicht heraus.

„Ausnahmsweise, Anna. Ich kann das nur betonen." Warnend drückt er meine Finger in seiner Hand.

Dann steigt er aus dem Volvo und ich presse mir die Fingerspitzen - die er eben noch geküsst hat - auf den Mund.

Als könnte ich seine Wärme so länger festhalten.

Bescheuert, Anna!

Dann folge ich ihm.

Kapitel 21

Wir werden mit einem riesigen Hallo begrüßt. Birgit schiebt uns sofort ins Esszimmer und besteht darauf, dass wir auf jeden Fall gemeinsam frühstücken. Bei dem Anblick des opulent gedeckten Frühstückstisches läuft mir auf der Stelle das Wasser im Mund zusammen. Doch zuerst möchte Elena endlich in den Garten und nachsehen, ob der Osterhase auch Wort gehalten hat und in diesem Jahr die Eier hier versteckt hat.

Mir geht das Herz auf, als sie mit ihrem Vater durch die Büsche und Beete kriecht, nur um nicht ein einziges bunt gefärbtes Ei zu übersehen. Und David beweist den gleichen Eifer bei der Eiersuche wie seine Tochter. Mit einem Schmunzeln quittiere ich die Jubelschreie über jedes noch so kleine Ei und jedes noch so versteckte Schokoladennest.

Luisa steht neben mir und mustert mich unauffällig.

Nicht unauffällig genug.

„Luisa …?“, ich atme tief ein.

Lügen werde ich nicht, aber ich werde sie auch nicht von mir aus darauf stoßen, was zwischen David und mir geschehen ist. Sie muss schon von selbst darauf kommen.

Luisa rückt näher, vergewissert sich dabei, dass alle anderen Familienmitglieder weit genug von uns entfernt stehen, ehe sie das Wort an mich richtet. „Los, Anna, lass mich nicht schmoren … habt ihr es die ganze Nacht miteinander getrieben?“

Na, mit so einer unverblümten Fragestellung habe ich dann doch nicht gerechnet!

Empört schnappe ich nach Luft und meine Wangen

werden heiß. Ich weiß lediglich, dass ich tiefrot und verlegen auf der Terrasse stehe und keine Ahnung habe, was ich darauf antworten soll. Peinlich berührt drehe ich mich in ihre Richtung und alles, was ich erkenne, ist das triumphierende Mienenspiel von Elenas Tante, die selbstzufrieden ihre Augenbrauen in die Höhe zieht und in die Hände klatscht. „Na, Gott sei Dank! Ich dachte schon, Davids Gejammer nach seiner Anna würde niemals ein Ende nehmen!“

Bemerkenswert feinfühlig!

„LUISA!“ Mit zusammengebissenen Zähnen versuche ich, ihr diese soeben übertretene zwischenmenschliche Grenze zu verdeutlichen.

Aber ich gestehe, dass es mich auch mit tiefster Zufriedenheit erfüllt, zu hören, dass David mich will, schon länger wollte. Mich nicht vergessen hat.

Ich grinse, auch wenn ich ihr lieber eine verpassen möchte. Sie drückt mir einen Kuss auf die Wange. „Ich freue mich so sehr, denn ich kann dich wirklich gut leiden.“

Diese Frau schafft mich!

„Danke. Ich mag dich auch, selbst wenn du mir ein wenig zu … vorlaut bist.“

Sie lacht und legt eine Hand auf meine Schulter. Ich lege meine Finger auf die ihre. „Luisa, bitte. Behalte es für dich. Wir möchten erst sehen, wohin uns das führt, ehe wir es vielleicht offiziell machen.“ Ich richte meinen Blick wieder auf die Schatzsucher an der Buchsbaumhecke.

„Was heißt hier *vielleicht*, Anna?“ Luisa zieht ihre Stirn kraus. „Du musst diesen dämlichen Julias und Petras ein für alle Mal klar machen, dass er endlich die richtige Frau gefunden hat.“

Julias und Petras? Was soll ich denn jetzt mit dieser Information anfangen?

Aber noch ehe ich näher auf diesen Hinweis eingehen kann, läuft Elena in meine Arme. „Mama, sieh nur … so viele Ostereier und Schokohasen …"

Ich ziehe sie in meine Arme und atme ihren Geruch ein.

Birgit scheint vor Stolz zu platzen, dass sich ihre Ostereiersuchaktion als absoluter Erfolg herausstellt, und Peter steht verträumt schweigend in der Terrassentür und scheint den Anblick seiner um einige Personen vergrößerten Familie zu genießen.

Und mir wollen die erwähnten Petras und Julias nicht aus dem Kopf gehen. Ich spüre, wie sich gallige Eifersucht tief in meinem Bauch bemerkbar macht und sich langsam den Weg in mein Bewusstsein bahnt.

Hat er eine Freundin oder womöglich sogar zwei gleichzeitig und nicht mit mir darüber gesprochen? Hat er mich nur in dem Glauben gelassen, dass er für mich frei ist? Hat er seine Freundin letzte Nacht etwa mit mir betrogen?

Ich möchte nicht daran glauben, aber der Zweifel ist gesät und sitzt genau dort, wo ich ihn nicht will.

Immer wieder schiele ich zu ihm herüber. Er bemerkt meinen Blick und lächelt mich an. Mit diesem unwiderstehlichen Davidlächeln, das dieses Grübchen auf seine Wange zaubert und seine Augen erstrahlen lässt. Er wirkt völlig gelöst und entspannt. Und mir wird schwer ums Herz. Ich lächele zurück und wende schnell den Blick ab.

Ich würde gerne mit ihm darüber sprechen, aber hier wird es keine Gelegenheit zu einem offenen Gespräch geben.

Und Luisa?

Sie hat gesagt, was sie für nötig erachtet. Punkt.

Ich könnte sie sicherlich fragen, wie sie ihre Worte gemeint hat, aber dann müsste ich zugeben, wie viel David mir bedeutet. Nur um dann zugeben zu müssen, dass er meine Zuneigung nicht verdient hat? Dass ich einem Mistkerl aufgesessen bin?

Nein, Anna. Das lässt du schön bleiben. Du wirst das mit ihm persönlich klären müssen.

Aber das muss warten.

Birgit schiebt uns ins Esszimmer, verschwindet kurz in der Küche, um den Kaffee zu holen, und Elena schiebt sich auf Davids Schoß und kuschelt sich an seine Brust. Er ist in ein Gespräch mit seinem Vater vertieft und legt dabei völlig selbstvergessen den Arm um seine Tochter.

Als wäre es schon immer so gewesen.

Ich beobachte das Gesichtchen meines kleinen Mädchens und bin erschrocken und glücklich zugleich, wie schnell sie in diese Familie hineingefunden hat.

Fast beneide ich sie um ihre kindliche Fähigkeit, Dinge einfach so hinzunehmen, wie sie eben sind. Und dieses endlose Vertrauen, mit dem sie den Menschen um sich herum begegnen kann.

Ich wünsche mir nur einen Bruchteil davon.

Stattdessen lasse ich mich schon wieder dazu hinreißen, alles genau abzuwägen und zu durchleuchten, anstatt es einfach auf mich zukommen zu lassen.

Mein Hunger von gerade eben ist plötzlich verflogen und ich zwinge mich dazu, wenigstens eines der selbst gebackenen Brötchen zu versuchen.

Es ist später Nachmittag, als wir endlich aufbrechen. Birgit hat noch einen Kuchen gebacken - mit Elenas Hilfe –, den wir selbstverständlich noch bewundern und bestaunen müssen, ehe er zum Verzehr freigegeben wurde.

Ich fühle mich überfressen und müde, während David uns nach Hause fährt. Elena ist tatsächlich auf der Rückbank eingeschlafen und ich würde auch am liebsten meine Augen schließen. Wäre da nicht …

„Wer ist Julia, wer ist Petra?“ Ansehen kann ich ihn nicht, zumindest nicht sofort.

Erst sein schier endlos lang gezogenes Zögern lässt mich einen Blick auf ihn werfen. Seinen Mund hat er zu einer schmalen Linie zusammengepresst und eine Furche hat sich über seiner Nase gebildet.

„David …?“

„Julia ist Lehrerin an meiner Schule und Petra die Mutter einer Schülerin.“ Ende der Erklärung.

Mein Puls erhöht sich und mein Herz droht aus meinem Brustkorb zu springen.

„Und weiter?“ Immer wieder fahren meine Handinnenflächen über meine Oberschenkel. Mein ganzer Körper beginnt zu zittern und ein feiner Schweißfilm bildet sich in meinem Nacken.

„Anna … wirklich, das ist nichts, worüber wir uns unterhalten müssen.“ Seine Stimme wird bedrohlich ruhig. „Hat Luisa wieder mit ihren Geschichten um sich geworfen?“ Er sieht stur auf die Straße, lediglich seine Fingerknöchel, die sich weiß um das Lenkrad krallen, lassen mich vermuten, dass er um seine Beherrschung kämpft.

„Was heißt *Geschichten*? Es waren doch eher Hinweise an mich. Den Damen ein für alle Mal klarzumachen, dass du nicht mehr zu haben bist …“

Also spielen diese Frauen tatsächlich noch eine Rolle in Davids Leben. Die Gewissheit hätte mich nicht härter treffen können.

Tränen schwimmen in meinen Augen und ich richte schnell meinen Blick aus dem Fenster, ehe er es bemerkt.

„Bin ich das denn nicht mehr, Anna? Bin ich nicht mehr zu haben?“

Leise und rau dringt diese Frage in mein vom Zweifel zerfressenes Innerstes.

„David, was ist das bitte für eine Frage?“ Sofort hat er meine ungeteilte Aufmerksamkeit. „Hältst du dir diese Frauen warm, für den Fall, dass ich mich nicht für dich entscheide? Oder hast du etwa eine von ihnen bereits mit mir betrogen, weil du eigentlich fest mit ihr zusammen bist?“ Mit den Fingern kämme ich mir eine Haarsträhne hinters Ohrläppchen, atme laut ein und wieder aus. „Und warum muss ich von deiner Schwester erfahren, dass auch andere Frauen einen Anspruch an dir geltend machen werden?“

Er legt eine Hand auf meinen Oberschenkel und ich versteife mich. Ich möchte nicht von ihm angefasst, auf diese Art manipuliert werden. Denn genau das wird passieren. Ich knicke ein. Jedes Problem scheint in den Hintergrund zu rutschen, einfach weil ich mich nach seiner Berührung sehne. Und seine Finger scheinen sich förmlich durch meine Jeans zu brennen, also schiebe ich seine Hand von meinem Bein. Nicht ganz so nachdrücklich, wie ich es mir wünschen würde, aber immerhin schaffe ich es überhaupt.

Seine Kiefermuskeln mahlen und ein bitterer Zug liegt um seinen Mund, als er sie zurück auf das Lenkrad legt.

„Und was ist mit diesem Kerl, den du nach Hamburg

begleitet hast? Über ihn hast du nicht ein Wort verloren, seit du mit mir deine Zeit verbringst."

Ich schnaube abfällig. „Was wird das jetzt? Ein Verhör?" Besorgt blickt er in den Rückspiegel, vergewissert sich, dass Elena unser Gespräch verschläft. Dann sieht er mich an, durchbohrt mich förmlich mit seinen eisblauen Augen. Ich schlucke hart. Das Gespräch entwickelt sich in eine Richtung, die mir nicht behagt. Überhaupt nicht behagt.

„Nein, Anna, das interessiert mich wirklich. Was ist mit ihm? Triffst du ihn noch?" Schneidender könnte sein Ton nicht mehr werden. Jedes seiner Worte lässt mich innerlich zusammenzucken. Hilflose Wut brodelt in mir auf. Mit welchem Recht gibt er dieser Unterhaltung eine derartige Wendung? Es geht hier eindeutig nicht um mich!

„Oh David, immerhin hast du mich in dem Wissen verführt, dass es einen anderen Mann neben dir geben *könnte*. Während ich gar nicht die Wahl hatte zu entscheiden, ob es für mich eine Rolle spielt, dass du eine Freundin hast."

Ich fühle mich hintergangen.

Thomas spielt hier überhaupt keine Rolle. Und ganz egal, ob es für David und mich eine gemeinsame Zukunft gibt, Thomas und ich werden keine haben.

„Ich habe keine Freundin, Anna. Ich hatte nach Griechenland nicht eine einzige längerfristige oder ernst zu nehmende Beziehung." Er seufzt resigniert, starrt auf die Straße.

„Aber ich habe mich durchaus mit Frauen getroffen. Und bei einigen wohl ein Bedürfnis nach mehr geweckt." Kurz dreht er sich zu mir, ehe er sein Augenmerk wieder auf den Verkehr lenkt. „Also beantworte mir meine Frage von eben, triffst du dich noch mit ihm?“

Ich setze mich auf meine Hände, lege meinen Hinterkopf schwer gegen die Kopfstütze meines Sitzes.

„Ich hatte es noch mal vor.“ *Um ihn darüber in Kenntnis zu setzen, dass es endgültig vorbei ist.* Ich kann nicht mit Sicherheit sagen, warum ich den letzten Teil des Satzes nur denke und nicht laut ausspreche. Vielleicht, weil er mich so schrecklich reizt oder ich einfach verletzt bin, ihm ebenfalls diese Hilflosigkeit vermitteln will.

Sein Unterkiefer zuckt leicht, aber er schweigt. Und ich habe dem nichts hinzuzufügen.

~o0o~

Oh Gott, er ist so was von geladen. Wütend über Luisas großes Mundwerk, wütend über die Stimmung zwischen Anna und ihm, aber vor allen Dingen ist er wütend, dass sie ihm knallhart an den Kopf wirft, dass sie durchaus vorhat, sich noch mal mit diesem Thomas zu treffen.

Wenn man nach der Wahrheit fragt, muss man noch lange nicht mit ihr umgehen können.

Er hat sich schon in Hamburg gefragt, was Anna an dem Idioten findet. Für seinen Geschmack hat er sie zu wenig beachtet. Sicher, David war das nur zu Recht gewesen. Dennoch, Anna hat eine andere Art der Aufmerksamkeit verdient, nicht diese einfältige Selbstverständlichkeit, mit der dieser Typ sie behandelt hat.

Sein Blut gerät noch jetzt in Wallung, wenn er an den Abend zurückdenkt.

Und mit dem Wissen von heute und der Tatsache, dass das Kind sein eigenes Kind ist, über das dieser

Gehirnakrobat sich beschwert hat, würde seine Faust nicht eine Sekunde zögern, sondern direkt in dieser bornierten Fresse landen.

Und dann will sie ihn tatsächlich weiterhin treffen? Nach dieser Nacht und nach allem, was zwischen ihnen gewesen ist. Nach all den Geständnissen, die er ihr gemacht hat, will sie sich noch immer mit diesem Thomas abgeben?!

Er versteht die Welt nicht mehr. Aber vor allen Dingen will ihm nicht in den Kopf, warum sie dann so ein Aufhebens um seine Bekanntschaften macht.

Luisa kann sich noch einiges von ihm anhören, so viel steht mal fest.

Und Julia? Ach du liebe Güte.

Sie unterrichtet an seiner Schule und auf einer gemeinsamen Klassenfahrt sind sie sich nähergekommen. Oberflächlich.

Er war ein paar Mal mit ihr im Bett, aber er ist nicht neben ihr aufgewacht. Es ist nicht so, dass sie nicht gerne zum Frühstück bleiben würde, aber er hat einfach kein tiefer gehendes Interesse an ihr. Und Julia scheint sich damit arrangiert zu haben.

Und Petra? Sie würde gerne in seinem Bett landen. Immer wieder versucht sie, sich unter fadenscheinigen Gründen mit ihm zu verabreden. Vordergründlich um die Noten und das Verhalten ihrer pubertären Tochter mit ihm zu besprechen. Aber er weiß es besser. Sie ist alleinerziehend, nicht unattraktiv und sehr offen in ihren Absichten. Er bereut es noch heute, seine private Telefonnummer für Notfälle auf einem der Elternbriefe angegeben zu haben.

Und Anna? Sie sitzt neben ihm, kaut auf ihrer

Unterlippe und starrt einfach aus dem Fenster der Beifahrerseite. Als wäre alles gesagt.

Auch gut. Er bringt sie nur nach Hause und dann macht er, dass er schnell wieder wegkommt.

Vielleicht sollte er einige Runden um den See laufen, das bringt ihn sicherlich wieder auf den Boden zurück. Für heute braucht er Abstand, viel Abstand.

~o0o~

Kapitel 22

„Kann ich Elena Dienstag vom Kindergarten abholen?“

Seine Stimme holt mich aus meinen Gedanken. Ein wenig irritiert über die Schärfe darin sehe ich ihn an. „Natürlich. Das trifft sich gut, ich muss wieder arbeiten und dann kann ich mir ein wenig mehr Zeit lassen.“

„Gut.“ Er nickt und biegt in unsere Straße ein. Er hält vor dem Haus, steigt aus, um die schlafende Elena aus dem Wagen zu heben.

Ein bleischweres Gewicht scheint auf meiner Brust zu liegen, denn das Atmen fällt mir schwer. Was immer zwischen uns eben passiert ist, es hat einen bitteren Beigeschmack. Die Distanz, mit der er mir begegnet, treibt mich zur Verzweiflung, ohne dass ich einen Schritt auf ihn zugehen kann. Ich kann diese plötzliche Barriere zwischen uns nicht übertreten. Noch bin ich nicht bereit dazu, irgendwelche Zugeständnisse zu machen. Auch wenn das jetzt bedeutet, dass er sich von mir entfernt, sehe ich keine Möglichkeit, ihn daran zu hindern.

Mit dem Kind auf dem Arm steht er in der Haustür und wartet, dass ich endlich den Schlüssel in meiner Tasche finde. Meine Hand zittert so sehr, dass ich befürchte, die Schlüssel klappern entweder zwischen meinen Fingern oder ich treffe das Schlüsselloch einfach nicht. Womöglich sogar beides.

Ich atme tief in das Innere meiner Tasche und kämpfe meine Enttäuschung nieder.

Himmel, warum werde ich immer in den unmöglichsten Momenten emotional? Warum kann ich mit dem Geheule nicht einfach warten, bis er weg ist?

Denn das will er ganz offensichtlich – weg von hier.

Unter größter Anstrengung finde ich sofort den passenden Schlüssel und es gelingt mir auch tatsächlich, die Türe zu öffnen.

Er legt Elena in ihr Bett, haucht ihr noch einen Kuss auf die Stirn, ehe er sich wieder umdreht, um an mir vorbei aus dieser Wohnung zu verschwinden. „Ich rufe dich noch mal an, wann ich Elena am Dienstag nach Hause bringe." Er murmelt noch eine Verabschiedung, dann fällt die Türe hinter ihm ins Schloss.

Ich kann ihm nur fassungslos hinterhersehen. Wie betäubt, räume ich meine Übernachtungstasche aus, stelle unsere Zahnbürsten wieder an ihren Platz, lege meine Haarbürste wieder in den Schrank, und als ich mein T-Shirt aus der Tasche ziehen will, halte ich stattdessen eines von David in den Händen.

Ich schnappe nach Luft, lasse mich auf mein Bett fallen, bin nicht in der Lage, den Blick von diesem bescheuerten Shirt zu nehmen.

Jede Szene unserer gemeinsamen Zeit spielt sich vor meinem inneren Auge ab, jedes gesagte Wort höre ich erneut. Ich spüre die Hitze seiner Lippen auf meinen und die Sehnsucht nach ihm trifft mich übermächtig.

Die Erinnerung an ihn, an seine Berührung ist fast nicht auszuhalten.

Das Stück Stoff auf die Nase gedrückt, nehme ich seinen Geruch in mich auf, wünsche mir, er wäre hier.

Irgendetwas läuft hier verdammt schief.

Damit schleudere ich es in die Ecke meines Schlafzimmers, nur um es sofort wieder aufzuheben und unter mein Kopfkissen zu legen. So muss ich es mir zumindest nicht ansehen.

Elena verschläft den Rest des Sonntags, Christian ist mit seinem Personaltrainer beschäftigt und ich bin tatsächlich und ausschließlich mit meinen Gedanken alleine.

Und mit Schrecken denke ich an das Osteressen bei meiner Mutter. Sie hat ja noch keine Ahnung von den Geschehnissen der letzten Tage.

Und es ist davon auszugehen, dass entweder mein Kind oder mein bester Freund morgen die Katze aus dem Sack lassen wird.

Das ist der beste Zeitpunkt, um sich eine Strategie zurechtzulegen, Anna!

Denn was soll ich ihr sagen?

Der Vater meines Kindes ist aufgetaucht, Mama, stell dir nur vor! Er will sich ab sofort um Elena kümmern und gevögelt habe ich ihn auch schon.

Das klingt doch absolut verständlich und lässt keinerlei Fragen offen, oder?

Mist.Mist.Mist.

Sie wird ausflippen. Zum einen, weil sie ihm tatsächlich nicht verzeihen kann, dass er sich nie bei mir gemeldet hat - die Gründe hierfür spielen für meine Mutter überhaupt keine Rolle.

Zum anderen natürlich, dass Elena die komplette väterliche Familie bereits kennt. Immerhin hatte sie bis jetzt das Monopol auf mein Kind.

Tja, auch du wirst dich daran gewöhnen müssen, dass die Dinge sich geändert haben, Mutter!

Ich muss es schließlich auch tun.

Wie eine Verrückte bearbeite ich den Teig für das Osterlämmchen, das ich eigentlich mit Elena backen wollte. Jetzt bin ich jedoch ganz froh darüber, dass sie schläft.

Auch wenn ich mir fest vorgenommen habe, nicht mit ihm zu schlafen, ich kann nicht behaupten, dass ich es bereue, es dennoch getan zu haben. Dafür habe ich es zu sehr genossen. Seine Berührung, seine Küsse, all das war mir zu vertraut, als dass ich hätte widerstehen können.

Wieder kommt mir unser Gespräch auf der Heimfahrt in den Sinn.

Ich hätte David über meine genauen Absichten mit Thomas aufklären müssen. Natürlich habe ich vor, mich noch einmal mit ihm zu treffen. Jetzt ist mir klarer denn je, dass ich endlich reinen Tisch machen muss. Mit Thomas eine Beziehung führen zu wollen, ist so was von absolut lächerlich, dass ich sogar bei dem bloßen Gedanken daran in hysterisches Lachen ausbrechen könnte.

Klar, er ist nett, sieht gut aus, aber ist eben nicht David. Er war es nie.

Und doch hat David das auch nicht weiter hinterfragt. Er hat es einfach hingenommen, dass ich mich noch mit Thomas treffe, ohne mich nach dem eigentlichen Grund zu fragen. Oh, ich hätte mich sogar über eine Szene gefreut. Eine ordentliche. So eine Eifersuchtsbeziehungsszene. Mit Anschreien und Tränen und Versöhnungssex.

Ich klatsche den fertigen Teig wütend in die Lämmchenbackform und schiebe alles in den Backofen.

Und während ich über das Chaos in meiner Küche blicke, wird mir klar, dass ich selbst schuld bin an dieser verfahrenen Situation.

Immerhin hat er mich um eine Chance gebeten. Er hat mir mehr als einmal versichert, dass er mit mir zusammen sein möchte.

Und ich dämliche Kuh habe ihm einfach keine Antwort gegeben. Weil ich das Verhältnis zwischen uns nicht mit einer Beziehung belasten wollte, die hinterher vielleicht nicht funktioniert. Und was habe ich jetzt davon?

Ich fahre mir mit den Händen über Nase und Mund und zucke regelrecht zusammen, als das Klingeln des Telefons mich aus meiner ätzenden Laune reißt.

Ein Blick auf das Display verrät mir, dass Thomas versucht, mich zu erreichen. Entnervt drehe ich mich wieder in Richtung Küche und lasse das Gespräch auf den Anrufbeantworter wandern.

Er hat gefälligst zu warten, bis ich am Dienstag wieder in der Bank erscheine.

Ich lasse mich auf einen meiner Küchenstühle fallen und brüte den Rest des Abends vor mich hin. Eine Flasche Rotwein leistet mir und dem gebackenen Osterlamm dabei Gesellschaft.

„Ihr kommt aber spät, das möchte ich euch mal sagen." Innerlich verdrehe ich die Augen, als meine Mutter uns endlich einlässt.

„Hallo Mama, ich wünsche dir auch frohe Ostern." Ich küsse sie links und rechts auf ihre Wangen und gebe dann den Weg frei, damit Christian und Elena auch in den Genuss einer herzlichen Begrüßung kommen.

Anders als ich werden die beiden jedoch geherzt und umarmt, was mich Fäuste ballen lässt.

Meine Stimmung hat sich nicht sonderlich gebessert und es brodelt in mir, dass ich schon fast befürchte, dass es heute noch zu einer Eskalation kommen könnte. Der Gedanke daran, dass ich morgen wieder Thomas begegnen muss, hilft mir nicht über meinen Unmut hinweg.

Christian hat dafür lediglich ein müdes Lächeln übrig und meine Bemühung, mir Elena gegenüber nichts anmerken zu lassen, fällt mir außerordentlich schwer.

Aber meine Mutter ist doch ein wundervoller Katalysator. Griesgrämig stelle ich das Lamm in die Küche und riskiere einen Blick in die Kochtöpfe. Da ich den ganzen Tag noch nichts gegessen habe, knurrt mein Magen vernehmlich.

„Anna, ich hasse es, wenn du in die Töpfe stierst. Mach den Deckel wieder zu und setze dich an den Tisch. Wie es sich gehört." Ich schließe meine Augen, zähle langsam vor mich hin.

Eins … zwei … drei … vier …

„Und höre auf deine Augen zu verdrehen, wenn ich neben dir stehe. Ich bin immer noch deine Mutter."

„Mensch, Mama, ich bin kein Kind mehr, also höre auf, mich wie eines zu behandeln." Der Deckel scheppert zurück auf den Topf mit den Kartoffeln. Meine Mutter reißt das Küchentuch von ihrer Schulter und wischt damit über die Fläche neben dem Kartoffeltopf. „Du bist immer mein Kind, egal ob groß oder klein. Wenn Elena mal älter ist …"

„Jajaja, dann werde ich noch an dich denken", fahre ich ihr über den Mund und lasse sie in der Küche stehen.

„Christian, was ist meiner Tochter denn über die Leber gelaufen?" Sie schreit aus der Küche ins Esszimmer und mein bester Freund verkneift sich sein Lachen, als er einen Blick in mein warnendes Gesicht wirft.

„Vielleicht ist es PMS, vielleicht auch ein anderes Syndrom." Nur für meine Ohren und mit hochgezogenen Augenbrauen wirft er in den Raum, „vielleicht ist es ja auch das David-Syndrom?"

Ich schnaube undamenhaft und wische seinen Kommentar mit einer Handbewegung aus dem Raum. Christian lacht lautlos.

Elena sieht kurz zu mir, ehe sie ihre Aufmerksamkeit wieder dem Fernsehen widmet, der hier eigentlich rund um die Uhr im Einsatz ist.

Meine Mutter hat Angst zu vereinsamen, seitdem sie alleine lebt. Ein Hinweis von mir, dass ein Radio ebenfalls Hintergrundgeräusche liefert, wurde einfach von der Tapete verschluckt.

„Elena, würdest du die Flimmerkiste gleich mal ausschalten und dich zu uns an den Tisch setzen?“ Meine Ungeduld geht mir selbst auf die Nerven.

„Och Mama, wir essen doch noch gar nicht … Oma ist doch noch in der Küche …“

„Elena, sofort.“ In Zeitlupe erhebt sie sich von der Couch und sucht übertrieben langsam nach der Fernbedienung, bevor sie sich weit weg von mir am Tisch niederlässt. Argwöhnisch beobachte ich jeden ihrer Schritte und hätte sie bereits gerne zur Eile ermahnt, als sie gerade ansatzweise ihre Beine wieder auf dem Boden abgestellt hat, um sich von der Couch zu erheben. Mein Geduldsfaden ist extrem dünn. Was mir meiner Tochter gegenüber mehr als ungerecht erscheint. Aber sie ist hart im Nehmen und Gott sei Dank nicht nachtragend.

Ich bin erschöpft, ratlos, frustriert und an einem Punkt angelangt, an dem jeder an meiner Frustration teilhaben darf. Egal ob das gewollt wird oder nicht.

Christian füllt mein Glas mit Rotwein und lässt mich nicht aus den Augen. „Ich habe seit einigen Tagen die Vermutung, dass ich dich nur mit Alkohol ruhigstellen kann, mein Herz.“ Ich strecke ihm die Zunge raus und greife nach dem Wein.

„Anna, so geht das nicht weiter, ich meine das ernst."

Ehe ich mich versehe, ist mein Glas halb leer und ich halte es Christian unter die Nase, damit er es wieder hübsch vollmachen kann.

„Lass mich einfach in meinem Selbstmitleid zerfließen. Ich gehe gerade so herrlich darin auf." Er macht keinerlei Anstalten, die Flasche in mein Glas zu halten, also wedele ich mit meinem Weinglas vor seiner Nase hin und her.

„Anna, kannst du mir bitte mit dem Essen helfen?"

Der Hilferuf aus der Küche unterbricht mein Jammern. Äußerst verdrießlich stelle ich meinen Tröster so halb leer, wie er ist, neben meinem Teller ab und mache mich auf den Weg in die Küche.

„Anna, was ist nur los mit dir? Du wirkst so fahrig."

Müssen Mütter immer ein Gespür dafür haben, wenn es ihren Töchtern nicht gut geht?

„Es ist alles in Ordnung, wirklich. Mach dir keine Gedanken." Ich nehme die Schüssel mit Rotkohl und winde mich an ihr vorbei, als Christian mir den Weg versperrt. „Sie hat wieder mit Griechenland-David geschlafen."

Ich erstarre mitten in meiner Bewegung und schnappe empört nach Luft.

Lasse ich die Schüssel fallen oder leere ich sie über seinem Kopf aus?

Meine Mutter setzt sich auf einen Küchenstuhl und starrt mich an. Mit offenem Mund. Das Geschirrtuch über ihrer Schulter, den Holzlöffel in der Hand. Ohne auch nur ein Wort zu sagen.

„Toll. Ich danke dir für diese Feinfühligkeit, Christine. Was wäre ich nur ohne dich?" Mit gefletschten Zähnen trage ich die Schüssel ins Esszimmer.

Elena faltet aus den Papierservietten Schwalben, als ich die weiße Porzellanschale vor ihre Nase stelle.

Sie lächelt mich an und knickt den linken Flügel in die richtige Position.

Zurück in der Küche sitzt meine Mutter noch immer auf dem Stuhl. „DAVID? Anna, wie? Wann? Und warum weiß ich nichts davon?"

Ich massiere ungeduldig meine Nasenwurzel. „In Hamburg, auf dieser Hochzeit … da habe ich ihn wieder getroffen." Dann sehe ich sie an. „Mensch, Mama, muss ich dir das jetzt erklären?"

Sie schüttelt den Kopf. „Du musst überhaupt nichts. Ich bin ja nur deine Mutter!" Sie erhebt sich von ihrem Stuhl, begibt sich scheinbar zu Tode beleidigt zurück an den Herd, dreht mir den Rücken zu.

„Vielen Dank", zwischen zusammengebissenen Zähnen gebe ich Christian zu verstehen, dass er lieber aus der Küche verschwinden sollte. Was er auch sofort in die Tat umsetzt.

„Mama, rege dich nicht auf, bitte. Wir sind erwachsen und wissen schon, wie wir damit umzugehen haben." Beruhigend lege ich ihr die Hand auf die Schulter. Allerdings weiß ich nicht, ob das sie oder mich beruhigen soll.

„Natürlich, Anna, ihr wart ja auch erwachsen, als ihr Elena gezeugt habt." Das sitzt. Und sie ist sich dessen bewusst. Aus den Augenwinkeln beobachtet sie mich. Ich muss mich jedoch kurz räuspern, sonst springe ich ihr an die Gurgel, meiner heiß geliebten Mutter.

„Mama, das ist doch eine völlig andere Geschichte. David hat versprochen, sich um Elena zu kümmern …

immerhin wusste er nichts von ihr.“

„Hätte er sich gemeldet, hätte er schon bei ihrer Geburt an deiner Seite sein können …“

„Ja, und das hätte er auch sicherlich getan, wäre nicht sein Koffer verschwunden … aber, ich möchte heute Abend nicht über David sprechen, Mama. Können wir das einrichten?“

Sie bedenkt mich mit einem verständnislosen Ausdruck in ihren Augen. „Natürlich, Anna. Wir brauchen nicht über David sprechen … oder darüber, dass er der Vater deiner Tochter ist … oder darüber, dass du anscheinend in jüngster Vergangenheit mit ihm geschlafen hast?“ Sie hebt die Stimme, formuliert absichtlich eine Frage, um mich aus der Reserve zu locken. Aber ich drücke ihr nur einen Kuss auf die Wange. „Danke. Ich erkläre es dir später. Versprochen.“

Sie schnaubt, kippt die Kartoffeln ab, füllt sie in eine weitere Schüssel und drückt mir diese in die Hand. „Bringe das Essen auf den Tisch, ich komme sofort.“

Ich atme tief durch und setze mich wieder auf meinen Platz am Esstisch. Christian grinst mich frech an und ich schütte den Rest Wein runter, der sich noch in meinem Glas befindet.

Frohe Ostern, Anna. Und alles Glück der Welt.

Die angespannte Stimmung lockert sich nur durch Elenas Anwesenheit. Sie plappert den ganzen Abend, versorgt meine Mutter mit den notwendigen Informationen über unseren Besuch bei Davids Familie, die sie mit *ahhh* und *ohhh* und *tatsächlich?* quittiert. Dabei wirft sie immer wieder verstohlene, durchaus bösartige Blicke auf mich.

Mir ist der Appetit vergangen. Der Abend flirrt nur so

an mir vorbei. Elena freut sich über ihr Ostergeschenk, Christian erzählt von seiner neuen Eroberung und ich stochere lediglich auf meinem Teller herum.

Kapitel 23

Als ich gegen 21:00 Uhr endlich meine eigene Wohnungstür hinter mir ins Schloss fallen lasse, atme ich erleichtert durch. Christian hat eine völlig erschöpfte Elena auf dem Arm und trägt sie in ihr Zimmer. Ich werfe meine Tasche auf die Garderobe, schleudere meine Schuhe in die Ecke und lasse meinen Mantel einfach fallen.

„War das nötig?"

Er runzelt die Stirn, dabei weiß er genau, worauf ich hinauswill.

„Anna, was hättest du ihr sagen wollen? So war es doch viel einfacher für dich, endlich mit der Sprache rauszurücken."

Ich erwidere nichts, laufe einfach an ihm vorbei.

„Anna?"

„Och, ich habe so was von die Schnauze voll. Von euch, die ihr ja immer wisst, wie ich wo zu reagieren habe!" Ich greife nach der Fernbedienung meines Fernsehers, um völlig unkontrolliert durch die Kanäle zu zappen. „Und was ich wem zu sagen habe. Habt ihr eigentlich eine Ahnung davon, wie sehr ich es …"

„Mama, liest du mir noch eine Geschichte vor?" Meine Tochter steht in ihrem Hello-Kitty-Pyjama in der Türe und reibt sich ihre müden Augen.

Sofort meldet sich mein Gewissen, weil ich den ganzen Abend so schlecht bis gar nicht zu genießen war. Ich drücke Christian beim Herausgehen die Fernbedienung in die Hand und folge Elena ins Kinderzimmer.

Sie tippt auf das Buch, aus welchem ich vorlesen soll, kuschelt sich unter ihre Decke und lauscht der Geschichte.

„Mama, warum bist du so böse auf Papa?“ Ihre Frage trifft mich unvermittelt.

Verdutzt lege ich das Buch in meinen Schoß.

„Wie kommst du denn darauf, dass ich böse auf deinen Vater bin?“

„Ich weiß nicht … ich habe gehört, dass du zu Oma gesagt hast, dass du nicht über Papa sprechen willst … und Oma hat auch so komisch geguckt, als sie gehört hat, dass wir ihn besucht haben.“ Ihre gerade noch so müden Augen sind plötzlich kugelrund. „Bist du böse, weil Papa heute nicht mit bei Oma war?“

Ich lege meine Hand über meinen Mund. Aus welchem Grund sind Kinder denn so sensibel? „Aber Schatz, deswegen bin ich doch nicht böse auf Papa. Ich bin heute einfach nicht so gut gelaunt. Und außerdem hat Christian ja meine Meckereien abbekommen und nicht Papa.“

Elena kichert. „Das stimmt.“ Sie schließt die Augen. „Mama, also hast du keinen Streit mit Papa?“

Ich ziehe ihr die Bettdecke unters Kinn. „Nein, Schatz. Wie könnte man deinem Vater böse sein?“ Innerlich seufze ich dramatisch.

Sie öffnet ihre Augenlider nicht mehr. „Das weiß ich auch nicht, Mama. Gute Nacht.“

Ich lächle auf sie herab und drücke ihr noch einen Kuss auf die Stirn. „Schlaf schön, Elena.“

Dann verlasse ich auf Zehenspitzen das Zimmer.

Christian lümmelt auf meinem Sofa, eine Tüte Weingummi in der Hand und amüsiert sich über irgendeinen dämlichen Film, der gerade über den Bildschirm flimmert.

Ich schalte den Fernseher aus und gifte ihn an. Ohne ein Wort zu sagen.

Und sein Grinsen ist unerträglich.

„Annaschatz, komm setze dich zu mir und wir reden ein bisschen, hmm?“ Er klopft leicht auf den Platz neben sich, ohne mit dem Grinsen aufzuhören.

„Ich will nicht reden … und mit dir schon mal gar nicht. Du bist mir heute in den Rücken gefallen, du dämliche Kuh.“

Dass er jetzt auch noch beginnt zu lachen, kostet mich den letzten Rest meiner Beherrschung. Würde mein Kind nicht ein Zimmer weiter liegen und schlafen, würde ich ihm ins Gesicht schreien, was ich von ihm halte und Türen schmeißen, mit den Füßen aufstampfen und ihn vielleicht auch noch mit irgendetwas bewerfen. Käme ganz darauf an. Aber so muss ich mich mit meiner unterdrückten Wut herumschlagen. Wahrscheinlich qualme ich aus den Ohren oder meine Augen sind bereits blutrot unterlaufen.

Christian kennt mich jedoch zu lange, um sich davon beeindrucken zu lassen. Er fasst einfach nach meinem Handgelenk und zieht mich zu sich. Zumindest kann ich jetzt mit meinen Fäusten ein paar Mal auf seine Brust einschlagen. Dann finde ich mich in seinen Armen wieder und schon beginne ich zu heulen. Ohne Vorwarnung. Einfach so. Er wiegt mich zärtlich hin und her und murmelt unsinnige Worte vor sich hin. Aber ich kann mich einfach nicht beruhigen.

„Schtschtscht, Anna, alles ist gut. Hol mal Luft und dann schüttest du mir dein Herz aus, ja?“ Erst als ich mein stetes Aufschluchzen einigermaßen im Griff habe, gelingt es mir zu sprechen.

„Chris, warum passiert mir immer so etwas? Warum immer mir?“ Ich ziehe meine Nase hoch und trockne mein tränennasses Gesicht an seinem Hemd ab.

„Vielleicht solltest du mich erst mal darüber aufklären, was denn überhaupt passiert ist. Ich habe den Anschluss verpasst.“ Ich rutsche von seinem Schoß und setze mich im Schneidersitz neben ihn auf die Couch, Christian hält meine Hand, streichelt über meinen Handrücken.

„Du hast bei ihm übernachtet und du hast mit ihm geschlafen. So weit, so gut.“ Er zuckt mit den Schultern und verzieht seine Mundwinkel. „Ich habe mir schon mein schickstes Kleid zurechtgelegt, um in deinem Wohnzimmer auf und ab tanzen.“

Gegen meinen Willen muss ich glucksen. „Aber bitte in deinen pinken Nikes. Sie sind ein Bestandteil des Deals.“ Mit dem Daumen wischt er mir die Tränen fort. Ein wehmütiger Ausdruck liegt in seiner Miene.

„Anna, du lachst so selten in letzter Zeit. Dabei steht es dir so gut. Wenn ich auf Frauen stehen würde, wäre ich verliebt in dich.“

Ich greife nach seiner Hand und küsse die Handinnenfläche, bevor ich sie an meine Wange schmiege. „Und ich würde dennoch David hinterherheulen.“ Wieder bricht meine Stimme und mein Kinn beginnt zu zittern. Meine Brust zieht sich schmerzhaft zusammen. „Eigentlich wollte ich niemals einen anderen. Selbst Thomas …“

Christian entzieht mir seine Hand. „Thomas? Ich bitte dich, Anna. Thomas. Tztz …“ Er fächert sich Luft zu und grunzt mich an. „Den habe ich dir eh nicht abgekauft. Der Typ ist ein selbstverliebter Gockel.“ Seine Augen wandern zur Wohnzimmerdecke, sein Kopf wippt abwägend von links nach rechts, „Thomas … David … Thomas … David“, dann sieht er mich an, „wirklich Anna, willst du mir erzählen, dass es Thomas geschafft hat, dich die Welt um euch herum vergessen zu lassen?“ Seine Finger flittern in die Luft. „Dass er dich so rattenscharf gemacht hat, dass dir Hören und Sehen vergeht?“ Ich stiere einfach trübsinnig vor mich hin, während er versucht, mir den Mann auszureden, von dem ich mich emotional sowieso schon so weit entfernt habe, dass jeder weitere Kommentar reine Luftverschwendung wäre.

„Nein, das hat er nicht getan“, der Kloß in meinem Hals ist einfach unerträglich.

„Natürlich hat er das nicht getan.“ Er seufzt melodramatisch. „Als wenn ich das nicht von Anfang an gewusst hätte, Herzchen. Du musst dir den Kerl doch nur ansehen und dann weißt du alles über ihn. Er sieht nett aus, Anna. Aber das wäre es aber auch schon gewesen.“ Seine Hand ruht auf seinem Herz und über den Rand seiner Brille studiert er mein Gesicht. „Der Sex ist nett, die Gespräche sind nett. Aber nett, Anna? Nett ist nicht gut genug für dich!“ Vehement schüttelt er den Kopf und fast habe ich ein wenig die Befürchtung, dass sich seine Brille verabschiedet. Nasal, aber ernst beendet er seine Belehrung, „du brauchst Leidenschaft, Anna.“ Seine Finger schnipsen in die Luft. „Leidenschaft, die dich atemlos zurücklässt.“ Er fährt sich theatralisch durch das stoppelige Haar, ehe er das Horngestell seiner Gläser wieder auf der Nase zurechtrückt. Grinsend schüttele ich meinen Kopf. Seine Wirkung auf mich überrascht mich immer wieder. Denn auch wenn ich wie gerade eben noch am Boden zerstört in sein Hemd geheult habe, schafft er es immer, mir ein Lächeln ins Gesicht zu zaubern.

Er grinst zurück. Das war das Ziel seiner Aufführung. Und er weiß, dass ich das weiß.

Wesentlich ernster fährt er fort, „nichtsdestotrotz

solltest du mir erzählen, was zwischen David und dir vorgefallen ist. Deine SMS Samstagnacht klang ganz vielversprechend und nicht nach großem Drama und Beziehungsschmerz."

Sein Haupt ruht nunmehr auf den ineinander verschlungenen Fingern seiner Hände. Die Ellbogen auf den Knien abgestützt, lauert er auf meine Worte.

Mit einem Seufzen nehme ich mein Schicksal an und beginne zu erzählen. Ich bin noch nicht mal am Ende angelangt, als Chris vorwurfsvoll mit seiner Zunge schnalzt. „Mmpf, das hast du ordentlich versiebt, mein Herz."

Das weiß ich, aber ich bin noch nicht bereit, meinen Fehler auch anderen gegenüber einzusehen und klein beizugeben. Noch nicht mal gegenüber meinem besten Freund. Also massiere ich mir die Stirn und versuche dabei, meine neuerlichen Tränen unbemerkt wegzublinzeln.

„Warum habe ich es denn versiebt, Christine? Er hat meine Absichten mit Thomas nicht weiter hinterfragt … er hat es einfach akzeptiert, dass ich mich mit ihm treffen werde." Mit einem lauten Aufatmen lehne ich mich gegen die Couch.

Mir ist absolut klar, dass ich es David hätte erklären müssen.

„Ach Gottchen, Anna, wir wissen doch beide, dass du dir selbst etwas vormachst. Er hat dir mehr als einmal zu verstehen gegeben, dass er auf dich steht und es noch mal mit dir versuchen möchte." Er zieht an meinen Handgelenken, damit ich ihn ansehe. Kurz bin ich versucht, einfach die Augen zuzukneifen, starre ihm aber dann doch trotzig an. Er bleibt unbeeindruckt.

„Ganz ehrlich, ihr Frauen seid so grässlich anstrengend, dass es kein Wunder ist, dass Männer schwul werden." Er verdreht die Augen und atmet laut durch die Nase ein. Ich klapse ihm auf seinen Oberarm. „Du bist echt ein Idiot."

„Und du eine dumme Gans, wenn du David so einfach von der Leine lässt." Er klapst mich zurück. Ich greife nach dem Sofakissen und schlage es ihm vor den Oberarm. Zumindest versuche ich es. Er fängt es ab und presst es vor meine Brust, wo ich es mit beiden Armen umfange. „Wirklich Anna, der Typ ist heiß und er will dich. Und du ihn … Also bitte …"

Ich seufze resigniert. „Ja, das weiß ich …, das wusste ich schon in Griechenland."

Chris nickt bestätigend.

„Aber, …"

Er schüttelt den Kopf und unterbricht mich, „da ist kein Aber, Anna. Bringe das wieder in Ordnung. Auch wegen Elena." Mit hochgezogenen Augenbrauen mustert er mich. Jetzt kneife ich doch die Augen zusammen und raufe meine Haare. „Jaaahaaa, ich versuche es."

„Das ist mein Mädchen." Chris zieht mich in seine Arme und drückt mir einen Kuss auf die Wange. "Und vielleicht könntest du mich ja jetzt mal fragen, wie es so zwischen mir und meinem Personaltrainer läuft?"

Sofort drückt mich mein schlechtes Gewissen. „Oh je, ich habe dich schmerzlich vernachlässigt, nicht wahr? Es tut mir leid."

„Ja, das hast du, aber mach dich nicht verrückt. Ich bin ja Gott sei Dank nicht zickig." Er blinzelt mir zu und ich verziehe verschämt meine Mundwinkel. „Sei gewiss, mein Herz, früher oder später werde ich dich an diese Verfehlung erinnern. Aber bis dahin …" Jetzt bekommt er das Sofakissen dennoch entgegengeschleudert.

Etwas später am Abend verabschiedet sich mein bester Freund dann von mir, um mit Tom, seinem Personaltrainer, noch um die Häuser zu ziehen. Selbstverständlich erst, nachdem er sich mindestens fünfmal danach erkundigt hat, ob er mich wirklich alleine lassen kann und ich den Weg in mein Bett tatsächlich auch ohne ihn finde.

Einschlafen kann ich jedoch nicht. Immer wieder blicke ich auf mein Handy, in der Hoffnung, eine Nachricht von David darauf zu finden. Zweimal war ich versucht, ihn anzurufen und mich für mein Verhalten zu entschuldigen. Was ich selbstverständlich nicht tue. Mir fehlt der Mut.

Ich beruhige mich damit, dass er mich morgen spätestens selbst anrufen wird, um abzusprechen, wie und wann er Elena nach Hause bringen muss. Über diesen Gedanken falle ich doch in einen unruhigen Schlaf.

Wenig erholt und mäßig gut gelaunt schiebe ich Elena durch die Tür in die Kita. Sie hat ihre Kindergartentasche auf dem Weg vom Auto bis hierher zweimal auf die Straße fallen lassen. Vor meinem inneren Auge sehe ich den darin befindlichen Joghurtbecher bereits zerplatzt und nehme ihr die letzten Meter die Tasche aus der Hand, in der Hoffnung, eine größere Schweinerei noch verhindern zu können. Meine Nerven sind bereits zum Zerreißen gespannt, als ich Elena auf die kleine Bank an der Garderobe komplimentiere und dazu ermahne, sich schnellstmöglich ihre Hausschuhe anzuziehen und ihre Jacke ordentlich an ihren Haken zu hängen.

Währenddessen versuche ich im Waschraum, ihre Tasche bestmöglich zu säubern und den Joghurtbecher vielleicht zu retten.

Die niedrigen Waschtische sind bereits eine Herausforderung für sich. Wenn man jedoch, so wie ich unter Zeitdruck steht, unausgeschlafen und innerlich nervös, kommt man leicht in Versuchung, laut fluchend den ganzen Mist in die nächste Tonne zu werfen und das Kind einfach ohne Frühstück zurückzulassen.

Was jedoch nicht infrage kommt.

Mit den vorhandenen Papierhandtüchern gelingt es mir mehr schlecht als recht, Elenas Frühstücksdose vom verschmierten Joghurt zu befreien.

Dann gibt es heute eben keinen Nachtisch für meine Tochter.

Die Tasche wird später einfach den Weg in die Waschmaschine finden.

Ich gebe der Versuchung nach, meine Hände unter das kalt fließende Wasser zu halten. Vielleicht beruhigt es ein wenig meine Nerven. Ich darf gar nicht an die bevorstehende Begegnung mit Thomas denken. Ich schließe meine Augen und atme zwei-, dreimal tief durch, ehe ich mir die Hände abtrockne und aus dem Waschraum trete.

Stefanie sitzt neben meiner Tochter und hat mich noch nicht bemerkt. Ich bekomme die letzten Gesprächsfetzen ins Ohr und trete automatisch wieder einen Schritt zurück hinter den Schutz der Waschraumtüre.

„Der Papa holt dich heute ab? Das ist ja schön, Elena." Die Stille, die darauf folgt, lässt mich vermuten, dass Elena lediglich mit dem Kopf nickt. „Wird er denn auch mit dir zelten am Freitag? Das wäre ja super, oder? Wenn du mal mit deinem Vater hier zelten könntest." Meine Tochter antwortet, allerdings so leise, dass ich sie nicht richtig verstehen kann.

„Dann kann er mir ja vielleicht helfen, die Nachtwanderung vorzubereiten. Vielleicht sagst du mir Bescheid, wenn er nachher kommt?"

Ein eifersüchtiger Stich trifft mich hart und ungerecht in die Magengegend. Diese blöde Schnepfe macht David doch wohl keine schönen Augen?

Die letzten Jahre hat Christian am Vater-Tochter-Zelten teilgenommen. Nur weil wir bis vor Kurzem keinen Vater parat hatten, hieß das für meine Tochter nicht, dass sie nicht trotzdem im Hof des Kindergartens in einem Zelt übernachten darf.

Niemand hat diese Entscheidung hinterfragt, allerdings wurde Christian auch nie gebeten, die Nachtwanderung „vorzubereiten".

Dass ich nicht lache!

Ich trete auf den Flur und bemerke das kurze Aufflimmern in Stefanies Augen, als sie mich erkennt. Ich halte ihren Blick fest, während ich Elenas Tasche an den Haken hänge. „So, mein Schatz. Der Joghurt war leider nicht zu retten, alles andere habe ich sauber gemacht und zurück in die Tasche gepackt." Dann küsse ich meine Tochter auf den Mund. „Sagst du Papa, er soll mich später anrufen?"

„Ja, Mama, mache ich. Bis später." Elena erhebt sich von der Bank und verschwindet in ihren Gruppenraum. Stefanie nickt mir lediglich herablassend lächelnd zu, ehe sie meiner Tochter folgt.

Hat man so was schon erlebt? Diese dämliche Nebelkrähe rechnet sich wohl Chancen beim Vater meiner

Tochter aus.

Tief getroffen von dieser Erkenntnis mache ich mich auf den Weg zu meinem Auto.

Wenn ich mir nur nicht ständig selbst im Wege stehen würde. Verflixt und zugenäht. Wie viel einfacher war mein Leben noch vor dieser total bescheuerten Hochzeit? Ich konnte von David träumen, ohne dass er mir gefährlich geworden wäre. Ich konnte mir gefahrlos ausmalen, wie mein Leben verlaufen wäre, hätten wir uns nicht aus den Augen verloren.

Und jetzt? Jetzt muss ich mich tatsächlich damit auseinandersetzen. Am helllichten Tag. Ich muss mich meinen Gefühlen stellen. All den Möglichkeiten.

Wenn ich nur nicht so eine Scheißangst hätte … und wahrscheinlich ist jetzt eh schon alles zu spät. Ich habe ihn vor den Kopf gestoßen. Ein weiteres Mal. Wie oft muss er mir noch sein Herz vor die Füße legen, damit ich darauf herumtrampeln kann? Es ist zum Verrücktwerden.

Kapitel 24

An meinem Arbeitsplatz hat sich selbstverständlich nichts verändert. Was hätte auch großartig passieren sollen? Nur weil mein eigenes Leben plötzlich so auf dem Kopf steht?

Thomas hat die Türe zu seinem Büro geschlossen.

Wenigstens das bleibt mir noch ein wenig erspart.

Die stickige Luft, die mir aus meinem eigenen Büroraum entgegenwabert, hebt meine Stimmung nicht sonderlich. Ich öffne mein Fenster und lasse währenddessen den PC hochfahren. Mein Schreibtisch quillt über vor Arbeit, aber ich sehe mich außerstande, mich darauf zu konzentrieren. Immer wieder wandern meine Gedanken ab zu dieser Erzieherin. Groß, schlank, blond.

Pah …

Irgendwann öffnet sich meine Türe und Thomas steht vor meinem Schreibtisch.

„Ich habe Sonntag versucht, dich zu erreichen. Hast du es nicht gesehen?“ Sein Ton ist vorwurfsvoll, seine Stirn krausgezogen. Wie immer ist er akkurat gekleidet mit Anzug, Hemd und Krawatte, die Haare ordentlich.

Nett …

Christian hat völlig recht. Nett ist der Oberbegriff, wenn man Thomas Hagedorn beschreiben möchte.

Warum nur ist mir das vorher niemals aufgefallen?

Weil du völlig blind warst in deinem Wunsch, endlich eine Familie zu haben. Einen Mann, an den du dich anlehnen kannst, du altes Suppenhuhn …

„Doch, aber ich hatte keine Lust zurückzurufen.“ Geschäftig lege ich meinen Stift auf die vor mir liegenden

Unterlagen und wende meinen Blick wieder auf meinen Bildschirm.

„Du hattest keine Lust?“ Etwas fassungslos über meine Worte schließt er die Türe hinter sich und kommt ein wenig näher an meinen Tisch. Ich seufze auf. „Thomas, hier ist jetzt sicherlich nicht der richtige Ort, um darüber zu sprechen. Das weißt du besser als ich.“

Ungehalten blickt er auf seine Uhr. „Gehen wir zusammen essen. Dann können wir diese Meinungsverschiedenheit aus dem Weg räumen.“ In seiner selbstgefälligen Art nimmt er tatsächlich an, diese *Meinungsverschiedenheit* bei einem Mittagessen begraben zu können. Innerlich verdrehe ich die Augen.

„Okay. Ich habe in einer Stunde Pause.“

Umso besser. Dann habe ich es hinter mich gebracht.

Ohne ein weiteres Wort verlässt er mein Büro und ich drehe meinen Stuhl Richtung Fenster. Die frühe Aprilsonne wärmt meine Haut.

~o0o~

David hat zwei fürchterliche Nächte hinter sich. Am Sonntag hat er sich fast bis zur Besinnungslosigkeit betrunken und ist dann auch noch auf dem Sofa eingeschlafen. Der pelzige Geschmack auf seiner Zunge will bis heute einfach nicht verschwinden und die Verspannung in seinem Nacken lässt auch nach einer heißen Dusche nicht locker.

Das Rasieren hat er sich direkt gespart und seine Laune sollte man heute besser nicht unterschätzen.

Anna, verdammt!

Was ist nur falsch gelaufen? Wieso zieht sie diesen

Fatzke ihm vor?

Nach ihrer gemeinsamen Nacht war er sich so sicher, dass sie sich für ihn entscheidet. Er hat es in ihren Augen gelesen. Diese warme Zuneigung.

Wie hat er sich nur so irren können?

Sie haben doch ein Kind zusammen, verdammte Scheiße. Diese Tatsache kann sie doch nicht einfach so vom Tisch fegen?

Er ist ja so ein Hornochse, dass er tatsächlich daran geglaubt hat, sie hätten eine gemeinsame Zukunft.

Dennoch lässt ihn die Frage nicht los, ob sie sich diesem Thomas auch so hingibt, wie sie es bei ihm offensichtlich getan hat. Er möchte es sich gar nicht erst vorstellen. Anna mit diesem Kerl … oder überhaupt mit einem anderen Kerl außer ihm - David.

Wütend ballt es seine Hand zur Faust, aber es fehlt ein Gegenüber, dem er diese Faust ins Gesicht schlagen könnte.

Der Gedanke an Elena entspannt ihn ein wenig. Er wird sie heute einfach früher aus der Kita abholen und mit ihr essen gehen, bevor er sie später wieder nach Hause bringt. Ein Blick auf die Uhr verrät ihm, dass er tatsächlich schon spät dran ist, wenn er sein Vorhaben in die Tat umsetzen wollte.

Stolz durchfährt ihn. Wie schnell er sich damit abgefunden hat, plötzlich Vater zu sein. Mit Haut und Haaren. Der Beschützerinstinkt war sofort geweckt, als er in ihr Gesichtchen gesehen hat und ihm bewusst wurde, dass es sich um eine kleinere Ausgabe von Anna und ihm selbst handelt.

Jedem, der jemals Hand an sein Kind legt, dem wird er das Fliegen schon beibringen. So wahr ihm Gott helfe.

Er schnappt sich seinen Autoschlüssel und verlässt das Haus.

~o0o~

Natürlich können Thomas und ich nicht gemeinsam zur Mittagspause entschwinden. Wenn uns jemand zusammen sehen würde, nicht auszudenken.

Warum ist mir das nur nie vorher schon sauer aufgestoßen?

Via Kurznachricht lässt er mich wissen, dass er gedenke, beim Italiener einige Straßen weiter zu Mittag zu essen. Bei Salvatore. Ausgerechnet. Meinem Stammitaliener. Nun gut, dann muss ich heute eben mit Thomas dorthin und nicht mit Elena.

Es wäre trotzdem nett gewesen, mich zu fragen, ob ich überhaupt Lust auf Italienisch habe …

Aber was erwarte ich denn? Immerhin habe ich ihm während der ganzen Zeit unserer verkorksten Beziehung die Führung überlassen. In jeglicher Weise. Es verstört mich viel mehr, dass es mich plötzlich verärgert, dass er auf mich so wenig Rücksicht zu nehmen scheint.

Ich gehe zu Fuß. Die frische Luft tut mir gut und der Weg dorthin gibt mir die Möglichkeit, meine Gedanken zu sortieren und mir schon einige Worte zurechtzulegen.

Thomas ist mein unmittelbarer Vorgesetzter in der Bank und ich würde lügen, wenn ich behaupte, dass ich mir keine Gedanken darüber machen würde, wie meine Zukunft in der Bank aussehen wird.

Wenn ich Thomas vor vollendete Tatsachen stelle.

Vielleicht richte ich einen Versetzungsantrag an die Geschäftsleitung, wenn die Arbeitsbedingungen untragbar werden. Aber darüber kann ich später immer noch tiefer gehend nachdenken. Jetzt muss ich mich erst mal von einem Problem lösen, ehe ich mich auf ein weiteres stürze.

Immer wieder blicke ich auf mein Handy in der Hoffnung, dass sich David endlich bei mir meldet. Das wird er ja wohl, wenn er Elena aus dem Kindergarten geholt hat. *Und mit Stefanie die Nachtwanderung vorbereitet hat …*

Meine Kehle schnürt sich zu.

Eigentlich fällt mir gerade kein triftiger Grund mehr ein, warum ich ihn nicht zuerst anrufen sollte. Aber ich möchte mich nicht am Telefon für mein Verhalten entschuldigen. Das würde ich viel lieber tun, wenn er vor mir steht. Also wird das noch warten müssen, bis er Elena später nach Hause bringt.

Und ich bete, dass er mich noch nicht aufgegeben hat …

Thomas sitzt bereits an einem Tisch im hinteren Teil des Restaurants.

Natürlich … unauffällig.

Ich bahne mir einen Weg vorbei an den bereits besetzten Tischen und Stühlen und lasse mich auf den Stuhl dem seinen gegenüber fallen.

Er lächelt mir zu und studiert weiter die Tageskarte. Als ein Kellner erscheint, bestellt er ungefragt für uns beide. Wie immer. Doch dieses Mal lasse ich es ihm nicht durchgehen.

„Entschuldigen Sie, ich hätte doch lieber die Tagliatelle mit Lachs, wenn es keine Umstände macht. Und ein Wasser, statt des Weines.“ Der Kellner lächelt mir zustimmend zu, notiert die Bestellung und geht weiter an den nächsten Tisch.

Zornig faltet Thomas seine Hände vor sich. „Was ist nur los mit dir, Anna? Ich erkenne dich ja gar nicht wieder …“ Er schüttelt den Kopf, studiert meine Miene.

„Was soll los sein, Thomas? Ich habe mich dazu entschieden, dass es so mit uns beiden nicht weitergehen kann. Ich bin nicht deine Marionette, die du nach Belieben aus dem Schrank holst, um sie vorzuführen.“

Seine Hand schnellt vor, legt sich auf meine. „Aber, Anna, wie kommst du denn darauf, dass du für mich so etwas wie eine Marionette bist?“ Der Ausdruck in seinem Gesicht wirkt tatsächlich erschrocken. Natürlich habe ich ihm bis jetzt keinen Anlass gegeben, sein Verhalten zu hinterfragen. Selbstverständlich wusste er, dass ich unsere Beziehung gerne öffentlich gemacht hätte, aber sein sonstiges Benehmen habe ich niemals kritisiert. Ich habe es ihm einfach gemacht, war immer ein stilles Mäuschen in seiner Gegenwart.

Ich entziehe ihm meine Hand nicht, bemerke allerdings die Anspannung, die sich durch meinen Körper zieht. Seine Berührung ist nicht direkt unangenehm, jedoch unerwünscht.

Genau in diesem Moment bemerke ich den braunen Lockenkopf meiner Tochter vor unserem Tisch stehen. Fragend sieht Elena zwischen Thomas und mir hin und her. Sofort ziehe ich meine Hand zurück zu mir. „Elena …, was machst du hier?“ Mir bleibt das Herz stehen, als mir bewusst wird, dass David auch nicht weit sein kann, und sehe mich suchend nach ihm um.

„Papa hat mich schon abgeholt und jetzt essen wir Pizza.“ Elena sieht erst zu Thomas, dann zu mir. „Mama, wieso hat der Mann deine Hand gehalten?“ Ich bleibe ihr die Antwort schuldig, denn das ist genau der Augenblick, in dem ich David entdecke. Er steht unweit entfernt und starrt mich einfach an. Die Enttäuschung, die sich in seinem Blick widerspiegelt, lässt mich innerlich verbrennen. Ich schlucke hart. Gerade als ich mich erheben will, um zu ihm zu gelangen, kommt er auf unseren Tisch zu. Seine Miene hat er wieder im Griff. „Was für ein Zufall. Dabei wollte ich nur mit meiner Tochter Pizza essen. Wenn ich gewusst hätte, dass ihr auch hier sein werdet, hätte ich bereits einen Tisch für uns alle bestellt." Sein Lächeln ist falsch, es erreicht seine Augen nicht. Seine Stimme trieft vor Zynismus, der allein für mich bestimmt ist. Da bin ich mir sicher. Er legt Elena besitzergreifend die Hände auf die Schultern. Sie schmiegt sich gegen seine Beine.

Thomas hat noch keinen Ton von sich gegeben. Er ist ein stummer Zeuge dieser Szene, die auch ihm grotesk vorkommen muss.

Immerhin ist er David auf der Hochzeit in Hamburg bereits begegnet, hat sich von ihm zum Hotel bringen lassen, hat ihm sein Herz ausgeschüttet, nur um ihm jetzt hier wieder zu begegnen. In einem kleinen italienischen Restaurant, mit meiner Tochter, die so offensichtlich auch Davids Tochter ist, dass man über die Ähnlichkeit nur überrascht den Kopf schütteln kann.

„David, …"

Er fährt mir mit einer abweisenden Geste seiner Hand über den Mund. „Nicht, Anna. Du konntest ja nicht wissen, dass ich mit Elena hier aufkreuzen würde. Lasst euch nicht stören. Wir sehen uns später." Er lenkt Elena bereits in Richtung Ausgang. „Komm, Schatz, wir gehen lieber einen Burger essen. Ich denke, die Pizza war doch keine so gute Idee." An mich gerichtet fügt er noch hinzu: „Um sechs heute Abend bringe ich sie nach Hause. Viel Spaß noch …" Elena winkt mir noch zu und schon sind Vater und Tochter aus meinem Blickfeld verschwunden. Mein Hunger auch.

„Anna, ist das der Typ von der Hochzeit?" Thomas hat seine Stimme wiedergefunden. Konsterniert zeigt er mit dem Finger auf den Ausgang.

„Ja, ist er." Seufzend lege ich meine Serviette auf den Teller vor mir. „Thomas, es tut mir leid. Ich habe keinen Appetit mehr. Ich würde gerne gehen."

Er hebt ablehnend die Hand. „Ich denke, du bist mir erst eine Erklärung schuldig." Die Zornesfalte auf seiner Stirn ist jetzt das einzige Anzeichen seiner aufgestauten Wut. Wie immer hat er sich wunderbar im Griff.

„Ja, du hast recht. Ich muss dir etwas erklären." Ich atme tief ein, sammele all meinen Mut zusammen, ehe ich weiterspreche. „Ich habe mich heute mit dir zum Essen verabredet, um mit dir zu sprechen. Über uns." Abwechselnd zeige ich auf ihn und mich.

„Anna", wieder greift er nach meiner Hand, doch dieses Mal ziehe ich sie sofort zurück und blicke kurz auf meine Finger, die ich in meinem Schoß verschränke. Dann sehe ich wieder auf.

„Das war jedenfalls meine Tochter, die dir immer schon zu viel war, obwohl du vorher nie auf sie getroffen bist. Und ja, David ist ihr Vater. Ich habe ihn in Hamburg das erste Mal seit sieben Jahren wiedergesehen. Er hatte von Elena keine Ahnung, wusste nicht, dass ich ein Kind von ihm bekommen habe." Ich suche seinen Blick. Schmallippig sitzt er mir gegenüber. Vielleicht erinnert er sich gerade daran, wie er David darüber informiert hat, dass er sich mit dem Kind überfordert fühle. Mit meinem Kind, das letztendlich auch Davids Kind ist. Verrückte Welt.

„Thomas, ich habe erneut mit David geschlafen …“, jetzt presse ich meine Lippen zusammen, sehe in direkt an, suche seinen Blick. „Und daher weiß ich, dass ich mit dir nicht mehr zusammen sein kann. Mache mit dieser Information, was immer du für richtig hältst.“ Thomas‘ Gesichtsfarbe wechselt in ein unschönes kalkweiß bei meinen Worten, ich spüre jedoch nichts weiter als Erleichterung darüber, dass ich es endlich herausgebracht habe.

„Thomas, es tut mir leid, aber das mit uns beiden wäre niemals etwas Ernsteres geworden.“ Ich mache eine kurze Pause, lasse meine Worte bei ihm ankommen. „Ich danke dir für die Zeit, aber“, ich zucke etwas beschämt mit den Schultern, „du bist nicht der richtige Mann für mich. Ich möchte nicht versteckt werden. Ich möchte einen Mann, der zu mir steht, an den ich mich anlehnen kann, auf den ich bauen kann. Du kannst das für mich nicht sein. Es tut mir leid, aber das ist mir erst jetzt bewusst geworden.“ Ich erhebe mich von meinem Stuhl, gebe ihm keine Gelegenheit, darauf etwas zu erwidern. „Ich hoffe, du kannst mir irgendwann verzeihen.“ Ich gehe um den Tisch herum, hauche meinem sprachlosen Chef einen Kuss auf die Wange und gehe den Weg, den meine Tochter und ihr Vater gerade eben selbst gegangen sind. Hinaus aus diesem Restaurant. Seine ungläubigen Blicke in meinem Rücken.

Kapitel 25

~o0o~

Niemals kann er das Chaos beschreiben, das in ihm getobt hat, als er Anna mit diesem Idioten in dem Restaurant hat sitzen sehen. Dessen Hand auf ihrer. Und sie hat es geschehen lassen. Elena war völlig aus dem Häuschen, ausgerechnet ihre Mutter dort zu treffen. Oh ja, er ist auch völlig aus dem Häuschen, so viel steht mal fest.

Er musste später sogar Elenas Fragenkatalog über sich ergehen lassen, ohne dass er selbst eine befriedigende Antwort auf eine dieser Fragen gehabt hätte. *Papa, warum hat der Mann Mamas Hand gehalten? Warum haben wir nicht mit den beiden gegessen? Und wer war der Mann überhaupt?*

Ein dicker Klumpen liegt in seinem Magen und er hat keine Ahnung, was er dagegen machen soll. Seine Hände krallen sich um das Lenkrad.

Sein Burger in dem American Diner, in dem er nunmehr mit Elena gelandet ist, schmeckt fade und er ertappt sich dabei, dass er der Unterhaltung mit seiner Tochter gar nicht richtig folgen kann. Immer wieder wandern seine eigenen Gedanken an diesen Tisch, zu ihr und diesem …, diesem …, ihm fehlen die Worte! Er schnaubt verächtlich und erntet unverzüglich den strafenden Blick seiner Tochter. „Mensch, Papa, du hörst mir überhaupt nicht zu. Ich habe dich doch gerade gefragt, ob du mitmachst bei unserer Nachtwanderung."

Ja, das auch noch. Fast wäre es ihm entfallen. „Ja, ich mache mit. Immerhin bin ich ja das erste Mal dabei, nicht wahr?" Er lächelt Elena über den Tisch hinweg an.

„Gut." Elena beißt erneut herzhaft in ihren *Cheeseburger ohne Käse*, während er seinen eigenen Whopper lustlos von sich schiebt.

„Stefanie freut sich auch schon, dass du ihr dabei hilfst."

Ja, das kann er sich denken. Allerdings wahrscheinlich aus einem anderen Grund, als seine Tochter annimmt. Er hat den Blick dieser Erzieherin schon richtig gedeutet, als er zugesagt hat, ihr Freitagnacht zu helfen. Aber Elenas Vorfreude richtet sich alleine auf die Tatsache, dass sie in diesem Jahr mit ihrem Papa zelten wird und nicht mit Christian wie in den Jahren davor.

Nicht, dass es sie gestört hätte, das hat sie ihm nachdrücklich versichert, aber mit ihrem Papa zu zelten, ist einfach etwas völlig anderes. Und die Nachtwanderung ist immer so spannend und auch ein bisschen gruselig. „Aber ich bin ja nicht so eine Heulsuse wie Lea. Die plärrt immer gleich los und hat vor allem Angst. Ich aber nicht." Grinsend nimmt er einen Schluck aus seinem Colaglas. „Das beruhigt mich ungemein, mein Kind. Aber selbst, wenn du Angst hättest, dann wäre das auch nicht so schlimm." Er beugt sich über den Tisch und flüstert ihr zu, „ich bin ja dabei. Dir wird niemand etwas tun." Seine Augenbrauen tanzen auf seiner Stirn und Elena beginnt zu lachen. Dieses glockenhelle Lachen, das ihm eine Gänsehaut beschert und ihn einfach unsagbar glücklich sein lässt. Er beugt sich weiter über den Tisch und küsst seine Tochter mitten auf die Nasenspitze. „Papa, du kratzt", Elena kichert und wischt sich über die Nase.

„Was meinst du, sollen wir noch ins Kino? Ich glaube, es läuft ein lustiger Film, der dir auch gefallen wird." Elena runzelt die Stirn. „Schaffen wir das denn? Nicht, dass Mama böse wird, wenn wir zu lange unterwegs sind." Ihre Sorge rührt ihn. „Ich schicke ihr eine Nachricht und dann weiß sie ja Bescheid." Elena scheint beruhigt und David winkt dem Kellner, um die Rechnung zu bezahlen.

~o0o~

Der Rest des Tages schleicht vor sich hin. Immer wieder sehe ich David vor mir, den Ausdruck in seiner versteinerten Miene, als er mich einfach angestarrt hat. Ich schließe meine Augen, unterdrücke die aufsteigenden Tränen, dieses hilflose Gefühl, das sich in mir ausbreitet. Diese Situation wird immer verfahrener.

Er ist mit Elena ins Kino gegangen. Immer wieder lese ich diese unpersönliche SMS, die er mir vorhin geschickt hat.

Wir sind noch ins Kino.
Vielleicht wird es etwas später.

Kein Gruß, kein Kuss.

Ich muss über mich selbst lachen. Klar, an seiner Stelle würde ich mich auch nicht küssen wollen. Ich schiebe mein Handy zurück in die Handtasche.

Hätte ich ihm nur erklärt, dass ich immer nur ihn wollte … dass Thomas mir niemals so wichtig war … Aber nein. Anna, die vernünftige Anna Lorenz hat gezögert, wider besseren Wissen.

Und jetzt steh ich hier mit all meiner Weisheit …

Thomas hat sich direkt in sein Büro verschanzt und mich keines Blickes oder Wortes mehr gewürdigt. Warum sollte er auch? Seine Marionette hat sich die Fäden abgeschnitten, nicht ohne ordentlich an seinem Stolz zu kratzen. Ich habe ihm David und unseren Hintergrund verheimlicht. Na ja, nicht direkt verheimlicht. Ich habe es einfach vorher nicht erwähnt.

Christian hat recht. Ich habe es versiebt. Ordentlich.

Aber vielleicht kann ich es noch retten. Immerhin bringt David mir Elena später nach Hause. Vielleicht könnte ich eine Kleinigkeit kochen? Und mit ihm reden? Endlich für klare Verhältnisse sorgen.

Und wer weiß, vielleicht bleibt er ja über Nacht?

Alleine der Gedanke an seine Hände auf meiner Haut, seine Lippen …, das allein lässt mich erschaudern.

Anna Anna, du solltest erst mal mit dem Kochen beginnen, bevor du bereits im Schlafzimmer landest.

Ein wenig zuversichtlicher als noch vor einigen Stunden lande ich nach Feierabend im Supermarkt, um alles Nötige für eine selbst gemachte Pizza zu besorgen. Irgendwie habe ich den beiden heute den Italiener verdorben. Dabei weiß ich doch, wie sehr Elena Pizza liebt. Es war sicherlich kein Zufall, die beiden heute in genau diesem Restaurant anzutreffen. Wahrscheinlich hat David sich bei ihr erkundigt, worauf sie Lust habe, und wie ich meine Tochter kenne, hat sie lauthals geschrien Pizza von Salvatore. Tja, so weit, so gut.

Ich überfliege das Angebot im Weinregal und lege noch eine Flasche Rotwein zu meinen Einkäufen. Wer weiß? Vielleicht wird es doch ein längerer Abend … ein Lächeln schleicht sich in mein Gesicht.

Als ich zu Hause angekommen die Zutaten vor mir ausbreite, kriecht langsam wieder die Nervosität in mir hoch. Was, wenn er nicht bleibt?

Ich habe mir alles so schön ausgedacht. Aber was, wenn er gar kein Interesse mehr an mir hat? An uns? Wenn ich mit meiner sturen, uneinsichtigen Art alles kaputt gemacht habe?

Ich rolle den Teig aus, belege ihn, schiebe alles in den Ofen. Ein Blick auf die Uhr lässt mich kurz nach Luft schnappen. Gleich halb sieben.

Ich fummele mir meine Schürze über den Kopf und verschwinde im Bad, um mich wenigstens ein wenig aufzuhübschen, bevor die beiden hier auftauchen.

Nachdem ich meine Wimperntusche erneuert und ein wenig Lipgloss aufgetragen habe, versuche ich meine Haare in einem ordentlichen Pferdeschwanz zu bändigen. Dann stehe ich vor dem Spiegel und starre in dieses Gesicht, das mir viel zu blass entgegenblickt.

Anna, alles wird gut. Ganz bestimmt.

Und noch während ich mir aufmunternd durch den Spiegel entgegenlächle, klingelt es an meiner Tür.

Ich atme tief durch die Nase ein, stütze mich kurz am Waschbecken ab.

Ruhig Blut, Anna.

Ich mache mir nicht die Mühe, die Gegensprechanlage zu benutzen, sondern bleibe erwartungsvoll im Flur stehen, höre die Schritte auf der Treppe, bemerke meine schwitzenden Handinnenflächen, die ich verstohlen an meiner Jeans abwische.

Himmel.

Dann erscheint meine Tochter. Alleine. Ich kann die Ernüchterung nicht greifen, die mich durchfährt.

„Wo ist denn Papa?“ Völlig entgeistert blicke ich an ihr vorbei, hoffe, dass er doch noch hinter ihr erscheint. Dabei weiß ich bereits, dass er das nicht tun wird.

Er hat sie einfach hier abgesetzt. Und ist gefahren. Ohne auch nur ein einziges Wort mit mir zu wechseln.

Die Enttäuschung brennt mir in den Augen, aber ich blinzle sie einfach weg. „Er ist sofort nach Hause gefahren.

Ich soll dich schön grüßen. Er meldet sich bei dir.“

Natürlich wird er das …

Wenn auch nicht aus dem Grund, den ich mir wünschen würde.

Und dann beginnt Elena zu erzählen. Von ihrem Nachmittag, von dem Kinofilm und ich kann nur versuchen zu lächeln.

Sie ist begeistert, dass ich Pizza gebacken habe, und ich leiste ihr beim Essen Gesellschaft, auch wenn mir der Appetit bereits zum zweiten Mal an diesem Tag vergangen ist. Tapfer stehe ich die Zeit durch, bis mein Kind im Bett verschwunden ist. Nicht, ohne dass sie mich noch mal fragt, wer denn der Mann gewesen sei, mit dem sie mich bei Salvatore gesehen hat. Der Mann, der meine Hand gehalten hat.

Ich versuche eine kindgerechte Erklärung hierfür zu finden, was mir gar nicht so leicht gelingen will.

Schließlich gibt sie sich damit zufrieden, dass der Mann ein Arbeitskollege von mir ist. Der mich einfach beruhigt hat, als ich festgestellt habe, dass ich mein Portemonnaie nicht dabei hatte.

Sie nickt zufrieden, verschwindet ins Bett und mir bleibt nichts weiter zu tun, als meine Küche aufzuräumen.

Den Rest der Pizza schiebe ich zurück in den Ofen und den Wein lasse ich ungeöffnet auf der Arbeitsplatte stehen.

Wütend auf mich selbst fahre ich mir über die Augen.

Denn wenn ich jetzt beginne zu heulen, werde ich nie wieder damit aufhören können. Den Gedanken, ihn einfach anzurufen, schiebe ich vehement von mir. Alleine die Befürchtung, dass er mir durchs Telefon sagt, was er von mir halte, nimmt mir schon die Luft zum Atmen. Ich bin noch nicht so weit, mir diese Worte aus seinem Mund anzuhören.

Und das wird er wohl zu mir sagen wollen, wenn er Elena lediglich vor dem Haus absetzt, nur um mir aus dem Weg zu gehen. Jetzt lösen sich doch einige Tränen aus meinen Augenwinkeln, die ich mir ungehalten aus dem Gesicht wische.

Selbst schuld, Anna. Und vom Heulen kommt er auch nicht wieder.

Ich greife nach meinem Handy, fest entschlossen, ihm wenigstens eine Nachricht zu schicken.

David, es tut mir leid. Können wir sprechen? A.

Ich straffe meine Schultern und drücke auf Senden. Mein Herz schlägt heftig gegen meinen Brustkorb und mein Magen dreht sich mindestens einmal um sich selbst. Ich kneife die Augen zu.

Dann klopft es heftig. Überrascht öffne ich meine Lider wieder.

Es klopft erneut. Bestimmter, lauter. Mit dem Handy in der Hand öffne ich die Türe und blicke direkt in Davids unrasiertes Gesicht. Seine blauen Augen nehmen mich gefangen, die steile Falte auf seiner Stirn. Er lehnt im Türrahmen, in der Hand sein Handy.

„Du wolltest reden?"

Ich kann nichts erwidern, also nicke ich einfach und versuche meinen Puls zu beruhigen, als ich ihm den Weg in meine Wohnung freigebe. Plötzlich umfasst er meinen Nacken und zieht mich an sich. Seine Lippen liegen auf meinen, seine Zunge dringt in meinen Mund, verlangend, hungrig. Ich lasse mich gegen ihn fallen, erwidere seinen Kuss. Mein Telefon schiebe ich in die Hintertasche meiner Jeans, um ihn endlich berühren zu können.

Er drückt mich mit seinem Gewicht an die Wand gegenüber der Türe, die er hinter sich zutritt, ohne von mir abzulassen. Ich presse mich an ihn, mein Herz schlägt um einige Takte schneller als üblich, meine Finger krallen sich in seine Oberarme. Seine Wärme umfängt mich, lässt mich schwindelig werden. Die feinen Haare auf meiner Haut stellen sich auf und ein Schauer läuft mir den Körper hinab. Ich stöhne in seinen Mund, und David drückt mich fester gegen die Wand, keilt mich ein. Dann hält er inne, hebt den Blick, studiert mein Gesicht. Ich beiße auf meine Oberlippe, noch völlig überrumpelt von dem eben Geschehenen. Hauchzart küsst er meinen Mundwinkel. „Wo ist Elena?“ Seine Stimme ist rauchig, tief und landet genau in meinem Unterleib, der sich feucht und sehnsüchtig zusammenzieht.

„Schläft“, ist alles, was ich sagen kann, bevor sein Mund meinen erneut verschließt. Doch dieses Mal küsst er mich sinnlich, spielt mit meiner Zunge, knabbert an meiner Unterlippe. Seine Hände wandern meinen Körper entlang, langsam, verheißungsvoll. Sein Knie schiebt sich zwischen meine Beine, die ich nur allzu bereitwillig für ihn öffne. Kurz verweilt er mit seiner Hand auf meiner Brust, kneift zärtlich in meine Brustwarze, die sich ihm durch den Stoff meines BHs sehnsuchtsvoll entgegenreckt. Mir entfährt ein summendes Geräusch und ich lege den Kopf gegen die Wand hinter mir, dankbar, dass er mich festhält. Meine Knie sind butterweich. Seine Küsse hinterlassen eine heiße Spur von meinem Ohrläppchen entlang meines Halses bis zu meiner Kehle.

„Anna, macht er das mit dir?“ Sein heißer Atem kitzelt meine Haut. Ich begreife den Sinn seiner Worte nicht sofort, als er beginnt, die Knöpfe meiner Bluse zu öffnen, seine Aufmerksamkeit der oberen Wölbung meiner Brüste schenkt, sie mich zarten Bissen bedenkt und mich erneut fragt, „und das, Anna? Macht er das mit dir?“ Seine Fingerspitzen fahren zärtlich am Saum meines BHs entlang. Er beobachtet meinen Brustkorb, der sich schnell hebt und senkt, die Gänsehaut, die sich auf meinem Körper ausbreitet. Dann findet die Bedeutung seiner Fragen den Weg über meine vernebelten Synapsen.

„Oh Gott, David“, ich ziehe an seinen Haaren, zwinge ihn so mich endlich anzusehen. Seine Augen glitzern feucht und er lächelt mich schmallippig an. Ich umfasse seinen Nacken, bedecke sein Kinn mit Küssen, zwischen denen ich immer wieder seinen Namen hauche. „Nie hat er das mit mir gemacht. Niemals.“ Ich schlucke meine Bestürzung hinunter. „Kein anderer Mann wäre überhaupt in der Lage, dass ich mich in seiner Berührung verliere. Keiner, nur du.“

Er schließt die Augen, legt seine Stirn gegen meine. „Aber warum … warum triffst du dich mit ihm? Ziehst ihn mir vor? Erkläre es mir.“ Als er die Augen öffnet, legt sich der Schmerz, den ich darin sehen kann wie eine eiserne Faust um mein Herz.

Ich lege ein Bein um seine Taille, drücke ihn mit der Ferse näher an mich, während ich meinen Mund auf seinen lege, an seinen Lippen sauge und knabbere. „Und heute habe ich ihm schlussendlich gesagt, dass ich keinen Sinn darin sehe, eine Beziehung mit ihm zu führen … dass ich mit dir geschlafen habe …“

Ich bemerke sein kurzes Zögern, setze jedoch mein Vorhaben, David davon zu überzeugen, dass er der einzige Mann für mich ist, unbeirrt fort. Forschend schiebe ich meine Hände unter seine Jacke, sein Shirt, kratze mit meinen Fingernägeln über seine nackte warme Haut. Er hält die Luft an, seine Bauchmuskeln ziehen sich zusammen, als ich ihn berühre. „David, ich wollte immer nur dich. In Griechenland und auch danach. Als du dich nicht gemeldet hast, dachte ich, du hättest genug von mir. Und eine Welt ist in mir zusammengebrochen." Meine Stimme ist ein Flüstern, das Gesagte ist nur für ihn bestimmt. Ich halte seinem Blick stand und langsam beginnt er, sich zu entspannen. Ich spüre seinen Herzschlag unter meinen Händen, fest und zuverlässig. Dann erwacht er aus seiner Starre. Mit einer Entschlossenheit in der Stimme, die mich erschaudern lässt, knurrt er in mein Ohr. „Ich hoffe, du bist dir darüber im Klaren, dass du dich mir gerade ausgeliefert hast. Auf Gedeih und Verderb. Und dass ich dich nicht mehr gehen lasse, selbst wenn du mich noch so sehr darum bittest." Und schon drängt er mich an der Wand entlang in mein Schlafzimmer, platziert mich aufs Bett. „Bist du dir dessen bewusst, Anna?" Seine blauen Augen fixieren mich, als er sich die Jacke auszieht und achtlos auf den Boden fallen lässt. Mein Lächeln muss ihm Antwort genug sein.

Und dieses Mal gibt es keine Zweifel an unserem Tun, als wir uns gegenseitig ausziehen, berühren, küssen. Als er in mich eindringt, mich ausfüllt, ist er genau dort, wo er hingehört. Ich umschlinge seine Hüften mit meinen Schenkeln, hebe ihm mein Becken entgegen, zwinge ihn so nur tiefer in mich. Immer wieder flüstert er meinen Namen, kost und neckt mich, treibt mich immer mehr an den Rand des Wahnsinns, als er mich in quälender Langsamkeit liebt. Immer wieder gebe ich mich ihm hin, lasse die Wellen über mir zusammenbrechen, die sich in mir ausbreiten, und genieße das Wissen, dass er sich mitreißen lässt, Erfüllung findet.

Wie selbstverständlich schmiegt sich David Stunden später an meinen Rücken und umfängt mich mit seinen starken Armen. Ich hauche immer wieder Küsse auf sein Handgelenk und versuche, die Schmetterlinge in meinem Bauch zur Ruhe zu bewegen. Aber ich fühle mich zu gelöst, zu glücklich, als dass es mir gelingen möchte.

Seine Nase gräbt sich in meine Haare, ein Atemzug streicht meinen Nacken. Ich drücke meinen Po gegen seine Männlichkeit, die mir sofort mit einem Zucken antwortet. „Hast du immer noch nicht genug, du Hexe?“ Das Lächeln, das ich aus seiner Stimme heraushöre, verrät mir, dass er sich ebenso gut fühlt wie ich.

„Ich glaube, von dir bekomme ich niemals genug.“

Er zieht mich näher an seinen Körper, seine weichen Lippen auf meinem Schulterblatt. „Gibst du mir das schriftlich?“

„Du wirst es nicht brauchen, ich werde es dir einfach immer wieder sagen.“

Er dreht mich zu sich, streichelt mit den Spitzen seiner wundervollen langen Finger meine Wange und küsst mich, sanft, fast so, als sei ich zerbrechlich.

Und doch berauscht diese Berührung meine Sinne.

Dann sieht er mich an. Mit einer Tiefe, die mich glauben lässt, dass er in mich hineinblicken kann.

„Hast du eine Vorstellung davon, wie sehr ich mir gewünscht habe, hier zu sein? Bei dir zu liegen? Dich zu halten, zu riechen, zu spüren?“

Ich fahre mit den Daumen seine Augenbrauen entlang, über seine gerade Nase, seinen sinnlichen Mund, ehe ich meine Hände um seinen Hals schlinge, seinen Kopf zu mir ziehe. „Dann bleibe einfach hier. Du musst nicht wieder gehen, David.“ Meine Lippen treffen auf seine und all meine Empfindungen für ihn lasse ich in diesen innigen Kuss fließen.

Noch habe ich nicht den Mut, ihm zu sagen, dass ich ihn liebe. Also versuche ich, es ihn irgendwie spüren zu lassen.

Wir hören nicht, wie sich die Türe zum Schlafzimmer öffnet und auch nicht die nackten Füße, die über das Laminat patschen. Und doch stehen wir plötzlich genau vor dem Problem, vor dem wahrscheinlich schon etliche Elternpaare in einer ähnlichen Situation gestanden haben.

„Mama, kann ich in deinem Bett schla…?“ Erschrocken drücke ich David von mir und sehe in die ungläubigen Augen unserer Tochter, die immer wieder zwischen David und mir hin- und hersieht. „Papa?“

Dann breitet sich ein Grinsen in ihrem Gesicht aus, und noch bevor ich oder ihr Vater etwas dazu sagen können, ist sie über uns hinweggeklettert und liegt freudestrahlend zwischen uns. „Das ist absolut super. Ich kann zwischen euch schlafen … das ist das Allerbeste, ganz in echt.“ Und schon hat sie ihre Augen geschlossen, wahrscheinlich auch aus Angst, einer von uns könnte verneinend mit dem Kopf schütteln. Die Tatsache, dass weder Mama noch Papa auch nur ein einziges Kleidungsstück am Körper tragen, scheint sie in ihrer Freude überhaupt nicht zu bemerken.

Was mich ungemein erleichtert.

Das ist dann wohl das wirkungsvollste Verhütungsmittel – ein Kind im Elternbett.

Bis gerade eben war ich mir dessen überhaupt nicht bewusst.

David und ich tauschen einen kurzen Blick, den er mit

einem Schulterzucken quittiert. Ich fische nach meinem Slip, der neben dem Bett liegt, und versuche, ihn mir so unauffällig wie möglich anzuziehen. David sieht auf seine Tochter, zieht ihr die Decke bis unters Kinn und haucht ihr voller lächelndem Stolz einen Kuss auf die Stirn. Sie dreht sich sofort verschmust in seine Arme und ich werfe ihm seine Boxershorts über die Bettdecke hinweg zu. Es dauert nicht lange, bis Elenas tiefe, regelmäßige Atemzüge uns verraten, dass sie eingeschlafen ist. David schlüpft aus dem Bett und in seine Unterwäsche, bevor er versucht, wieder unter die Bettdecke zu gelangen. Allerdings geht er dabei so vorsichtig vor, dass ich beginne zu kichern. „Du machst sie nicht kaputt, wenn du sie ein wenig an die Seite schubst.“

Er grunzt verächtlich. „Klappe, Weib.“

Dann löscht er das Licht und greift im Dunkel nach meiner Hand.

Und ich bin sprachlos, muss mich erst zweimal selbst in den Arm kneifen, ehe ich tatsächlich glaube, dass hier die komplette Familie in einem Bett liegt und versucht zu schlafen.

Und ich bin fest davon überzeugt, dass es Elena am besten von uns gelingt.

Kapitel 26

~o0o~

Als David erwacht, hat er eine Hand auf der Stirn liegen und einen Fuß ungünstig zwischen seinen Rippen. Eine kleine Bewegung nach rechts bestätigt ihn in seiner Befürchtung, gleich aus dem Bett zu fallen und das monotone Schnarchen in der Nähe seines Ohres lässt ihn vermuten, dass seine Tochter weitaus besser genächtigt hat als er selbst. Nichtsdestotrotz fühlt er sich so erholt und ausgeschlafen wie seit Langem nicht mehr.

Er kriecht aus dem Bett, tastet nach seiner Jeans und schleicht aus dem Schlafzimmer. Auf dem Weg ins Bad hört er das Klappern von Geschirr und das Gluckern der Kaffeemaschine. Verschlafen kratzt er sich über den Kopf und bleibt im Türrahmen zur Küche stehen.

Anna steht nur in einem Shirt bekleidet mit dem Rücken zu ihm und räumt sauberes Geschirr aus der Spülmaschine in die Schränke vor ihr. Als er das T-Shirt, welches sie trägt und das ihr über den halben Oberschenkel reicht, als sein eigenes erkennt, muss er unwillkürlich lächeln.

Keiner anderen Frau würde es so verdammt gut stehen. Er würde es sogar wagen zu behaupten, dass es an ihr besser aussieht, als es an ihm jemals ausgesehen hat.

Bei der Erinnerung an den gestrigen Tag verengt sich sein Magen. Diese Eifersucht, die ihn innerlich zerfressen hat, diese Ungewissheit.

Nie wieder will er dieses Gefühl in sich spüren müssen.

„Guten Morgen, meine Hübsche.“ Das Lächeln, als sie ihn bemerkt, findet augenblicklich den Weg direkt in sein Herz.

„Guten Morgen“, ihre Stimme ist noch ganz rau. „Ich habe dir eine neue Zahnbürste und ein Handtuch ins Bad gelegt. Der Kaffee ist gleich durchgelaufen.“ Er macht einen Schritt auf sie zu, umfängt sie von hinten und atmet tief ihren Duft ein. Er registriert wohlig, wie sie ihren Rücken gegen seine Brust schmiegt, und schließt die Augen, so als könnte er dadurch die Zeit anhalten. Sie umfasst seine Hände mit ihren und legt den Kopf unter sein Kinn.

„David?“

„Mmh?“

„Danke …“

Er öffnet die Augen und dreht sie zu sich. „Danke? Wofür?“ Sie hebt die Hand, streichelt über seine gefurchte Stirn.

„Dafür, dass du mich nicht abgeschrieben hast …, dass du gestern hierhergekommen bist.“ Dann stellt sie sich auf ihre Zehenspitzen und küsst ihn auf die Nasenspitze.

„Ach Anna, als hätte ich eine Wahl gehabt.“ Mit einem Lächeln streicht er ihr die zerzausten Haare mit seinem Daumen hinters Ohr. „Ich gehe lieber erst mal ins Bad und dann brauche ich Koffein. Eine Menge Koffein …“

~o0o~

Ich höre die Dusche und kann es noch immer nicht glauben. David ist tatsächlich noch hier. Er ist die ganze Nacht geblieben. Mein Blick fällt auf die Flasche Rotwein, die ich gestern gekauft habe, in der Hoffnung sie mit ihm leeren zu können.

Vielleicht ja heute?

Mein Unterleib zieht sich zusammen und prickelt

verführerisch. Vielleicht könnte ich ja auch einfach zu ihm unter die Dusche …? Alleine der Gedanke daran, mir das T-Shirt über den Kopf zu ziehen und einfach dort weiterzumachen, wo uns unsere Tochter gestern Nacht unterbrochen hat, lässt mich atemlos nach Luft schnappen.

Herrschaftszeiten.

Ich habe vergessen, wie gut Sex sein kann. Wie entspannend und vor allen Dingen, dass man sich tatsächlich süchtig danach fühlen kann … mit dem richtigen Mann … unter meiner Dusche …

Meine Brustwarzen stellen sich auf und ich kichere in mich hinein, als ich mir der Reaktion meines Körpers bewusst werde. Wie lange habe ich mich nicht mehr so gefühlt? So … so …, ja wie eigentlich? So Frau? So begehrt?

Ich sehe mein Spiegelbild in der Glasvitrine direkt vor mir und beginne erneut zu kichern.

Klar, Anna. Genauso zerzaust und durchgevögelt will dich jeder Kerl zurück in die Kissen werfen.

Jeglicher Gedanke an eine heiße Dusche verschiebt sich, als Elena in die Küche schlurft.

„Mama, ich habe vielleicht etwas Verrücktes geträumt …“ Sie reibt sich den Schlaf aus den Augen und setzt sich auf den Küchenstuhl mit der vollgemalten Rückenlehne, der ihr schon gehörte, als sie noch nicht mit den Füßen auf den Boden gelangt ist.

Und mir wird mal wieder schmerzlich bewusst, wie rasend schnell die Zeit vergangen ist, wie schnell aus meinem Baby ein Kleinkind geworden ist und sich aus dem Kleinkind ein freches Fast-Schulkind entwickelt hat.

„Du trägst nichts an den Füßen, Elena.“ Ganz Mutter, die ich bin, zeige ich auf ihre nackten Sohlen. Und ganz

Tochter ihrer Mutter verdreht sie bei meinem Tadel lediglich die Augen und schiebt ihre Füße unter ihr Nachthemd. Ich hebe warnend den Zeigefinger und sie stellt sie wieder auf den Boden. Dann verzieht sich meine Miene zu einem Lächeln. Ich weiß genau, was sie glaubt, geträumt zu haben, trotzdem hake ich noch mal nach. „So? Und was hast du denn geträumt, Schätzchen?"

Als wäre das sein Stichwort, kommt David aus dem Bad. Die Jeans auf den Hüften, mit nacktem Oberkörper und feuchtem Haar. Mir bleibt die Spucke weg beim Anblick seiner definierten Bauchmuskeln, die er mir präsentiert.

Genau. Sportlehrer.

Elena springt vom Stuhl auf und in die Arme ihres ziemlich heiß aussehenden Vaters. „Ich wollte Mama gerade erzählen, dass ich geträumt habe, dass du bei uns im Bett geschlafen hast!" Ihre Ärmchen liegen um Davids Hals und ihre Beine sind um seine Taille geschlungen, als sie mir zuruft, „ich habs gar nicht geträumt, Mama!" Dann fügt sie klarstellend hinzu, „Papa hat auch nichts an den Füßen."

Ich schüttele lediglich den Kopf. „Soso …"

David zuckt entschuldigend mit den Achseln und mein Mund ist plötzlich staubtrocken. Ich gestehe, es fällt mir außerordentlich schwer, mich auf Banalitäten wie nackte Füße auf kalten Küchenfliesen zu konzentrieren, wenn er mit seinem Testosteron so großzügig um sich wirft. In meiner Gegenwart.

Als könnte er meine lüsternen Gedanken lesen, verdunkeln sich seine blauen Augen und bekommen diesen sinnlichen Glanz, der meine Knie weich werden lässt. Mit seiner Tochter auf dem Arm stellt er sich vor mich und drückt mir seine Lippen auf den Mund. „Darauf komme ich heute Abend zurück“, haucht er an meinem Mundwinkel, nicht ohne mir seine Hand auf den Hintern zu legen. Dann setzt er Elena auf ihrem Stuhl ab.

Und ich frage mich, ob ich in einer Zwischenwelt feststecke. Vielleicht habe ich den Wein doch alleine geleert und mein Hirn weigert sich einfach, in die Wirklichkeit zurückzukommen, weil es hier nur einen verfluchten Kater inklusive Kopfschmerzen gibt.

Aber nein, die Flasche steht noch immer unberührt und griffbereit auf der Arbeitsplatte.

Ich sehe also nicht nur gevögelt aus … ich bin auch gevögelt worden. Gründlichst.

Ich räuspere mich und sehe den Rest meiner Familie ehrfürchtig an.

Das hier passiert also tatsächlich … und zwar mir …

Ich muss atmen. Gleichmäßig.

„Was steht heute auf dem Plan?“ David blickt von Elena zu mir und wieder zurück zu seiner Tochter.

Und dann wird mir bewusst, dass ich mit meinen nächsten Worten alles zunichtemachen kann, sollte David mich noch immer infrage stellen, meine Gefühle für ihn, die ich ihm noch immer nicht gestanden habe.

„Ich muss gleich in die Bank und Elena in die Kita.“ Ich halte die Luft an. Bei meinen Worten beginnen seine Kiefermuskeln zu mahlen.

„Klar. Du musst in die Bank.“ Er klingt etwas spröde. Und in meinem Inneren bildet sich ein Klumpen. Mit einem Blick in seine Richtung versuche ich die Situation zu entschärfen. „Du könntest mich hinfahren und später abholen. Heute ist Mittwoch. Da habe ich nur einen halben Tag. Vielleicht können wir später irgendetwas zusammen unternehmen?" Ich drehe mich zu Elena. „Worauf hast du Lust? Zoo? Schwimmen?"

Aus den Augenwinkeln bekomme ich mit, dass sich David etwas entspannt. Und ich atme innerlich auf. Niemals wieder soll er glauben, dass ich Thomas ihm vorziehen würde.

Das könnte ich niemals. In keiner Hinsicht. Ich weiß das, jetzt muss ich es David nur noch begreiflich machen.

Elena wiegt ihren Kopf hin und her. „Ich weiß nicht, Mama. Ich brauche noch unbedingt eine neue Taschenlampe für Freitag. Sonst kann ich nicht mit zur Nachtwanderung. Können wir nicht die zuerst kaufen?" Sie legt ihre Hand auf Davids und nickt gewichtig, um ihren Worten Nachdruck zu verleihen. Ich schlucke. „Okay, besorgen wir dir eine neue Taschenlampe." Dann drehe ich mich zur Kaffeemaschine. David muss meine Kiefermuskeln nicht beim Aufeinandermahlen beobachten.

Nachtwanderung … Stefanie … Super!

„Sind Mamas eigentlich auch zum Zelten eingeladen?" Er richtet die Frage an Elena, aber ich spüre seine Augen in meinem Rücken. Ameisenvölker wandern durch meinen Bauch, als ich mich zu ihm umdrehe. Sein brennender Blick trifft mich völlig unvorbereitet mitten in meinen Unterleib.

„Papa, das ist doch ein VATER-Kind-Zelten", Elena bekommt von unserem subtilen Gedankenaustausch nichts mit, sondern legt ihr Gesicht in die Hände und schüttelt fassungslos mit dem Kopf.

„Na gut, dann müssen wir nur dafür sorgen, dass sich Mama nicht langweilt, wenn wir so lange nicht hier sind." Seine Stimme vibriert auf meiner Haut. Er spricht leise, fast heiser und genau jetzt wünsche ich unser Kind einfach mal weg … Vielleicht für ein Stündchen zu den Nachbarn oder so.

Ich beiße mir auf die Oberlippe und drehe mich wieder zur Kaffeemaschine, neben der die Packung mit den Cornflakes steht, die Elena morgens am liebsten isst.

„Ich weiß mich schon zu beschäftigen, während ihr mit Stefaniiie“– den Namen betone ich stark auf dem iiiii, damit sich meine kleine Spitze in Davids Gehirn frisst – nur um sicherzugehen - „durch den ziemlich gruseligen Wald spaziert, nur um anschließend bei den Spinnen und Regenwürmern schlafen zu müssen. Ich werde mir meine kuschelige Decke schnappen, ein Eis essen und mir einen schönen Zeichentrickfilm im Fernsehen ansehen.“ Ich schiebe die Schüssel vor Elenas Nase und kitzele sie kurz zwischen den Rippen, bis sie quiekt und meine Hand wegschiebt.

Dann verschwinde ich schnell aus der Küche, um zu duschen. Meine Tochter ist ja heute Morgen in exzellenter Gesellschaft.

Kapitel 27

Es dauert keine zehn Minuten, als sich die Türe zum Badezimmer öffnet.

David setzt sich auf den Klodeckel und beobachtet mich durch die Duschwand und den dichten Wasserdampfnebel. Er sagt kein Wort.

„Was ist? Ich dachte, du wärst fertig mit duschen?" Das heiße Wasser läuft mir über den Kopf und spült mir das Shampoo aus den Haaren. Ich kneife die Lider zu, damit ich nichts davon in die Augen bekomme.

Er sagt noch immer keinen Ton. Aber ich höre durch den Wasserfall über meinen Ohren, wie er den Schlüssel im Schloss dreht.

Ich schnappe nach Luft, wobei ich mir nicht sicher bin, ob es an dem Geräusch liegt, den der abschließende Schlüssel verursacht, oder an der Tatsache, dass mir literweise Wasser über das Gesicht läuft.

Dann gleitet die gläserne Wand vor mir zur Seite, ich spüre seine Hand auf meinem Handgelenk, und ehe ich wirklich begreife, was hier gerade passiert, sitze ich rittlings auf seinem Schoß. Pladdernass. Auf dem Toilettendeckel. Das Wasser in der Dusche läuft weiter vor sich hin, dampft uns ein. Er wischt mir die nassen Haare aus der Stirn und zieht meinen Kopf tiefer zu sich. Das Blau seiner Augen ist dunkel, fast gefährlich. Sinnlich. Seine Handinnenflächen fahren an der Außenseite meines nassen, noch schaumigen Körpers entlang. Von meinen Schultern über meine Arme zu meinen Hüften. Bleiben auf meinem Hintern liegen. Seine Erektion spüre ich deutlich durch den Stoff seiner Jeans. Die mittlerweile völlig durchnässt von meinem Körper an seinem kleben muss. Doch es scheint ihn nicht zu stören. Er blickt mir in die Augen, studiert meine Körpersprache mit seinen Händen, die deutlicher nicht sein könnte. Meine Brüste schwellen an, meine Nippel recken sich ihm entgegen. In meiner Mitte sammelt sich Feuchtigkeit, die nichts mit meiner vorherigen Dusche zu tun hat.

Ein lustvolles Erbeben geht durch meinen Körper.

Dann gibt er meinen Blick frei, seine Augen wandern über meinen Körper, bleiben an meinen Brüsten hängen. Ehrfürchtig hebt er die Hand, berührt die nackte, nasse Haut über meiner Brust. Fährt großflächig an ihr entlang, ohne eines meiner Lustzentren direkt zu berühren. Ich zittere, jedoch nicht vor Kälte. Seine Fingerspitzen wandern über meinen Bauch, umkreisen meinen Nabel und wandern langsam weiter, tiefer. Endlich senkt er seinen Mund auf meine Brustwarze, knabbert an ihr. Mit seiner warmen Hand wandert er über meinen Oberschenkel, streichelt über seine Innenseite, hauchzart kreisen seine Finger über die Haut meiner Scham. Er spannt mich auf die Folter. Ich rutsche ihm entgegen, drücke mich gegen seine Berührung, bettele ihn an, sich irgendwie zu bewegen, aber er widmet sich weiter meiner Brust. Auf meinen Zehenspitzen abgestützt, bemerke die kleine Pfütze um uns herum.

Ich greife in sein noch immer feuchtes Haar, ziehe ihn hoch zu mir, sehe ihm kurz in die Augen, ehe ich meine Lippen auf seine lege. Und endlich bewegt er sich, seinen Daumen. Er umkreist meinen Kitzler. Reizt ihn.

Ich fordere Einlass in seinen Mund und er empfängt meine Zunge. Mir entfährt ein kehliges Geräusch, unfähig, darüber nachzudenken, dass unsere Tochter hinter der Tür

…, dass ich gleich zur Arbeit …, dass dieser Mann meine Instinkte …, dass er es überhaupt schafft, dass ich jedem vernünftigen Gedanken einfach keine Beachtung mehr schenke.

Er gibt meinen Mund frei und ich kralle mich in seinen nackten Oberkörper, während mir noch immer Wassertropfen über das Gesicht rinnen. „David, was hast du vor?“

„Bin ich nicht deutlich genug, Anna?“ Mit dem Mittelknochen seines Zeigefingers fährt er durch meine Spalte und ich beiße auf meine Lippe, um nicht laut aufzustöhnen. Er presst seinen Mund auf meine Kehle und kitzelt meine Haut, als er weiterspricht, „du hast mich eben mit deinen Gedanken ausgezogen. Meinst du, ich hätte es nicht bemerkt?“ Ein kleiner zarter Biss in die dünne Haut meines Halses. „Also habe ich Elena gebeten, sich schon mal anzuziehen, habe ihr erlaubt, vielleicht ein wenig fernzusehen, und dachte, ich schau mal bei dir vorbei …“, seine Zunge hinterlässt eine fiebrige Spur an meinem Schlüsselbein, „außerordentlich passend, dass du noch nicht angezogen bist …“ Er findet den Weg zurück zu meiner Brustwarze, knabbert erneut, streichelt sie, zwirbelt sie zwischen Daumen und Zeigefinger. Nicht feste, aber durchaus nennenswert aufreizend.

„Dafür bist du jetzt völlig nass …“ Mein Brustkorb hebt und senkt sich in freudiger Erwartung.

„Nicht mehr als du, Anna.“ Und schon schiebt er den Finger in mich hinein. Ich umfange ihn, nehme ihn in mich auf und lasse meinen Kopf gegen seine Brust sinken, als er einen zweiten hinzugesellt und seinen Daumen kreisen lässt. Immer wieder. Immer schneller. Um meine Lustperle.

Die Luft weicht aus meinen Lungen, mein Becken bewegt sich im Takt seiner Finger und seine Hand auf meiner Brust verlagert sich auf meinen Po, schiebt mich rhythmisch auf seine Finger.

Die Wölbung in seiner Hose wird größer, und ich habe das Bedürfnis nicht alleine die Erfüllung zu finden, auf die ich steil zugehe. Also reibe ich mich an ihm und sein gequältes Seufzen bestärkt mich nur darin, diese vermaledeiten Knöpfe seiner Jeans zu öffnen und ihn endlich davon zu befreien.

Das ist nicht so einfach. Seine Jeans ist nass und ich sitze auf ihm, mit zitternden Fingern. Er merkt, was ich vorhabe, hebt mich kurz an, um mich auf dem Klodeckel abzusetzen, ehe er sich zwischen meinen Beinen positioniert. Ich sitze in genau der richtigen Höhe … langsam öffne ich Knopf für Knopf und schiebe ihm die Hose samt Boxer auf die Knöchel. Sein Glied springt mir entgegen und meine Zehen krampfen sich aufgeregt ineinander. David sieht auf mich herab. Er wird es nicht verlangen, aber ich weiß, dass es ihn danach verlangt. Ich lege meine Finger um seinen Schwanz und er zuckt in meiner Faust. Meine Zunge fährt über seine Eichel und David krallt sich in meine Haare, als ich ihn ganz in meinen Mund nehme. Meine Hand liegt auf seinem Hintern, geben ihm den Takt vor, in dem ich lecke, küsse, sauge, während ich seine Hoden und Innenseiten seines Oberschenkels streichele. Ich höre seinen flirrenden Atem, bemerke das Zittern in seinen Beinen, das ihn durchfährt.

Sein Körper beginnt zu beben und er entzieht sich meinem Mund, bevor er kommt. „Anna, bitte, sonst kann ich mich nicht mehr zurückhalten.“ Ich grinse ihn an. „Das hätte ich dir durchaus verziehen.“ Er zieht mich auf

Augenhöhe, küsst meinen Mund. Lüstern, hungrig. Meine Beine drohen schlappzumachen, daher bin ich mehr als froh, dass er mich wieder auf seinen Schoß zieht. Aus der Tasche seiner Hose fischt er ein Kondom. „Wie vorbereitet du bist …“, ich ziehe eine Augenbraue in die Höhe, er grinst nur verwegen. „Ich gehe davon aus, dass es dir ganz gut in den Kram passt, dass ich nicht unvorbereitet bin.“

„Was für eine Unterstellung …“, ich nehme ihm die Verpackung aus der Hand und rolle ihm das Gummi über. Er sieht mir dabei zu, passt die Sekunde ab, in der ich die Hand von ihm nehme, hebt mich an und gleitet in mich. Ich keuche auf. Wie gut er sich anfühlt. Er füllt mich aus, dehnt mich, ist wie für mich gemacht.

Und ich habe das immer gewusst. Unterbewusst. Habe niemandem anderen zugestanden, in meiner Gegenwart zu bestehen, habe auf ihn gewartet, auf seine Rückkehr zu mir.

Und jetzt ist er endlich angekommen.

„David …“, das Denken fällt mir schwer in Anbetracht seiner Bewegung, die mich immer weiter wegzutragen droht. In eine andere Sphäre. Seine Stöße, die ich erwidere. Dieses Brennen zwischen meinen Beinen …, ich rolle meine Zehen ein, lasse das Beben von mir Besitz ergreifen. Fahre meine Krallen aus, versenke sie in seinem Rücken, werfe meinen Kopf in den Nacken und kann den kleinen Aufschrei nicht vollends unterdrücken, als mich mein Höhepunkt überwältigt. Meine Muskeln krampfen um ihn, immer und immer wieder. Und schließlich gibt er sich geschlagen, lässt sich fallen und zuckt in meinen Schoß.

Seine Stirn liegt auf meiner Brust, sein Haar streift meine überreizte Haut, jagt mir einen Schauer über den

Rücken.

Dann nehme ich das Plätschern neben mir wahr. Ich atme tief Davids Geruch ein, kraule andächtig seinen Nacken, seine Finger zeichnen Hieroglyphen auf meinen Rücken.

„Ich fürchte, ich gehe in die Geschichte der Wasserverschwender ein. Schrecklich."

Er streckt den Arm aus, versucht an den Kran zu gelangen, um das Wasser endlich abzustellen. Fast rutsche ich von seinem Schoß, doch es gelingt mir, das Gleichgewicht zu halten und sitzen zu bleiben.

„Und ich setze mein Kind vor die Glotze, um mir ein paar Minuten Ruhe mit dir zu erschleichen … entscheide du, was schrecklicher ist."

Ich hebe mahnend meinen Zeigefinger. „Du hast völlig recht. Du bist eindeutig der schrecklichere Mensch."

Er greift nach meinem Finger, aber ich ziehe ihn zu schnell für ihn wieder zurück. „Das Wasser wird wieder aufbereitet, aber dein Kind abzuschieben, um sich mit der Mutter zu amüsieren, ist dann doch pädagogisch eher fragwürdig." Er bekommt meine Handgelenke zu fassen, hält sie mir hinter meinem Rücken zusammen und erhebt sich, zwingt mich so, ebenfalls aufzustehen. Dann küsst er mich hart auf meinen Mund und sofort durchfährt ein neuerliches Prickeln meinen Leib.

„Ich denke eher, ich werde Vater des Jahres. Immerhin darf sie bei mir schon vor dem Kindergarten fernsehen." Er knabbert an meiner Unterlippe und ich dränge mich an ihn, ermuntere ihn, einfach weiter zu machen. „Das wirst du in diesem Jahr sowieso. Da habe ich keine Befürchtung, dass dir ein anderer den Titel streitig macht." Er knurrt an meinen Hals, gräbt seine Nase an meine Kehle, dann sieht er mir in die Augen.

Die Zärtlichkeit in seinem Blick legt sich wie Honig auf mein Gemüt, die Schmetterlinge in meinem Bauch beginnen sofort zu tanzen.

Das ist genau der richtige Zeitpunkt, um es ihm zu sagen … dass du ihn …

Ich hole Luft …

„Anna, ich hoffe, du hast einen Trockner für meine Hose. Sonst werde ich einen bleibenden Eindruck hinterlassen, wenn ich Elena in der Kita abliefere."

Das Wort *Liebe* bleibt mir im Hals stecken, als ich mit dem Kinn auf meinen Trockner deute. David küsst noch einmal meine Nasenspitze, entlässt meine Hände aus seinem Griff und entsorgt das Kondom in dem kleinen Abfall unter meinem Waschtisch.

Meine Füße stehen in einer Pfütze. „Als wenn du das nicht schon längst hättest", meine Augen suchen nach einem Handtuch, welches ich bereit bin, für einen trockenen Boden zu opfern. Ich selbst benötige keines mehr. Ich schnappe meine Unterwäsche und ziehe mir wenig elegant meinen Slip über. David hingegen zieht sich die Boxer hoch und die Hose aus, stopft sie in meinen Trockner und verweilt mit gefurchter Stirn vor den Knöpfen der Programmauswahl. Ich unterdrücke ein Augenrollen, greife an seiner Schulter vorbei und wähle das Schnelltrockenprogramm. Er räuspert sich, während er sich zu mir umdreht.

„Wäschetrocknen ist auch im 21. Jahrhundert anscheinend noch Frauenkram, davon scheint ihr Männer alle nichts zu verstehen trotz der Technik und dem dazugehörenden Stecker." Ich zucke die Achseln und schiebe meinen BH in die richtige Position. Er kratzt sich verlegen am Kopf, seine Blicke auf meiner Unterwäsche.

Ja, sie ist schwarz und sie ist knapp und sie steht mir einfach ausgezeichnet …

Er scheint den Faden verloren zu haben, denn er beobachtet mich schweigend bei dem Versuch, aus meinen Haaren eine Frisur zu zaubern. Und Magie würde mir tatsächlich weiterhelfen. Ich befürchte schon, dass ich sie erneut waschen muss, entscheide mich dann doch für die Haargummivariante.

David findet seine Worte wieder, „was meintest du mit deiner Bemerkung, dass ich bereits Eindruck im Kindergarten hinterlassen habe?"

Ach David …

Ungläubig schiele ich ihm durch meinen Badezimmerspiegel entgegen. „Das fragst du mich nicht wirklich, oder?" Meine Aufmerksamkeit wandert wieder zu meiner Mascara.

Mit verschränkten Armen lehnt er sich mit dem Rücken gegen den Wäschetrockner, der seine Jeans in eintöniger Gleichmäßigkeit durch die Trommel jagt. Er zieht eine Augenbraue in die Höhe, wohl wissend, dass ich durch den Spiegel alles genaustens mitbekomme.

„Ohhhh Elena, dein Vater zeltet mit dir? Das ist aber schööööön. Vielleicht kann er mir ja bei der Vorbereitung helfen? Da würde ich mich aber seeeehr freuen." Mit meinem Mund mache ich Kussgeräusche, nachdem ich Stefaniiiiiies Stimme für ihn verdeutliche. Dann ziehe ich mir einen Lidstrich. Konzentriert.

Er hebt auch die zweite Augenbraue in die Höhe. Ich sehe ihm an, dass er sich noch nicht ganz schlüssig ist, was er antworten soll. Immerhin habe ich ihn nichts gefragt.

Er beginnt zu lachen. Erst leise, dann scheint es durch

seinen Brustkorb zu klettern. Dieses tiefe, männliche Lachen. Und er hüllt mich damit ein. Ich sollte beleidigt sein, spätestens als er seinen Hinterkopf ebenfalls gegen den Trockner legt, der auf meiner Waschmaschine steht.

Aber ich muss grinsen. Er wischt sich die Lachtränen aus den Augenwinkeln und kommt langsam wieder zu sich. Ich bemühe mich um einen ernsten Gesichtsausdruck.

„Ich weiß gar nicht, was es da zu lachen gibt, mein Freund?!" Ich studiere mein eigenes Aussehen im Spiegel, auch um sicherzugehen, dass ich nicht selbst losspruste. Den Lipgloss mache ich später.

David stellt sich hinter mich, umfängt mich mit seinen Armen, immer noch vor sich hin feixend. „Anna, ich sehe eben einfach blendend aus. Leider macht mich das völlig machtlos gegen die Wirkung, die ich auf Frauen habe." Er hebt seine rechte Hand, fährt sich anzüglich mit Daumen und Zeigefinger über seine Augenbraue und blinzelt sich jovial selbst durch den Spiegel entgegen.

Mir klappt der Unterkiefer runter, ich schließe ihn wieder. Verdrehe meine Augen und verlasse das Bad. David beginnt erneut zu kichern.

Kapitel 28

„Du bist zu spät." Thomas baut sich vor mir auf und tippt unwillig auf seine Armbanduhr.

„Ich weiß, es tut mir leid. Anscheinend bin ich heute Morgen nicht in die Puschen gekommen." Meine Lippen verziehen sich zu einem Schmunzeln bei der Erinnerung an mein kleines Intermezzo mit David.

„Der Grund interessiert mich nicht. Sieh zu, dass das nicht zur Gewohnheit wird." Mit diesen Worten wendet er sich ab und verschwindet in seinem Büro.

Vielleicht sollte ich über die Versetzung doch intensiver nachdenken.

Aber für heute verschwinde ich hinter meinen Schreibtisch.

Als David um Punkt 14 Uhr durch die langen Büroflure irrt, um mich abzuholen, hat er keine Ahnung, dass ich ihn schon im Visier habe. Mit Wohlwollen nehme ich die vielen Blicke der Damen wahr, die ihm fragend und durchaus willig hinterherschmachten, während ich mich innerlich schon auf meinen großen Auftritt vorbereite.

Ich gestehe, es schmeichelt mir, dass dieser Mann - dieser wirklich heiße Typ - hierhergekommen ist, um mich abzuholen.

Ich lecke über meine Lippen und verlasse mein Versteck in der Kaffeeküche, um ihn in Empfang zu nehmen.

Sein Gesicht verwandelt sich in ein Strahlen, als er mich erblickt, und ich sauge seine Wiedersehensfreude regelrecht in mich auf wie den Sauerstoff, den ich zum Atmen brauche.

Er zieht mich an sich und küsst mich. Lange. Und nicht unbedingt jugendfrei. Natürlich markiert er sein Revier und natürlich bin ich mir dessen bewusst, aber aus welchem Grund sollte ich ihn daran hindern?

„Hey, schöne Frau, bist du bereit zum Aufbruch?"

Ich schiebe meine Hände in die Hintertaschen seiner Jeans. „Natürlich. Warte, ich hole nur schnell meine Sachen."

Aus dem Augenwinkel registriere ich die Blicke auf uns. David lächelt auf mich herab, gibt mich frei, damit ich meine Jacke holen kann, als sich Thomas' Bürotür öffnet und er im Flur erscheint. Er hat nicht damit gerechnet, David gegenüberzustehen, und ich sehe ihm an, wie er mit sich selbst ringt. Kurz habe ich die Befürchtung, dass ihm die Gesichtszüge entgleisen. Er denkt darüber nach, wieder in seinen vier Wänden zu verschwinden. Aber er bleibt dennoch stehen, hat sich äußerlich wieder im Griff. Immerhin darf er sich keine Blöße geben.

Niemand hier weiß, dass wir uns bis vor kurzer Zeit auch privat getroffen haben. Weil er eben genau das nicht wollte.

„Frau Lorenz, ich glaube, Ihr Freund kann auch auf dem Parkplatz auf Sie warten", bemerkt er spitz.

David spannt sich an, und ehe ihm eine bissige Erwiderung herausrutscht, drehe ich mich schnell zu Thomas um.

„Aber Herr Hagedorn, wenn Sie mal eine Freundin haben, dann lassen Sie sie doch sicherlich nicht auf dem Parkplatz versauern, oder?" Ich drücke Davids Hand, die in meiner ruht, und wende mich in Richtung Fahrstuhl. „Außerdem sehe ich keinen Grund, meinen Freund zu verstecken." Ich beachte ihn nicht weiter, weiß aber, dass meine Worte genau dort gelandet sind, wo sie hinsollten.

Daran wird er knabbern.

Versetzung, Anna …

Im Fahrstuhl betrachtet mich David mit schräg gelegtem Kopf.

„Was?“ Sein durchdringender Blick macht mich nervös.

„Du bist noch immer verbittert über sein Verhalten, oder?“ Seine Hände schiebt er tief in seine Hosentaschen. Er hat sich umgezogen, trägt eine andere Jeans und einen Longsleeve, der sich an ihn schmiegt wie eine zweite Haut. Auf eine Jacke hat er verzichtet oder sie im Auto deponiert.

„Er ist ein Idiot und ich ärgere mich darüber, dass ich so viel Zeit damit verplempert habe, darauf zu hoffen, dass er sich ändert. Das ist alles.“

Ich zucke die Schultern, schenke ihm ein Lächeln. Dann ist der Fahrstuhl im Erdgeschoss angekommen.

Dass er mir nur langsam auf den Parkplatz folgt, bemerke ich nicht sofort. Fragend ziehe ich eine Augenbraue in die Höhe, während ich darauf warte, dass er mich einholt.

„Alles in Ordnung?“

„Mmh, sicher …“

Oh nein, mein Freund, so nicht … das ist eine Frauen-Antwort.

„Mmh, sicher … was?“, hake ich nach.

„Nichts, Anna.“ Unwirsch fährt er sich durch die Haare, als er mir die Beifahrertür des Volvos öffnet.

„Verkaufe mich nicht für dumm, David. Meinst du wirklich, ich sehe nicht, dass du sauer bist. Und ich frage dich nur, warum.“

Er atmet tief ein, als er neben mir Platz nimmt und

starrt aus der Windschutzscheibe vor sich auf den Parkplatz. Dann sieht er mich an. „Ich habe keine Lust, als Lückenbüßer zu fungieren, Anna. Frei nach dem Motto, *nur weil es mit dem Typen nicht geklappt hat, nehme ich mir den nächsten, der in der Warteschleife bereitsteht …!*" Dann startet er den Wagen und reiht sich in den fließenden Verkehr. Und ich sitze einfach nur neben ihm und versuche seine Worte zu verdauen.

„Das glaubst du doch nicht wirklich, oder?" Mein Herz klopft. Vermittele ich ihm das etwa?

„Es sah zumindest doch sehr danach aus. Du hast mich präsentiert, um ihm zu zeigen, wie man es deiner Meinung nach richtig macht."

„Aber David …", mir bleibt die Spucke weg. Mit allem habe ich gerechnet, aber nicht mit seiner Befürchtung, dass er nur meine zweite Wahl sei. Ich dachte tatsächlich, wir hätten diesen Zweifel gestern ein für alle Mal aus der Welt geschafft. Da habe ich mich wohl geirrt.

Ich beginne meinen Satz erneut mit festerer Stimme, wie ich zumindest hoffe. „Aber, David, natürlich habe dich präsentiert. Aber aus einem anderen Grund, als du annimmst." Seine Miene bleibt regungslos. „Hast du nicht die Blicke meiner Kolleginnen bemerkt? Ich gelte als die fleischgewordene unbefleckte Empfängnis. Sie haben dir förmlich die Klamotten vom Leib gerissen und ich bin noch immer so unglaublich … sprachlos über die Tatsache, dass du eben das ausgerechnet mir gestattest. Und die Damen jetzt sicherlich auch." Er schnaubt und runzelt ungläubig seine Stirn. Aber gleich habe ich ihn, das spüre ich. „Das ist die Wahrheit, David. Alles pure Angabe von meiner Seite aus." Ich beobachte, wie sich seine Hände entspannen, die sich bis gerade eben noch um das

Lenkrad geklammert haben. Die Ampel vor uns springt auf Rot und David schaltet in den Leerlauf, sieht mich kurz an, bevor er sich zu mir beugt und mich küsst. „Ich hoffe sehr, dass das tatsächlich genau so ist, Anna." Meine Hände streichen über seine noch immer gefurchte Stirn. „Thomas spielt keine Rolle, das hat er eigentlich nie getan. Bitte glaube es mir endlich." Dann küsse ich ihn zurück.

„Hättest du mir vorher gesagt, dass du mit mir angeben willst, hätte ich andere Geschütze aufgefahren." Er lehnt sich wieder zurück in seinen Sitz, blickt auf die Ampel.

Und ich bin erleichtert, dass dieses Missverständnis endlich nicht mehr zwischen uns steht. „So? Welche?"

„Darüber muss ich ja jetzt nicht mehr nachdenken. Die Bombe ist ja nun bereits geplatzt." Er blinzelt mir zu, kleine Lachfältchen bilden sich um seine Augen und schon fährt er wieder an. Ich beobachte ihn aus dem Augenwinkel. Ist es tatsächlich möglich, dass er voller Sorge darüber ist, was ich für ihn empfinde? Dass er mir etwas bedeutet?

Himmel, wir haben ein gemeinsames Kind. Gut, das alleine ist nicht sonderlich aussagekräftig. Und schon gar nicht gemessen an der Tatsache, dass er erst seit so kurzer Zeit Kenntnis darüber hat.

Aber die Zeit, die wir zusammen verbringen …, oder unser Sex …, das alles ist mehr als Hinweis genug, wie ernst es mir ist.

Und sollte ich nicht diejenige sein, die seine Absichten infrage stellt? Ist es nicht eher Elena, an der ihm etwas liegt? Und bin ich nicht die Brücke zu seiner Tochter? Ich schüttele den Gedanken ab. Diese Art der Skepsis ist nicht förderlich. Weder für mein Wohlbefinden noch für das unserer gerade entstehenden Beziehung zueinander.

Elena steht selbstverständlich schon in der Tür und erwartet uns sehnsüchtig. „Da seid ihr ja endlich … wir müssen doch noch eine Taschenlampe besorgen und einen Schlafsack für Papa." Sie hält inne und vergewissert sich noch mal nach einem vorhandenen Zelt. David nickt bestätigend, hebt sie sich auf die Schultern. „Wir können es gerne nachher im Garten einmal zur Probe aufbauen, wenn du es unbedingt sehen möchtest." Elena umgreift seinen Kopf und dreht ihn in ihre Richtung, zwingt ihn so, sie anzusehen. „Wir haben doch keinen Garten, Papa." Er lockert ihren Griff um seinen Hals. „Aber ich, Prinzessin. Ich habe einen Garten." Dann setzt er sie auf die Bank vor der Garderobe und hilft ihr mit den Schuhen. Das ist der Moment, in dem Stefanie ihn erblickt. Sie fährt sich durch das blonde Haar und befeuchtet ihre Lippen mit der Zunge.

Sieh an, sieh an.

Vielleicht ist es an der Zeit, dass auch ich mein Revier markiere.

Ich trete hinter David, lege ihm besitzergreifend die Hand auf die Schulter. „Vielleicht können wir ja heute Nacht bei Papa bleiben?" Sein Blick schnellt zu mir, mein Herz macht einen Satz, als er sich erhebt. „Hättest du das jetzt auch vorgeschlagen, wenn die hübsche Blondine nicht im Gang aufgetaucht wäre?" Er flüstert es gegen meinen Mundwinkel und am Glitzern seiner Augen erkenne ich, dass er mich aufziehen möchte. Meine Finger platzieren sich auf seinem Hintern, „Gut, dass ich darüber nicht mehr nachdenken muss, jetzt wo die Bombe geplatzt ist", bediene ich mich seiner eigenen Worte von vorhin.

„Du bist tatsächlich eine Hexe." Seine Lippen legen

sich auf meine. Sehr gut. Revier markiert.

„Och, hört auf damit. Das ist ja ekelig.“ Elena zieht an Davids Hand und schüttelt sich. Ich beginne zu lachen, greife nach Elenas Kindergartentasche und ziehe mit einem siegreichen Lächeln an der netten Blonden vorbei, David an der Hand.

Sie sieht verkrampft aus, die Arme.

Bei einem kurzen Zwischenstopp packen Elena und ich einige Sachen zusammen, ehe wir uns auf den Weg aufs Land machen. Davids Eltern sind hocherfreut, als sie von unserem Überraschungsbesuch erfahren. Ich hatte vor, mit meinem eigenen Auto zu fahren, damit David uns morgen nicht in aller Herrgottsfrühe wieder chauffieren muss. Aber wir einigen uns darauf, dass Elena den Kindergarten schwänzt und ich Davids Auto nehme, um in die Stadt zu kommen.

So weit sind wir also schon. Dein Auto, mein Auto, unser Auto.

Immer wieder erfasst mich ein Glücksgefühl, dem ich mich noch nicht vollends hingeben kann. All das hier ist definitiv zu schön, um wahr zu sein.

Ich verabrede mich noch kurz mit Christian für Freitag. Immerhin habe ich ja genug Zeit und Christian ist wohl ab sofort vom Vater-Kind-Zelten befreit. Was liegt also näher, als dass wir unseren freien Abend gemeinsam verbringen.

Als wir endlich im Auto sitzen, plappert Elena fröhlich vor sich hin, erzählt uns von ihrem Kindergartentag und dieses Zugehörigkeitsgefühl in mir festigt sich wieder ein kleines bisschen mehr. Ich bin wie in einem wunderschönen Traum gefangen. Ein Traum von Mann direkt neben mir, ein Traum von Kind hinter mir im Kindersitz und ich – eine träumende Anna, die Angst hat, dass hierauf ein böses Erwachen folgt.

Was soll schon großartig passieren, Anna? Genieße es einfach …

Ich lege meine Hand auf Davids Oberschenkel und er lächelt mich an.

Einfach auf dich zukommen lassen …

Als Elena auf ihre Großeltern trifft, gibt es ein riesiges Hallo. Noch bevor einer von uns das Haus betreten hat, erzählt sie aufgeregt von dem Vorhaben, das Zelt mit ihrem Vater aufzubauen, sowie von unserer Absicht, bei David zu übernachten.

Wie zufällig trifft mich Birgits Blick, ich sehe die Freude in ihren Augen. Als sie mich dann zur Begrüßung umarmt, küsst sie mich auf die Wange. „Kommt endlich rein, ich habe Waffeln gebacken." Elena springt in die Luft. „Super! Ich will eine mit Sahne." Und noch ehe ich sie für das Ich will abmahnen kann, hat Peter sie bei der Hand und führt sie ins Esszimmer.

„Lass sie. Ich bin ja froh, dass sie Waffeln mag." Davids Mutter drückt meine Hand und zieht mich in den Flur.

„Wie nett, dass ich auch begrüßt werde …" David hebt die Hände in die Luft und sieht seine Mutter erwartungsvoll an, die ihn jedoch mit einer wegwerfenden Handbewegung einfach stehen lässt. „Schließ die Türe hinter dir und ziehe deine Schuhe aus."

Ich gluckse auf und werfe einen kurzen Blick über meine Schulter. David lässt kopfschüttelnd die Türe ins Schloss fallen, ehe er uns folgt - ohne sich seiner Schuhe zu entledigen.

Kapitel 29

Der Nachmittag vergeht wie im Flug, und als wir uns wieder auf den Weg machen, schließt Elena erschöpft ihre Augen und nickt auf dem Rücksitz ein, sodass ich meine liebe Mühe damit habe, sie zum Aussteigen zu überreden, als wir vor Davids Haustüre zum Stehen kommen. Liebevoll schiebt er mich zur Seite und hebt seine Tochter aus dem Sitz, trägt sie in die Wohnung.

Mit einem Seufzen legt Elena ihre Ärmchen um seinen Hals und schmiegt sich an ihn, bis er sie in seinem Bett ablegt. Sie kuschelt sich unverzüglich unter die Bettdecke und mir gelingt es gerade noch, ihr die Schuhe von den Füßen zu ziehen. "Man sollte meinen, deine Mutter hätte Valium unter die Sahne gemischt." David begutachtet mein erstauntes Gesicht. „Tja, willkommen in meiner Familie. Ich befürchte, wir waren die folgsamsten Kinder in der gesamten Nachbarschaft."

„Vielleicht verrät sie mir ja ihr Rezept. Man kann ja schließlich niemals wissen, wann es einem nützlich sein könnte."

Er lächelt … nein, sein Gesichtsausdruck ist eher ein lüsternes Mundverziehen. „Ich kann nicht behaupten, dass es mir nicht gelegen kommt." Schon steht er vor mir, küsst mich innig. Seine Hände wandern unter mein Shirt und ich umfasse seinen Nacken, unfähig ein Veto einzulegen.

Das Klingeln seines Telefons lässt ihn kurz aufhorchen und Luft holen. „Es sind Ferien, also ist es nicht wichtig." Und schon habe ich seine warmen weichen Lippen erneut auf meinen. Als sein Anrufbeantworter anspringt, bleibt mir jedoch das Herz stehen und ich erstarre in Davids

Umarmung.

„David, hier ist Julia. Ich wollte nur fragen, ob alles in Ordnung ist. Wir waren verabredet und ich werde das Gefühl nicht los, dass du es vergessen hast?! Bitte melde dich, ja?“

„Fuck!“

Ich löse mich von David, der sich unbeholfen durch die Haare fährt. „Fuck, Fuck!“

„Du wiederholst dich!“ *Ruhig Blut, Anna!*

„Vielleicht solltest du sie anrufen und euer Date verschieben.“ Der bissige Unterton meiner Stimme erschreckt mich selbst. Ich hebe Elenas Schuhe vom Boden auf und versuche an ihm vorbei aus dem Zimmer zu gelangen. Er hindert mich selbstverständlich daran. „Anna, bitte … lass es mich erklären …“ Ich sehe auf seine Hand herab, die sich um meinen Oberarm gelegt hat.

„Nein, David, alles ist gut. Du musst nichts erklären. Elena und ich sind unverhofft in dein Leben getreten. Es wäre töricht von mir, davon auszugehen, dass du völlig frei für mich … für uns bist.“ Ich fahre mit der Zunge über meine Lippen, wische seinen Geschmack von mir, seine Wärme. Den Kloß in meinem Hals versuche ich geflissentlich zu ignorieren. *Ich war es ja eigentlich auch nicht …*

Und ausgerechnet jetzt habe ich kein Auto vor Ort.

„Anna, ich habe dir doch schon erklärt, dass zwischen Julia und mir nichts ist.“

„Immerhin genug, dass du dich mit ihr verabredest.“ Ich entwinde mich seinem Griff und verschwinde in den Flur, nur um auf das hektische Blinken seines Anrufbeantworters zu treffen.

Es steht mir nicht zu, so zu reagieren. Ich bin mir dessen bewusst. Doch die Rolle der Verständnisvollen ist mir nicht auf den Leib geschrieben. Ich bin eifersüchtig und voller Abneigung für eine Frau, der ich noch nie in meinem Leben begegnet bin. Dabei klingt sie sehr sympathisch. Ihre Stimme auf dem Anrufbeantworter.

Doch niemand hätte mich darauf vorbereiten können, dass es mir so die Füße unter dem Boden wegzieht.

Elenas Schuhe finden einen lieblosen Platz unter der Garderobe, während ich noch immer versuche, mich von diesem Anruf zu distanzieren.

Er ist nicht mit ihr zusammen …, sie bedeutet ihm nichts …, du bist hier bei ihm, nicht sie …

Ich spüre seine Nähe hinter mir, atme tief durch.

„Es tut mir leid. Ich wollte nicht so heftig reagieren." Mit zusammengepressten Lippen drehe ich mich zu ihm um. Mache ein Zugeständnis. Ein kleines.

Sein Blick ist betroffen auf den Boden gerichtet, seine Hände tief in seinen Taschen vergraben. Dann hebt er den Kopf, sieht mich an. „Anna, mir tut es leid. Ich hätte sie darüber informieren müssen, dass ich mich nicht mehr mit ihr treffen werde."

„Ja, das wäre vielleicht eine Möglichkeit gewesen." Noch nicht ganz versöhnt mit der Situation drehe ich mich wieder zum Fenster, starre auf den weitläufigen Garten hinter dem Haus. „David, ich möchte ehrlich sein. Ich fühle mich so schrecklich unsicher, dass ich manchmal Angst davor habe, einfach das Atmen zu vergessen vor lauter Anspannung. Ich habe keine Ahnung, wohin das mit uns führen wird, und ich habe tatsächlich die Befürchtung, gleich aufzuwachen, und all das ist nur ein Traum."

Mein Herz klopft mir bis unter den Hals, während eine

bittere Kälte von mir Besitz zu ergreifen droht. Ich schlinge mir meine Arme um den Körper, als hätten sie die Macht mich zu wärmen.

„Das alles hier ist zu schön, um wahr zu sein …, dass wir uns wieder getroffen haben, dass du mir immer wieder versicherst, wie sehr du dir eine Familie wünschst, mit Elena und mir.“ Ich massiere kurz meinen Nacken, wende mich ihm wieder zu. „Und ich erwische mich immer wieder bei der Frage, ob es tatsächlich ich bin, die du willst.“ Seine Augen beginnen zu funkeln und er kommt einen Schritt auf mich zu. Ich hebe abwehrend die Hände. „Nein, bitte lass mich ausreden … wenn du Elena möchtest, musst du nicht …“, ich bin mir nicht sicher, ob ich die nächsten Worte über meine Lippen bringe, ohne in Tränen auszubrechen. Ich versuche es dennoch. Mit erstaunlich fester Stimme. „… du musst dich nicht zwingend auch für mich entscheiden. Elena ist deine Tochter, ich würde dir niemals den Umgang mit ihr verbieten. Sie liebt dich bereits jetzt schon abgöttisch. Fast so, als hätte sie immer nur darauf gewartet, dass du endlich auftauchst“, ich lächle resigniert in mich hinein. Dann suche ich seinen Blick. „Aber, David, es ist okay, wenn du dir nicht wirklich sicher bist …“

~o0o~

David ignoriert ihre Bitte, Abstand zu halten, und macht einen Satz in Annas Richtung, zieht sie in seine Arme. Als ihr Körper beginnt zu beben, wird ihm gewahr, dass sie weint. Er nimmt ihr Gesicht in seine Hände, zwingt sie, ihn anzusehen. Anstatt etwas zu sagen, küsst er ihr die Tränen von den Wangen. Dann bettet er sein Kinn auf ihren Scheitel. „Sag nie wieder so etwas Absurdes, Anna. Ich wollte dich schon zurück, ehe ich überhaupt von Elena wusste.“ Er drückt sie an sich, viel zu fest. Aber sie lässt es sich gefallen, umschlingt seine Mitte, presst sich ebenso an ihn. „Ich habe dir von Julia erzählt. Sie bedeutet mir nichts, ich habe es schlichtweg vergessen, mit ihr zu sprechen. Andere Dinge waren mir wichtiger.“ Er spürt die Entspannung, die ihren Körper weicher werden lässt. Mit geschlossenen Augen atmet er innerlich erleichtert auf. Er könnte nicht damit umgehen, wenn Anna ihn wieder verließe. Sie gehört zu ihm, ebenso wie Elena. Und gerade fing er an, daran zu glauben, dass sie ähnlich empfinde.

Er könnte sich selbst ohrfeigen, dass er nicht wenigstens eine Minute daran verschwendet hat, Julia über seinen neuen Beziehungsstatus in Kenntnis zu setzen. Ihr zu sagen, dass sie sich nicht mehr privat sehen werden. Er kann nur hoffen, dass der Anruf Anna und ihn nicht wieder kilometerweit zurückgeworfen hat. Sie stehen eine ganze Weile eng umschlungen einfach bewegungslos vor dem Fenster seines Wohnzimmers, ehe er die Stille mit seiner Frage durchbricht. „Hast du vielleicht noch Hunger? Ich bin mir nicht sicher, was mein Kühlschrank noch hergibt, aber für Nudeln mit Ketchup wird es allemal reichen.“

Er beginnt zu grinsen, als Anna unwillkürlich beginnt, sich zu schütteln. „Bäh, was ist nur aus *Liebe geht durch den Magen* geworden?“ Gespielt schockiert fasst er sich ans Herz. „Na hör mal, das ist mehr als verletzend. Nudeln kochen ist eine Kunst und ich lasse dich gerne daran teilhaben. Aber wenn du natürlich nicht möchtest …?!“ Betont beleidigt verdreht er die Augen und Anna schlägt die Hände vor ihr Gesicht. „Dann überrasche deine

Tochter morgen mit deinem Können. Nutze deine Fähigkeiten lieber, um einen Lieferservice davon zu überzeugen, uns mit etwas Essbarem zu beglücken."

„Du bist ein Banause."

Anna klopft beschwichtigend auf seinen Brustkorb. „Das hat mein Kunstlehrer auch immer behauptet. Aber ich kann damit leben."

David wird plötzlich ernst, hebt mit dem Zeigefinger ihr Kinn an und versinkt förmlich in ihren Bernsteinaugen. Mit dem Daumen streicht er über ihre Unterlippe. Dann senkt er den Kopf und küsst sie. Hauchzart, fast vorsichtig. „Zweifle niemals wieder an meinen Gefühlen für dich. Dazu hast du keinen Grund."

„Ich werde es versuchen", verspricht sie ihm heiser.

~o0o~

Noch immer liegt es mir schwer im Magen. Aber ich versuche nicht darüber nachzudenken, dass er mit einer anderen Frau verabredet war. *Zum unverbindlichen Sex …* Mir wird übel und ich nehme noch einen Schluck aus der Bierflasche, die David aus seinem Kühlschrank gezaubert hat. Die leeren Pizzakartons liegen vor uns auf dem Teppich und David lehnt mit dem Rücken gegen seine Couch und wirft immer wieder verstohlene Blicke in meine Richtung.

Ich habe ihm versprochen, dass es keine Rolle spielen wird. Dass ich ihm glaube, wenn er mir sagt, dass da nichts sei zwischen ihm und dieser Julia.

Aber ich wäre nicht Frau, könnte ich so einfach darüber hinwegsehen. Hinzu kommt noch diese ungute Vorahnung, dass sie es vielleicht nicht ganz so leicht hinnimmt, wenn David ihr von mir – von uns erzählt.

Und diese kleine Bedeutungslosigkeit, dass besagte Julia ebenfalls als Lehrerin an Davids Schule unterrichtet, bereitet mir Schnappatmung und unkontrollierte Panikattacken. Denn ich muss ehrlich sein. David und ich lernen uns gerade erst richtig kennen.

Die Zeit in Griechenland und diese letzten gemeinsamen Tage können sicherlich nicht die vergangenen sieben Jahre einfach ersetzen, die uns nun mal offensichtlich fehlen. Auch wenn ich weiß, dass ich an seine Seite gehöre, dass ich genau hier sein möchte, wir hatten einfach zu wenig Zeit.

Julia ist also klar im Vorteil. Und mir bleibt nichts, als Davids Worten zu vertrauen.

Er hat sie nicht zurückgerufen und ich bin mir sicher, dass sie bestimmt die eine oder andere Nachricht auf sein Handy geschickt hat. Selbiges liegt völlig unbeachtet im Flur neben seinem Haustelefon.

Er zieht mich zu sich und ich bette meinen Kopf auf seinen Oberschenkel, genieße diese Nähe. Seine Finger, die immer wieder streichelnd über meinen Körper fahren. Sein tiefes Lachen, wenn er über eine lustige Filmszene lacht.

Ich muss in seinem Schoß liegend eingeschlafen sein, denn an das Ende des Films kann ich mich wahrlich nicht mehr erinnern. Nur noch an Davids leise Stimme, die mich dazu überredet, meinen sehr gemütlich anmutenden Platz mitten auf dem Wohnzimmerteppich gegen sein Bett einzutauschen.

Als ich am nächsten Morgen in Davids Volvo auf dem Parkplatz der Bank zum Stehen komme, passt mich Corinna aus der Kundenbetreuung ab. Fast habe ich das

Gefühl, sie hat neben ihrem eigenen Auto nur auf mein Ankommen gewartet.

„Anna, warte mal." Als ich grüßend an ihr vorbeigehe, stöckelt sie in ihren mörderisch hohen Schuhen hinter mir her. Ich bleibe lieber stehen, damit die Arme sich nicht noch die Hacken bricht.

„War das gestern dein neuer Freund?" Das muss man ihr lassen. Sie kommt direkt auf den Punkt. „Ja, das ist er. Warum fragst du?" Ich gehe nicht davon aus, dass ihre Frage freundschaftlicher Natur ist. Corinna und ich stehen uns ungefähr so nahe wie Pinguine und Eisbären. Sie lebt eindeutig am anderen Ende meiner Welt.

„Hmhh, wie soll ich es dir nur sagen?" Sie räuspert sich, macht es schrecklich spannend. Ich würde sie am liebsten stehen lassen und sie nicht weiter beachten, bis jetzt bin ich damit immer gut gefahren.

„Corinna, dann sage es einfach gar nicht und behalte es für dich. Ich habe keine Zeit, hier einfach rumzustehen." Ich mache Anstalten an ihr vorbeizugehen, aber sie hält mich davon ab. „Vielleicht solltest du wissen, dass ich ihn kenne."

Ich ziehe eine Augenbraue in die Höhe. „So, tust du das?" Sie interpretiert meine Reaktion völlig falsch und ihr Gesichtsausdruck verändert sich von arrogant gelangweilt in ein überhebliches Herabsehen auf meine Person. Was mir nur wieder deutlich macht, dass ich sie tatsächlich nicht leiden kann.

„Corinna, selbst wenn du ihn kennst, ändert es nichts an der Tatsache, dass ich mit ihm zusammen bin. Und egal, was du meinst über ihn zu wissen, behalte es für dich. Es interessiert mich nicht. Und jetzt entschuldige, ich muss langsam …", mit einem Nicken deute ich in Richtung

Bankgebäude und lasse sie hinter mir stehen.

„Dann wünsche ich dir viel Glück. Ich weiß zufällig, dass er bereits eine Freundin hat. Und das bist nicht du, meine Liebe." Ich höre ihr Grinsen, auch wenn ich sie nicht sehe. Diese hämische, schadenfrohe Miene schreit mich förmlich von hinten an. Ich atme tief ein und aus. „Dafür habe ich sein Auto und seine angebliche Freundin nicht. Grüße sie lieb von mir." Damit setze ich meinen Weg fort, ohne sie noch mal anzusehen. Und der Gedanke an eine Versetzung nimmt immer größere Formen an.

Erst ist David fast sieben Jahre wie vom Erdboden verschluckt, nur damit mir innerhalb kürzester Zeit gleich mehrere Möglichkeiten aufgezeigt werden, dass es ein Leichtes gewesen wäre, auf ihn zu treffen. Und beide sind eng mit meinem Arbeitsplatz verwoben.

Mein Chef, der mich auf diese Hochzeit mitschleppt, meine Arbeitskollegin, die mit Davids Freundin bekannt ist … und ich, irgendwo dazwischen.

Verrückte Welt.

Kapitel 30

Zu meiner Erleichterung ist Thomas heute anscheinend nicht im Haus. Auch von Corinna höre und sehe ich den ganzen Vormittag nichts weiter. Doch die trügerische Ruhe hält nicht lange an. Kurz vor Feierabend blinkt mein bankinterner E-Mail-Account auf und ich öffne eine an mich gerichtete Nachricht aus der Kundenbetreuung. Nur um es auf der Stelle bitterlich zu bereuen.

Fotos von David, in inniger Umarmung mit einer blonden Schönheit zeigen sich auf meinem Bildschirm. Sie küssen sich, er hält ihr Gesicht mit seinen Händen umfangen, die Augen genießerisch geschlossen. Ebenso, wie er es in den letzten Tagen bei mir getan hat. Mein Puls beschleunigt sich und ein Schweißfilm bildet sich in meinem Nacken. Auch meine Handinnenflächen werden feucht.

Ruhig Blut, Anna. Dieses Foto ist bereits älter.

Ein weiteres Bild zeigt die blonde Schönheit seitlich auf Davids Schoß sitzend, sie lacht über etwas, das er ihr ins Ohr flüstert. Eine seiner Hände ruht auf ihrem Oberschenkel, die andere auf ihrem Rücken.

Ein Plakat im Hintergrund offeriert mir ein Datum, dass die Aufnahme des Fotos lediglich 2 Tage vor der Hochzeit liegt, auf der ich David wieder getroffen habe.

Die Luft entweicht meinen Lungen, meine Kehle ist wie zugeschnürt.

Das hat nichts zu bedeuten, Anna. Rein gar nichts.

Ich werde David einfach auf die Fotos ansprechen. Genau. Das machen Paare doch, oder? Sie fragen nach, wenn sich irgendetwas merkwürdig entwickelt.

Und das hier entwickelt sich nicht nur merkwürdig.

Wer in Gottes Namen ist diese blonde Frau, die so ganz anders aussieht als ich. So schlanker, so blonder?

Erst jetzt bemerke ich den kleinen Kommentar unter den Bildern.

Das ist seine Freundin.
Sie ist ebenfalls Lehrerin an seiner Schule.
Liebe Grüße Corinna
<3

Kurz überlege ich, ob ich etwas darauf erwidern soll, doch stattdessen leite ich die Bilder an Christian weiter.

Mir ist übel.

Mein Handy klingelt. „Schätzchen, verliere jetzt bloß nicht den Kopf, hörst du?“ Christians Stimme fordert ermahnend Vernunft.

„Das zweite Bild ist erst ein paar Tage alt, wie soll ich da ruhig bleiben?“, krächze ich in den Hörer. Nichts liegt mir ferner, als mich in eine funktionierende Beziehung zu drängen. „Was wenn er doch nur über mich an Elena heranwill? Wenn er eigentlich diese blonde Sirene will und nicht mich.“ Meine Stimme zittert verräterisch und meine Nasenflügel beginnen zu kribbeln.

Wehe du heulst jetzt hier los.

„Anna, hörst du dir manchmal selbst zu, wenn du redest? Warum steckst du nur so voller Zweifel? Wie oft muss er dir noch sagen, dass er dich will?“ Christian wird ungeduldig, das höre ich an der Schärfe in seiner Stimme.

„Er hätte mich finden können, Christine … so viel früher … wenn er wirklich gewollt hätte, dann hätte er mich finden können.“ Ich presse meine Lippen fest aufeinander, eine Träne kullert über meine Nase. Ich wische sie weg.

„Anna, das haben wir doch längst hinter uns." Er seufzt schwer in mein Ohr. „Wie oft haben wir in den vergangenen Jahren über genau dieses Thema gesprochen? Immer und immer wieder haben wir das durchgekaut. Du hast ihn doch auch nicht gesucht!"

Ich ziehe unfein meine Nase hoch.

„Was habt ihr heute noch vor? Seht ihr euch später?", lenkt er vom eigentlichen Thema ab.

„Ich habe sein Auto heute Morgen mitgenommen. Elena war heute den ganzen Tag bei David. Gleich wollte ich wieder zu ihm zurückfahren …", ein Schluchzer entfährt mir.

„Und genau das wirst du auch machen, hörst du? Wie kommst du eigentlich an diese Fotos?"

Und dann berichte ich von Corinna, ihrer Meinung darüber, dass David eigentlich schon eine Freundin habe und den lieblichen Fotos, die sie mir netterweise zur Verfügung gestellt hat. Christian schnaubt in den Hörer. „Was ist das nur für eine gehässige Kröte? Arbeiten in der Bank eigentlich nur sozial inkompetente Menschen? Und warum arbeitest du noch mal dort?"

Ich muss schmunzeln. „Ich denke tatsächlich über eine Versetzung nach …"

„Das ist das Beste, was ich heute aus deinem Mund gehört habe. Jetzt gibt es endlich einen Kerl an deiner Seite, der diese Entscheidung mit dir tragen wird. Zweifel nicht an David. Ich glaube, das hat er nicht verdient." Seine Worte beruhigen mich. Wie immer. Mein Herz ist gleich nicht mehr so schwer und Corinna finde ich immer noch ätzend. Vielleicht sogar noch ein wenig mehr als heute Morgen. Ich werde diesen Bildern keinerlei

Beachtung schenken, lasse mich jedoch zu einer Antwort herab, denn auch ich habe etwas zu sagen.

Ich sende mir ein Foto von David und Elena aus dem Speicher meines Handys per E-Mail. Eines dieser Ostereiersuchaktionfotos, die im Garten seiner Eltern entstanden sind. Elena sitzt auf Davids Schulter, hält triumphierend das Osterkörbchen in die Kamera und Davids stolzgeschwellte Brust ist nicht zu übersehen.

Ich sende es weiter an Corinna.

Das ist seine Tochter! Und meine!
Noch liebere Grüße
Anna <3

Dann erhebe ich mich von meinem Stuhl und marschiere aus der Türe, Richtung Parkplatz.

Als ich bei David und Elena ankomme, bin ich mir ziemlich sicher, dass ich diese Tortur auf gar keinen Fall jeden Tag hinter mich bringen kann. Ich habe fast zwei Stunden für den Weg gebraucht. Mein aufgebrachtes Inneres hat sich nicht sonderlich gut mit dem Feierabendverkehr vertragen. Ziemlich entnervt parke ich den Wagen in der Einfahrt, hinter Frau Krauses Auto. Ich hoffe, dass ich ihr damit nicht auf den Schlips trete.

Aus dem Garten zieht der Duft von frisch Gegrilltem zu mir herüber und ich höre meine Tochter laut lachen. Mein Herz geht über und trotz meiner miesen Laune bemerke ich, wie sich meine Mundwinkel nach oben ziehen.

Mein Kind ist glücklich, das sollte das Einzige sein, das wirklich zählt.

Ich gehe ums Haus herum, um einen Blick in den

Garten zu werfen. Ein Zelt steht mitten auf der Wiese und Elena sitzt davor auf einem Campingstuhl, einen Pappteller auf dem Schoß. Sie lacht in Richtung Haus und ich gehe davon aus, dass ihr Vater die Ursache ihres glücklichen Ausbruchs ist.

Die Fotos von David mit dieser fremden Frau kommen mir wieder in den Sinn und ich fühle erneut, wie sich ein bleiernes Gewicht auf mein Gemüt legt.

Die Nachricht auf seinem Anrufbeantworter gestern Abend bekommt eine ganz andere Dimension. Wahrscheinlich hat er heute nur darauf gewartet, dass ich das Haus verlasse, um sich dann sofort bei ihr zu melden.

Aber ich werde ihn nicht darauf ansprechen. Zumindest nicht jetzt sofort. Dennoch … die Tatsache, dass ich von *ihrer* Existenz weiß, lässt diesen fiesen Zweifel an mir nagen, dass ich nur das Mittel zum Zweck bin. Etwas, mit dem man sich arrangieren muss. Auch wenn Christian recht hat, und Davids mich das nicht hat eine Sekunde lang spüren lassen. Aber all das hier ist einfach zu … zu schön, zu fantastisch.

So etwas passiert mir nämlich normalerweise nicht. Und schon gar nicht, ohne einen bitteren Beigeschmack zu behalten.

Aber heute werde ich daran nichts ändern. Ich werde mir nichts anmerken lassen und erst mal sehen, was passiert. Nach den Ferien. Wenn David wieder zur Schule muss. Und seiner Freundin über den Weg läuft. Mein Brustkorb wird eng. Alleine der Gedanke, dass David sie mir vorziehen wird, sie liebt und nicht mich …

Ich drücke das Gartentor auf, bevor ich innerlich zusammenbreche.

„Mama!" Elena stellt den Teller neben sich ins Gras

und rennt mir in die Arme. Ich drücke sie an mich, atme ihren Duft tief ein. Sie riecht nach frisch gemähtem Rasen und Sonne und Glück.

„Papa hat das Zelt heute mit mir aufgebaut. Tante Luisa war hier und wir haben mit ihr eine Taschenlampe gekauft."

„Das hört sich ja fast so an, als wäre dein Tag aufregender gewesen als meiner." Ich streiche ihr die Locken aus der Stirn und sie nimmt meine Hand und zieht mich in Richtung des Zeltes. „Siehst du, Mama? Das Zelt ist super und passt genau." Sie öffnet den Reißverschluss und lässt mich einen Blick ins Innere ihres Reiches werfen. Eine Decke liegt auf dem Boden, sie hat sogar irgendwo zwei Bilderbücher aufgetan und ein Trinkpäckchen Orangensaft steht wackelig auf der Decke.

„Ja, Schatz, das sehe ich." Ich spüre seine Präsenz hinter mir, ohne dass ich ihn sehen muss. Ich erhebe mich aus der Hocke und stehe David genau gegenüber. Sein Lächeln wärmt meine Haut. „Hey, ich hab dich vermisst."

„Jetzt bin ich ja hier." Mein Blick fällt auf sein Grübchen, die sinnlichen Lippen.

Oh bitte lieber Gott. Lass nicht zu, dass er mir das Herz bricht.

„Hast du Hunger? Ich habe den Grill angeschmissen."

„Das hört sich verlockend an. Aber ich ziehe mir erst mal etwas anderes an."

Seine Fingerspitzen fahren meine Wange entlang über mein Ohrläppchen. Sein Blick ruht auf mir, als er sich zu mir herabbeugt, mich zart küsst. Unbewusst versteift sich mein Körper unter seiner Geste.

Er zieht die Stirn kraus. „Ist alles in Ordnung?"

Fahrig streife ich meine Haare hinter die Ohren. „Ja, ich bin ein wenig genervt von dem verrückten Verkehr und der langen Rückfahrt.“

„Dann zieh dich um und komme wieder her. Hier gibt es Bier und Gegrilltes zur Entspannung.“

Und noch ehe er mich erneut küssen kann, verschwinde ich im Haus.

Kapitel 31

„Anna? Wo bist du?“

Ich zucke zusammen. Wie lange sitze ich denn schon hier? Meine Hände fahren kurz über meine Nase, meine Augen. „Ich bin hier. Im Schlafzimmer.“ *Und starre Löcher in die Decke …*

David erscheint im Türrahmen. Eine Flasche Bier in der Hand, die er an mich weitergibt. Nachdenklich sieht er mich an. „Du hast doch irgendetwas.“ Das ist keine Frage, sondern eine Feststellung. Ich nehme einen kräftigen Schluck aus der Bierflasche. Dann schüttele ich den Kopf. „Nein, wirklich nicht. Ich bin einfach müde.“

Ungläubig runzelt er die Stirn. „Das erklärt natürlich, warum du lieber hier auf dem Bett liegst, anstatt zu uns in den Garten zu kommen.“ Aufmerksam studiert er mich und ich rechne schon damit, dass er den Grund für meine angeschlagene Stimmung in meinen Zügen lesen kann. Ich zwinge mich zu einem Lächeln und greife nach seiner Hand. „Ich komme ja schon mit nach draußen.“

Er bemerkt mein Zögern. „Du würdest mir doch sagen, wenn dich etwas beschäftigt, oder?“

Anstatt darauf zu antworten, erhebe mich von seinem Bett und ziehe ihn hinter mir her nach draußen in den Garten.

Ich bin mir bewusst, dass er mich den ganzen Abend mit Argusaugen beobachtet. Irgendwann packen wir das Zelt zusammen, immerhin hat es morgen seinen großen Tag oder besser gesagt seine große Nacht. Elena fällt völlig erledigt in Davids Bett und am liebsten würde ich mich direkt danebenlegen. Nur um nicht in Versuchung zu geraten.

Während ein Teil von mir sich davor fürchtet, mit David alleine zu sein, schreit der andere Teil förmlich danach, ihn zu spüren, zu küssen, mich in seinen Berührungen zu verlieren.

Ich ziehe Elena die Decke bis unters Kinn und verlasse auf Zehenspitzen den Raum. David steht lässig an die Wand gelehnt, die Arme vor der Brust verschränkt, die nackten Füße übereinandergelegt. Sein Blick bohrt sich förmlich in mich hinein und ein heißkalter Schauer durchfährt mich.

Scheiß was auf die Sirene. Heute gehört er noch mir.

Ich greife nach seinem Shirt, ziehe ihn zu mir. Verdutzt über meine Initiative stützt er sich kurz an der Wand ab, um das Gleichgewicht nicht zu verlieren. Ich presse meine Lippen auf seine, fordere ihn heraus, ausgehungert, gierig. Er keucht kurz auf, umschlingt mich mit seinen Armen und erwidert meinen Kuss ebenso hungrig.

~o0o~

Er weiß genau, dass irgendetwas nicht stimmt. Aber Anna verliert kein Wort darüber und das verunsichert ihn zusehends. Wahrscheinlich hat diese kleine Ratte aus der Bank ihr heute zugesetzt. Wenn sie nur mit ihm sprechen würde, dann könnte er diesen Vollpfosten zur Rede stellen, oder noch besser … ihm direkt eine verbraten. Seine Finger jucken ihm eh schon gehörig.

Sobald er Anna davon überzeugt hat, mit dem Kind zu ihm zu ziehen, braucht sie nicht mehr in dieser Bank zu arbeiten. Sie kann sich versetzen lassen oder sich einen anderen Job suchen. Der Gedanke, dass sie weiterhin mit diesem Hagedorn zusammenarbeitet, gefällt ihm überhaupt nicht. Außerdem gehört sie hierher. Zu ihm. Der Tag, den er heute mit seiner Tochter verbracht hat, hat ihn nur in seinem Wunsch bekräftigt.

Er möchte nicht mehr darauf verzichten. Nie wieder. Anna ist innerhalb kürzester Zeit der Mittelpunkt seines Lebens geworden, es ist an der Zeit, einige klärende Worte mit ihr zu wechseln. Sobald Elena schläft.

Dass sie ihn jedoch sofort an sich zieht und über ihn herfällt, damit hat er nicht gerechnet, aber er wäre schließlich nicht David, wenn er sich diese Gelegenheit entgehen lassen würde. Ihre Zunge fordert unmissverständlich Einlass in seinen Mund, sie küsst ihn, als würde es kein Morgen mehr geben. Ein Stöhnen entfährt seiner Kehle, dann drückt er sie an sich. Als sie beginnt, sich an ihm zu reiben, ist es um seine Selbstbeherrschung geschehen. Stürmisch dirigiert er sie ins Wohnzimmer, presst sie mit seinem Gewicht auf die Couch. Ihre Hände in seinem Nacken, ihre Beine um seine Hüfte geschlungen, spürt er den wilden Schlag ihres Herzens, hört ihren rasselnden Atem. Seine Erregung drückt unangenehm gegen den Stoff seiner Jeans, doch er lässt nicht von ihr ab. Seine Hände finden den Weg unter ihren Pullover, suchen ihre Brüste, die bereits schwer und fest in seiner Hand liegen.

Als er ihre Brustwarzen reizt, keucht sie leise in seinen Mund. Dann bewegen sich ihre Hände. Abwärts. Umfassen seinen Hintern, zwingen ihn noch näher an sie heran. Wenn sie so weitermacht, kommt er noch in seiner Hose. Wie ein Teenager. David zieht Anna von der Couch, hilft ihr aus der Jeans und lässt sich von ihr helfen. Ihre Fingerspitzen fahren zeichnend über seine Brust, umkreisen seinen Bauchnabel, während ihr Mund seinen Hals abwechselnd küsst und beißt. Als ihre Hand seine Männlichkeit umschließt, krallt er sich in ihre Schulter und zieht zischend die Luft durch die Zähne ein. Immer wieder massiert sie ihn auf und ab. „Anna, ich kann mich wirklich nur noch schwer beherrschen."

Sie knabbert an seinem Kinn. „Das wäre aber wirklich schade."

„Allerdings. Ich möchte in dir sein, wenn ich komme." Er streicht mit zwei Fingern über ihre heiße, feuchte Mitte und genießt ihr aufstöhnen, als er die Finger in ihr versenkt. Ihn erfasst eine Begierde nach ihr, die er bei noch keiner anderen Frau gespürt hat. Sie soll ihm gehören, mit Haut und Haaren. Jetzt. Für immer. Mit dem Daumen umkreist er ihre pulsierende Perle. Anna schließt die Augen, legt den Kopf in den Nacken.

„Sieh mich an." Er stößt fester, und Anna beißt sich auf die Oberlippe. Himmel, er muss sich wirklich zusammenreißen. „Anna! Öffne deine Augen." Ihr verhangener Blick trifft den seinen und er lächelt sie an, verschließt ihren Mund mit seinem.

~o0o~

Ich kann gar nicht anders, als mich ihm hinzugeben. Er weiß genau, was ich brauche. Und jetzt brauche ich ihn. Sofort. Seine Lippen sind warm, sinnlich, ein Versprechen und ich löse es ein. Er führt uns zum Sofa, zieht mich rittlings auf seinen Schoß, versenkt sich in mir, zieht sich zurück. Immer und immer wieder. Schneller und immer drängender stößt er in mich. Seine Lippen knabbern an meinen Brustwarzen, seine Hände führen meinen Körper.

Meine Hände in seinen Nacken, meine Fingernägel hinterlassen tiefe Spuren auf seiner Haut. Ich merke genau, wie sich der Orgasmus zusammenbraut und in mir explodiert. Meine Muskeln erzittern um ihn und nur Sekundenbruchteile später verkrampft er sich unter mir, lässt stöhnend seinen Kopf gegen meine Brust fallen. Sein Rücken hebt und senkt sich unter seiner schweren Atmung.

Ich küsse sein Haar, lege meine Wange auf seinen Hinterkopf, schließe die Augen … und werde mir bewusst, dass wir eine klitzekleine Wichtigkeit vergessen haben.

„Scheiße, David!“ Panisch stoße ich ihn von mir, renne ins Bad, stelle die Dusche an.

Scheiße. Scheiße. Scheiße.

Das kann doch nicht wahr sein.

So dämlich kann man doch nicht sein.

Wie eine Verrückte beginne ich mich zu waschen, vor allen Dingen zwischen meinen Beinen. Spüle ihn aus mir heraus. Dieses kopflose Ergebnis meiner Gier nach ihm. Was habe ich mir nur dabei gedacht, die restliche Zeit mit David für meine Zwecke zu nutzen?

Tränen vermischen sich mit dem fließenden Wasser. Was ich auf keinen Fall will, ist ihn mit einer weiteren Schwangerschaft an mich zu binden. Er soll mich um meiner selbst willen lieben, verdammte Scheiße noch mal.

Ich rutsche an den Kacheln der Dusche entlang und lasse mir das Wasser über den Kopf laufen. Die gläserne Duschwand öffnet sich und David setzt sich neben mich, zieht mich in seine Arme. Ich möchte es nicht wahrhaben, aber seine Wärme hat etwas Tröstliches. „Du musst zu einer Notapotheke fahren und mir die Pille danach besorgen.“ Meine Stimme ist ein Flüstern und wird fast verschluckt vom Rauschen des laufenden Wassers.

„Ich werde nichts dergleichen tun, Anna.“

Ich wische mir die nassen Haare aus der Stirn, starre ihn an. „Was soll das heißen? Du wirst nichts dergleichen tun?“ Ich mache Anstalten aufzustehen. „Dann mache ich es selbst. Ich habe nur keine Ahnung, wo ich in diesem Kaff eine Apotheke finden kann.“ *Geschweige denn einen Arzt, der mir das Ding verschreibt.*

Er greift nach meiner Hand, lässt mich nicht aufstehen. „Anna, bleibe hier. Alles ist in Ordnung. Selbst in dem Fall, dass du jetzt schwanger bist, wird unsere Welt nicht ins Wanken geraten.“ Seine Augen strahlen mich an, tiefblau und absolut ruhig vermitteln sie mir Sicherheit.

„Aber wie kannst du das sagen?“ Wieder löst sich ein Schluchzen aus meiner Kehle. „Es wäre absolut falsch, jetzt ein Kind zu bekommen. Ich schaffe das nicht noch mal, David. Ich kann nicht.“ Ich beginne unkontrolliert zu zittern. David umfasst mein Gesicht. „Du bist nicht alleine, Anna. Ich bin da. Jetzt. Für immer.“ Mein Weinen wird immer hemmungsloser. Ich weiß doch, dass er lieber bei der anderen wäre. Warum halst er sich dann freiwillig diese Verantwortung auf?

„Anna, warum glaubst du mir denn nicht? Mit dir noch ein Kind zu haben, das wäre unglaublich. Du bist unglaublich, Elena ist es sowieso. Wenn es passiert ist und du schwanger bist, werde ich vor Freude weinen und vor Stolz platzen, mehr als ich es sowieso schon tue.“

Das Wasser ist entsetzlich laut, wie es unablässig über unsere Köpfe rauscht. Alles um uns herum ist in dichten Wasserdampf genebelt.

Und David küsst mich. Zart, aber bestimmt. Seine Finger streicheln über meine Haut, beruhigen mein aufgewühltes Inneres. Dann blickt er direkt in mein Herz. „Ich liebe dich, Anna.“ Ich beginne zu beben, unfähig zu antworten, schlage ich mit meinen Fäusten auf seine Brust ein. Er greift nach meinen Handgelenken, hält sie über meinen Kopf. “Hörst du, was ich sage? Ich.Liebe.Dich. Verdammt, Anna, was ist nur los mit dir?“

Ich zerre an meinen Armen, aber er gibt sie nicht frei. Er starrt mich fassungslos und frustriert an, während das Wasser unaufhörlich auf ihn regnet.

„Hör auf damit. Hör auf, mir etwas vorzumachen, David.“ Ich schreie ihm die Worte förmlich entgegen. „Ich habe sie gesehen … auf diesen bescheuerten Fotos … mit dir. Jetzt ergibt alles einen Sinn. Ihre Nachricht auf deinem Anrufbeantworter, dass du sie gestern Abend nicht zurückgerufen hast, dein Handy ausgeschaltet hast, damit ich nicht mitbekomme, wie viele Nachrichten sie dir schickt.“ Mein Widerstand bröckelt. Ich fühle mich leer und ausgelaugt. Müde und kraftlos höre ich auf, mich gegen seinen Griff zu wehren. Aber das scheint auch nicht mehr nötig zu sein, David lässt meine Arme so ruckartig los, als hätte er sich verbrannt. Schwer fallen sie zurück in meinen Schoß.

„Wahrscheinlich wartest du bis Montag, dann siehst du sie ja endlich wieder. Und kannst ihr davon erzählen … von Elena … und abwägen, wie sie darauf reagiert … ehe du mich in die Wüste schickst.“ Ich gerate ins Stocken, zu sehr schmerzen mich meine eigenen Worte. Mein Herz ist schwer und in meinem Magen liegt ein schwerer Klumpen Unglück. Die Eifersucht auf diese andere Frau frisst sich wie bittere Galle in meine Eingeweide, nimmt mir die Luft zum Atmen. Ich kann ihn nicht ansehen, seinen Anblick nicht ertragen. All das habe ich schon einmal durchgestanden, vor sieben Jahren, nach Griechenland. Es hat mir den Boden unter den Füßen weggezogen.

Er erhebt sich wortlos, verlässt die Dusche, das Bad. Nass und nackt, wie Gott ihn schuf, verschwindet er aus meinem Blickfeld.

Und für mich kommt das einem Eingeständnis gleich. Er hätte nicht deutlicher sein können.

Ich lege meinen Kopf gegen die Fliesen, vergrabe meine Stirn unter meinen Händen. Was mache ich jetzt nur? *Oh Himmel, was soll ich nur tun?*

Kapitel 32

Das erneute Quietschen der Duschwand holt mich aus meiner Starre.

David stellt das Wasser ab, zieht mich hoch. Er ist noch immer nackt, seine Miene wirkt wie versteinert, als er mir wortlos eine kleine Schachtel in meine Hand drückt.

Kein Ton kommt über seine Lippen. Er sieht mir nicht ins Gesicht, doch an der Muskelbewegung seiner Kieferknochen kann ich erkennen, dass auch er aufgewühlt ist.

Ich nehme die Gänsehaut zur Kenntnis, die sich auf seiner Haut ausgebreitet hat. Erst dann wird mir das Gewicht der kleinen Schachtel in meiner Hand wieder bewusst und ich starre sie an, durchsuche meinen Kopf nach Informationen, die es über diese Art von Döschen und Schachteln gespeichert hat. Aber es ist nichts zu finden, als wäre mein Gehirn leer oder die nötigen Synapsen für diese Suche einfach durchtrennt.

„Ich wollte damit warten. Aber irgendwie werde ich das Gefühl nicht los, dass ich keine Zeit mehr dazu habe."

Seine Stimme findet langsam den Weg in meinen Verstand. Verwirrt blicke ich zwischen ihm und meiner Hand hin und her, schnappe nach Luft. Ich habe vergessen zu atmen.

Ich schüttele meinen Kopf, „David …!"

„Mach sie auf. Sofort." Seine Stimme duldet keinen Widerspruch. Mit zitternden Fingern nestele ich an der Schachtel, die mir plötzlich mit einem schnappenden Geräusch ihr Innerstes offenbart.

Mein Herz setzt mindestens vier Schläge aus und ich

gehe zurück in die sitzende Position, lehne mich erneut an die kühle Wand der Dusche. Meine Knie sind zu weich, als dass sie mich noch tragen könnten. Meine freie Hand schlage ich über meinen Mund und starre den Ring an, der in diesem Kästchen auf seinen großen Auftritt gewartet hat.

□ a□den hat er□a□et□t hiermit.

David klettert zurück in die Dusche, stellt das warme Wasser wieder an. „Und jetzt, Anna, sage ich es dir zum allerletzten Mal. Es gibt keine andere Frau. Es hat NIEMALS eine andere Frau gegeben. Ich habe keine Ahnung, von welchen Fotos du sprichst, oder wo du sie gesehen haben willst. Aber eines weiß ich ganz bestimmt – hier bei mir hast du sie nicht gefunden. Nicht ein einziges. Denn ich habe keine Fotos von anderen Frauen. Weil mir keine etwas bedeutet.“ Er greift nach meiner Hand, fummelt den Ring aus seinem Etui, schiebt ihn über meinen Ringfinger. Ich kann jedoch den Blick nicht von seinem schönen Gesicht nehmen. Kann mich nicht der Entschlossenheit entziehen, die sich darauf ausgebreitet hat. Die Lippen, die sich langsam blau färben, weil er so friert, die Falte, die sich zwischen seinen Augen bildet, während er spricht. „Niemals, Anna, wird es eine andere Frau in meinem Leben geben. Ich lasse nicht zu, dass du so an mir zweifelst, an meinen Gefühlen für dich. Ich versuche keineswegs über dich an Elena zu gelangen, wie du es dir einzubilden scheinst. Ich bin bei dir aufgetaucht, ohne überhaupt eine Ahnung von Elena zu haben, wenn du dich bitte daran erinnern würdest.“ Jetzt hebt er den Blick von meinem Ringfinger und sieht in meine Augen. „Ich sage es dir noch einmal … *ich □ie□e dich* und ich erwarte von dir, dass du mich zurückliebst. Ohne Zweifel,

Anna. Ohne den geringsten Zweifel an mir …, an uns. Verstehst du mich?“

Ich nicke stumm und wage dann doch einen Blick auf meinen beringten Finger. Dann bricht es aus mir heraus. Mein Körper beginnt unkontrolliert zu zittern und meine Zähne klappern aufeinander, die Tränen laufen über meine Wangen und ein Schluchzen löst sich aus meiner Kehle. Dieser wunderschöne Ring passt perfekt, der kleine Diamant glitzert mich an, als müsste er mich noch von sich überzeugen. Dabei hat er mich doch schon so fest in seiner Gewalt.

„David …, ich … ich …“, bevor meine Stimme bricht, hole ich einmal tief Luft, sehe ihm fest in die Augen, die erwartungsvoll auf mich gerichtet sind. „Ich liebe dich auch. Oh Gott, so sehr, dass ich Angst habe, verrückt zu werden.“

„Dann ist es ja gut, dass ich ab jetzt auf dich aufpassen werde.“ Dann küsst er mich. Und ich schlinge meine Hände um seinen Nacken, blinzele noch einmal auf den Ring, ehe ich meine Augen schließe und mich in ihm verliere.

Epilog

„Ihr müsst euch jetzt wirklich beeilen. Der Gottesdienst beginnt in 20 Minuten und wir müssen noch ein kleines Stück fahren." Ich stehe unten an der Treppe und rufe in die obere Etage. Zum gefühlten 50. Mal. Langsam werde ich kribbelig. Mein Mädchen kommt in die Schule.

„Jaja, wir sind ja schon da." David trägt dieses Ungetüm von Schultüte über dem Arm, als er endlich erscheint.

Und dann kommt Elena, ihren funkelnigelnagelneuen Tornister geschultert, vor lauter Stolz ist sie mindestens 10 Zentimeter gewachsen. Gerührt muss ich mich tatsächlich am Geländer festhalten. Sie wirkt schon so entsetzlich groß. Erschreckend. „Wow, mein Schatz, du bist so bezaubernd." Ihr Lächeln wird deutlich breiter, als sie mit wippenden Zöpfen hinter ihrem Vater die Treppe herunterkommt. Zur Feier des Tages trägt sie ein Kleid und Ballerinas. Aber nur ausnahmsweise, wie sie bereits mehrfach betont hat.

Es ist so viel passiert in den letzten Monaten, dass ich es erst jetzt richtig zur Kenntnis nehme, dass meine Tochter ab heute ein Schulkind ist.

Sie rauscht an mir vorbei und öffnet ungeduldig die Haustüre. „Seid ihr endlich fertig? Sonst komme ich noch zu spät."

David beginnt zu lachen und klapst mir auf den Hintern. „Dann komm mal schnell, Mama, ehe unser Kind noch den ersten Schultag verpasst." Er küsst mich auf den Mund, ehe er unmittelbar nach seiner Tochter aus der Türe verschwindet.

Ich lächle in mich hinein. Wie selbstverständlich unser Familienleben mittlerweile funktioniert. Niemals hätte ich daran geglaubt. Und doch bin ich soeben im Begriff, die wunderschöne weiße Türe unseres neuen Hauses hinter mir abzuschließen. Erst letzte Woche sind wir endgültig hierhergezogen. Ganz in die Nähe von Davids Eltern. Alles hat reibungslos geklappt. Elenas Ummeldung an eine andere Schule. Meine Versetzung hierher. Dass wir dieses schöne Haus gefunden haben, in das wir uns beide sofort verliebt haben.

Die einzige bittere Pille, die ich schlucken musste, ist Julia. Davids immer noch Arbeitskollegin. Mittlerweile habe ich sie persönlich kennengelernt. Auf einem Schulfest. Erschreckenderweise war sie mir tatsächlich sympathisch. Auch wenn es mir schwerfällt, aber ich habe mich damit arrangiert, dass die beiden noch immer an der gleichen Schule unterrichten. Aber sie ruft nicht mehr an und hinterlässt auch keine Nachrichten mehr auf dem Anrufbeantworter. Das ist doch schon mal was. Und David musste mir versprechen, niemals wieder mit ihr als Begleitung an einer Klassenfahrt teilzunehmen.

Elena zappelt die gesamte Fahrt zur Kirche, in der der Einschulungsgottesdienst stattfindet, aufgeregt in ihrem Kindersitz hin und her. Immer wieder öffnet sie ihren mit Einhörnern und Feen verzierten Schultornister, um nachzusehen, ob sie auch wirklich nichts vergessen hat. Ich muss schmunzeln, denn ich bin mir ziemlich sicher, dass diese Euphorie mit der ersten Hausaufgabe auch wieder verschwunden ist. David ist da natürlich anderer Meinung. Aber was soll er auch anderes sagen? Was sollte sich ein Lehrer auch anderes von seinen eigenen Kindern wünschen?

Vor der Kirche steht bereits die gesamte Schwartz/Lorenz-Familie im Halbkreis beisammen und wartet auf unser Erscheinen.

Christian hat sogar seinen Tom mitgebracht. Dass er so glücklich ist, wärmt mein Herz. Immerhin hat sich mein Leben grundlegend verändert. Umso schöner, dass seines eine ähnliche Wendung zu nehmen scheint. Mein Vater wagt sich neben meine Mutter, obwohl sie sich nicht mehr viel zu sagen haben, Davids Schwester steht neben ihren Eltern und alle sind gekommen, um Elenas großen Tag mit ihr zu feiern.

Wieder schwimmen Tränen in meinen Augen. Himmel, diese Heulerei macht mich fertig. Und die Hitze, die draußen herrscht. Ich merke bereits, dass meine Füße anschwellen und mir der Schweiß ausbricht. Herrlich. Ich liebe es.

David kommt ums Auto herum und öffnet mir die Türe. „Geht's dir gut, Anna? Du bist so blass." Besorgt hält er mir die Hand hin, die ich jedoch wegschlage. „Tz, mir ist heiß und ich muss ständig pinkeln, aber noch brauchst du mir nicht beim Aussteigen helfen." Er zieht seine Hand zurück und sieht mich ein wenig konsterniert an. Natürlich hat er mich geschwängert in dieser einen Nacht. Es war doch nicht anders zu erwarten. Jetzt muss er eben damit leben, dass ich immer fetter und zickiger werde. Er hat es sich ja so sehr gewünscht.

Mit einem Ächzen quäle ich mich aus dem Auto und fahre mir mit dem Handrücken über Nase und Mund, schiebe meine Haare hinter die Ohren und grinse ihm ins Gesicht. „Was ist, mein Freund? Hast du jetzt schon Angst vor meinen Launen? Glaube mir, du hast ja keine Ahnung, was dich in den nächsten 5 Monaten noch alles erwartet."

Seine gerunzelte Stirn glättet sich wieder, als er sich zu mir beugt, mich sanft küsst und seine Hand auf die kleine Wölbung meines Bauches legt. „Und ich werde jede Sekunde davon genießen, so viel ist mal sicher."

Ich schnaufe undamenhaft und schiebe ihn bestimmt von mir. „Wir müssen in die Kirche, sonst fangen sie noch ohne uns an." Er beginnt hinter mir zu kichern. Aber das wird ihm noch vergehen. Ganz bestimmt sogar.

Ende

Danke

liebe LeserInnen,

dass Ihr mir treu geblieben seid und Euch auch für mein zweites Buch entschieden habt. Ich hoffe, ich konnte Euch die Zeit vertreiben und einige vergnügliche Lesestunden bescheren.

Ich gestehe, bereits bei *□rot□dem irgendwie □er□ie□t* habe ich mir vor Aufregung fast in die Hose gepinkelt und in der ersten Woche nach Erscheinen stündlich über Amazon die Resonanz auf die Geschichte um Pia und Alexander verfolgt.

Leute, das hat mich mindestens 10 Jahre meines Lebens gekostet, auch wenn ich fürchte, das wird sich jetzt nicht ändern.

Ein besonderer Dank geht an meine Testleserinnen. Ihr müsst wirklich einiges ertragen. Glaubt mir, ich weiß das zu schätzen.

Danke an Euch, die mich immer wieder mit lieben Mails versorgen. Ich freue mich über jede Einzelne und nehme mir die Anregungen und Wünsche zu Herzen. So kann ich bereits jetzt versprechen, dass auch Hanna Seiler noch zu Wort kommen wird. Zwar nicht im nächsten Buch, aber spätestens im übernächsten.

Für meinen nächsten Roman dachte ich mir, es ist an der Zeit, Luisa Schwartz an den Mann zu bekommen. Mal sehen, ob ich für Davids vorlaute Schwester ein passendes Exemplar finden werde.

Bis dahin freue ich mich weiterhin über Eure positiven Rezensionen, denn damit helft Ihr auch den Unentschlossenen, sich für mein Buch zu entscheiden.

Gerne stelle ich mich unter

Nicoles.valentin@aol.de

Euren Fragen, Anregungen, Wünschen aber auch Eurer Kritik. Und ich verspreche, auch weiterhin jede eMail zu beantworten.

Eure Nicole S. Valentin

Leseprobe

TATSÄCHLICH LÄNDLICH
(erscheint voraussichtlich im Dezember 2014)

Als ich wieder die großzügige Küche betrete, ist die kleine Göre verschwunden und meine Oma schiebt ein riesiges Blech Kuchen in den Ofen.

„Oma, sag nicht, du machst einen Pflaumenkuchen?“ Voller Vorfreude klatsche ich in meine Hände. *□ec□er□*

Sie lächelt verschwörerisch. „Na hör mal, Luisa kommt mich besuchen und ich backe ihr keinen Pflaumenkuchen? Das hat es noch nie gegeben.“ Sie zwinkert mir zu. „Außerdem kommt der alte Paul zum Kaffee, sobald er Henning geschleppt hat. Und ich wette, wenn der hört, dass es Pflaumenkuchen gibt, lässt er sich auch nicht zweimal bitten.“

□ a□ dann □ann ich mir den □ ater dieses □ot□öffe□s □a ma□ dire□t genauer ansehen.

„Vielleicht kannst du den Tisch im Garten decken? Es ist schönes Wetter heute, dann können wir draußen sitzen.“

Gut gelaunt mache ich mich ans Werk. Vielleicht ist es doch nicht so übel, einige Zeit hier zu verbringen. Auch wenn mir das wahrscheinlich drei Pfund mehr auf die Hüften bringen wird. Es dauert auch nicht lange und das ganze Haus duftet nach Kuchen.

Als ich mit der Thermoskanne Kaffee den Garten betrete, stürmt ein riesiges zotteliges Etwas kläffend auf mich zu. Mein Herz bleibt einen Augenblick stehen, ehe es wie wild gegen meinen Brustkorb schlägt. Mit einem Satz rette ich mich zurück ins Haus, bevor dieses Vieh mich anspringt. Mit einem Knall fällt das Insektenschutzgitter hinter mir zu und ich habe schon die Befürchtung, dass das Ungetüm keinen Halt davor machen wird, sondern einfach weiterstürmt. Ohne Rücksicht auf vorhandene Hindernisse. Doch er setzt sich schwanzwedelnd auf die Veranda und fixiert mich mit seinen riesigen schwarzen Augen, die unter einem Berg von Fell zu verschwinden drohen.

Mir zittern die Knie.

„Bootsmann, du sollst nicht immer wegrennen." Die Stimme kommt aus dem Garten, aber ich traue mich noch nicht, meinen Blick von dem Monster zu nehmen. Während besagtes Monster hechelnd und grinsend, *ich □önnte schwören□es grinst mich an*, einfach sitzen bleibt. Und mich zwingt, den sicheren Abstand beizubehalten.

□uter□ott□wer schafft sich denn freiwi□□g so einen Hund an□

Die Antwort folgt auf dem Fuße. In ungeschnürten Boots und einer dunklen Arbeitshose. Die Beanie-Mütze hat er wohl zu Hause gelassen. Dunkelblonde Locken fallen ihm in den Nacken, und als er den Kopf hebt, blicken mich dunkle Augen zuerst entschuldigend an. Dann erkennt er mich wieder und ich kann dem Spott regelrecht dabei zusehen, wie er von seinem Gesicht Besitz ergreift.

„Hallo Schätzchen. Du hast doch wohl keine Angst vor Hunden, oder?" Sein Mundwinkel verzieht sich zu einem halbseitigen Grinsen und am liebsten würde ich ihm eine verpassen.

Ein wenig zu heftig drücke ich das Fliegengitter wieder auf, nicht ohne mich noch mal zu vergewissern, dass er den Hund auch am Halsband hält. Meine Augen schießen

Blitze in seine Richtung. „Das gibt es doch nicht. Sind Sie nicht in der Lage, diesen Flohteppich anständig zu erziehen? Und noch mal, ich bin niemandes Schätzchen.“ Damit rausche ich an ihm vorbei und höre sein Kichern, als er das Haus betritt, welches ich soeben verlassen habe.

Geht denn jeder hier ungefragt ein und aus?

Ich muss dringend mit Oma ein ernstes Wort sprechen.

Das Fellmonster hat sich zwischenzeitlich auf der Veranda niedergelassen. Den Kopf auf seine Vorderpfoten gelegt – Pranken wäre wohl der trefflichere Ausdruck.

□ an□ su□er.

Wie soll ich an dem vorbeikommen, bitte schön?

Ich atme tief durch die Nase ein und aus und setze mich erst mal auf einen der Gartenstühle. Himmel, mein Puls rast noch immer, während ich die Türe beobachte, durch die dieser Bauer soeben verschwunden ist. *□ erdammt□ sieht er gut aus.*

Ich puste mir Luft unter den Pony. Meine Wangen brennen. Es kann doch nicht sein, dass ich dieses selbstgefällige Arschloch anziehend finde?

□ah□ wer steht denn schon auf□ oc□en□□ch doch □estimmt nicht.

Dann höre ich sein Lachen. Tief, männlich. Mir wird warm und mein Magen beginnt zu flattern.

LUISA SCHWARTZ! Reiß dich am Riemen!